MINERVA
はじめて学ぶ教職
19

吉田武男
監修

キャリア教育

藤田晃之
編著

ミネルヴァ書房

監修者のことば

　本書を手に取られた多くのみなさんは，おそらく教師になることを考えて，教職課程をこれから履修しよう，あるいは履修している方ではないでしょうか。それ以外にも，教師になるか迷っている，あるいは教師の免許状だけを取っておく，さらには教養として本書を読む方も，おられるかもしれません。

　どのようなきっかけであれ，教育の営みについて，はじめて学問として学ぼうとする方に対して，本シリーズ「MINERVA はじめて学ぶ教職」は，教育学の初歩的で基礎的・基本的な内容を学びつつも，教育学の広くて深い内容の一端を感じ取ってもらおうとして編まれた，教職課程向けのテキスト選集です。

　したがって，本シリーズのすべての巻によって，教職に必要な教育に関する知識内容はもちろんのこと，それに関連する教育学の専門領域の内容もほとんど網羅されています。その意味では，少し大げさな物言いを許していただけるならば，本シリーズは，「教職の視点から教育学全体を体系的にわかりやすく整理した選集」であり，また，このシリーズの各巻は，「教職の視点からさまざまな教育学の専門分野を系統的・体系的にわかりやすく整理したテキスト」です。もちろん，各巻は，教育学の専門分野固有の特徴と編者・執筆者の意図によって，それぞれ個性的で特徴的なものになっています。しかし，各巻に共通する本シリーズの特徴は，文部科学省において検討された「教職課程コアカリキュラム」の内容を踏まえ，多面的・多角的な視点から教職に必要な知識について，従来のテキストより大きい版で見やすく，かつ「用語解説」「法令」「人物」「出典」などの豊富な側注によってわかりやすさを重視しながら解説されていることです。また教職を「はじめて学ぶ」方が，「見方・考え方」の資質・能力を養えるように，さらには知識をよりいっそう深め，そして資質・能力もよりいっそう高められるように，各章の最後に「Exercise」と「次への一冊」を設けています。なお，別巻は別の視点，すなわち教育行政官の視点から現代の教育を解説しています。

　この難しい時代にあって，もっと楽な他の職業も選択できたであろうに，それぞれ何らかのミッションを感じ，「自主的に学び続ける力」と「高度な専門的知識・技術」と「総合的な人間力」の備わった教師を志すみなさんにとって，本シリーズのテキストが教職および教育学の道標になることを，先輩の教育関係者のわれわれは心から願っています。

2018年

　　　　　　　　　　　　　　　　　　　　　　　　　　　吉　田　武　男

はじめに

　日本の教育行政にかかわる公的文書において，キャリア教育の推進を初めて提唱したのは，中央教育審議会が1999（平成11）年12月に取りまとめた「初等中等教育と高等教育との接続の改善について（答申）」である。本答申は，「第6章　学校教育と職業生活との接続」の冒頭において，フリーターや若年無業者の増加，就職後の早期離職傾向などを指摘し，その直後に，「学校と社会及び学校間の円滑な接続を図るためのキャリア教育（望ましい職業観・勤労観及び職業に関する知識や技能を身に付けさせるとともに，自己の個性を理解し，主体的に進路を選択する能力・態度を育てる教育）を小学校段階から発達段階に応じて実施する必要がある」と指摘した。

　それから，約20年。キャリア教育は，その理念や実践の在り方の変容をともないつつ推進され，各学校での実践も徐々に活性化してきた。しかし，2011（平成23）年1月の中央教育審議会「今後の学校におけるキャリア教育・職業教育の在り方について（答申）」が指摘するように，「キャリア教育のとらえ方が変化してきた経緯が十分に整理されてこなかったことも一因となって」，キャリア教育についての「一人一人の教員の受け止め方や実践の内容・水準に，ばらつきがあること」が課題とされてきたことも事実である。

　また，本答申は，中学校・高等学校教育において長年実践されてきた進路指導について，「ねらいは，キャリア教育の目指すところとほぼ同じであるが，実際に学校で行われている進路指導においては，進路指導担当の教員と各教科担当の教員との連携が多くの学校において不十分であること，一人一人の発達を組織的・体系的に支援するといった意識や姿勢，指導計画における各活動の関連性や体系性等が希薄であり，子どもたちの意識の変容や能力や態度の育成に十分結び付いていないとの指摘がある」と述べている。キャリア教育と進路指導とのねらいが「ほぼ同じ」であるなら，両者の違いはどこにあるのか。また，ここで示されているような進路指導実践上の諸課題はなぜ生じたのか。今後の各学校における実践が，これまで進路指導が図らずも残した轍を再び踏まないようにするためには，これらの問いを前提としつつ戦後の進路指導の展開と残された課題を正しく理解することが不可欠であると言えよう。

＊　＊　＊

　以上のような経緯を視野に収め，本書では第1章から第5章までの紙幅を，キャリア教育の基礎的な理解を深めるための解説に充てた。第1章ではキャリア教育の意義と必要性を整理し，第2章・第3章においてはキャリア教育が提唱される前の進路指導（その前身の職業指導を含む）の歴史的展開をまとめた。その後，第4章・第5章ではキャリア教育が提唱された後の推進施策の進展と変容を詳細に明らかにした。

　その後，本書では，第6章から第11章までの各章において，キャリア教育の実践に資する解説を示している。第6章では実践を支える主要な基礎理論のエッセンスをわかりやすく整理し，第7章では，カ

リキュラム・マネジメントの視点に立ったキャリア教育の基盤となる PDCA サイクルと，それに基づく実践のポイントを提示した。これらを踏まえ，第8章・第9章・第10章においては，それぞれ小学校・中学校・高等学校に焦点を絞りながら，キャリア教育の実践の在り方について具体的な実践例も紹介しつつ丁寧に解説した。その後，第11章では，個々の児童生徒のキャリア発達を支援する実践の中核となるキャリア・カウンセリングの在り方について整理した。

そして，本書の最終章となる第12章において，これからのキャリア教育の一層の発展と充実のための課題を整理したうえで，今後期待される実践の在り方と将来の展望を示している。

＊　＊　＊

このような本書は，大学における教職課程科目のテキストとして，また，教師を志す皆さん一人一人の学習を深めるための参考書として，最適なものとなるよう心を込めて作成されたものである。企画当初から，教職課程コアカリキュラム「進路指導及びキャリア教育の理論及び方法」が示す「全体目標」「一般目標」「到達目標」をバランス良くカバーできるよう各章の構成と内容を検討し，各章の担当者もそれを前提とした執筆を心がけた。以下に示すのは，本書の各章と教職課程コアカリキュラム「進路指導及びキャリア教育の理論及び方法」との対応表である。本書が，「キャリア教育」を初めて学ぶ多くの皆様のお役に立つことを願ってやまない。

全体目標	進路指導は，児童及び生徒が自ら，将来の進路を選択・計画し，その後の生活によりよく適応し，能力を伸長するように，教員が組織的・継続的に指導・援助する過程であり，長期的展望に立った人間形成を目指す教育活動である。それを包含するキャリア教育は，学校で学ぶことと社会との接続を意識し，一人一人の社会的・職業的自立に向けて必要な基盤となる資質・能力を育むことを目的としている。 進路指導・キャリア教育の視点に立った授業改善や体験活動，評価改善の推進やガイダンスとカウンセリングの充実，それに向けた学校内外の組織的体制に必要な知識や素養を身に付ける。						
一般目標	(1) 進路指導・キャリア教育の意義や原理を理解する。			(2) 全ての児童及び生徒を対象とした進路指導・キャリア教育の考え方と指導の在り方を理解する。		(3) 児童及び生徒が抱える個別の進路指導・キャリア教育上の課題に向き合う指導の考え方と在り方を理解する。	
到達目標	1) 教育課程における進路指導・キャリア教育の位置付けを理解している。	2) 学校の教育活動全体を通じたキャリア教育の視点と指導の在り方を例示することができる。	3) 進路指導・キャリア教育における組織的な指導体制及び家庭や関係機関との連携の在り方を理解している。	1) 職業に関する体験活動を核とし，キャリア教育の視点を持ったカリキュラム・マネジメントの意義を理解している。	2) 主に全体指導を行うガイダンスの機能を生かした進路指導・キャリア教育の意義や留意点を理解している。	1) 生涯を通じたキャリア形成の視点に立った自己評価の意義を理解し，ポートフォリオの活用の在り方を例示することができる。	2) キャリア・カウンセリングの基礎的な考え方と実践方法を説明することができる。
第1章	○	○					
第2章	○						
第3章	○						
第4章	○						
第5章	○	○	○				
第6章		○			○		○
第7章			○	○		○	
第8章		○	○	○	○		
第9章		○	○	○	○	○	○
第10章		○	○	○		○	
第11章						○	○
第12章	○	○					

最後に，この「MINERVA はじめて学ぶ教職」シリーズ全体の監修をしてくださった筑波大学人間系教授吉田武男先生と，企画当初から温かく細やかにサポートしてくださったミネルヴァ書房の河野菜穂氏に深く感謝し，これを「はじめに」の結びとしたい。

2018年9月

編著者　藤田晃之

目 次

監修者のことば
はじめに

第1章 キャリア教育とは何か──その意義と必要性 …………………………… 1

1 キャリア教育が目指すもの ………………………………………………… 1
2 キャリア教育と進路指導 …………………………………………………… 4
3 キャリア教育の必要性①──キャリア発達を視点として ……………… 7
4 キャリア教育の必要性②──社会的な変容を視点として ……………… 9
5 キャリア教育の必要性③──教育基本法等の法改正を視点として …… 11

第2章 キャリア教育前史①──職業指導から進路指導への展開 ………… 15

1 第二次世界大戦敗戦以前の職業指導 …………………………………… 15
2 第二次世界大戦後の職業指導 …………………………………………… 18
3 職業指導から進路指導への展開 ………………………………………… 24
4 日本におけるキャリア教育の起源から学ぶ …………………………… 25

第3章 キャリア教育前史②──受験競争の激化への対応 ………………… 29

1 高度経済成長期における進学率の上昇と高等学校進学者の「適格者主義」……… 29
2 受験競争の激化と「業者テスト」問題 ………………………………… 30
3 受験競争の弊害と不十分な政府対応 …………………………………… 33
4 「業者テスト追放」とその後 …………………………………………… 34
5 大学進学率の上昇と「受験体制」……………………………………… 36

第4章 キャリア教育の提唱と草創期の推進施策の特質 …………………… 41

1 キャリア教育の提唱 ……………………………………………………… 41
2 草創期のキャリア教育が目指したもの ………………………………… 43
3 若年者雇用対策とキャリア教育 ………………………………………… 48
4 草創期のキャリア教育の特質と課題 …………………………………… 51

第5章 キャリア教育推進施策の変容とさらなる展開 ……………………… 57

1 2011年中央教育審議会答申によるキャリア教育の変容 ……………… 57
2 学習指導要領［平成20年・21年改訂］におけるキャリア教育の位置づけ …… 61
3 第2期教育振興基本計画におけるキャリア教育の方向性 …………… 63
4 新学習指導要領におけるキャリア教育の新たな展開 ………………… 65

v

第6章 キャリア教育実践を支える基礎理論 ……………………………… 71

1 キャリア教育の基礎理論 …………………………………………………… 71
2 内容重視の理論(1)——パーソンズの理論 ……………………………… 73
3 内容重視の理論(2)——ホランドの理論 ………………………………… 75
4 過程重視の理論(1)——スーパーの理論 ………………………………… 78
5 過程重視の理論(2)——サビカスの理論 ………………………………… 80
6 実践に向けて ……………………………………………………………… 82

第7章 PDCA サイクルに基づくキャリア教育実践の在り方 ………… 87

1 PDCA サイクルとは何か …………………………………………………… 87
2 キャリア教育実践において PDCA サイクルはなぜ必要なのか ………… 88
3 PDCA サイクルに基づくキャリア教育実践とはどのようなものか …… 89
4 PDCA サイクルに基づくキャリア教育実践のポイントとは何か ……… 93
5 2020年からのキャリア教育のなかに PDCA サイクルは
  どのように位置づいているか …………………………………………… 96
6 今後の学びに向けて ……………………………………………………… 97

第8章 小学校におけるキャリア教育実践の在り方 …………………… 101

1 小学校におけるキャリア教育 …………………………………………… 101
2 キャリア教育実践上の組織と計画——カリキュラム・マネジメントの視点から … 106
3 小学校におけるキャリア教育の好実践事例 …………………………… 110

第9章 中学校におけるキャリア教育実践の在り方 …………………… 115

1 中学校におけるキャリア教育の意義 …………………………………… 115
2 キャリア教育計画 ………………………………………………………… 116
3 中学生の発達段階とキャリア教育 ……………………………………… 118
4 カリキュラム・マネジメントとキャリア教育 ………………………… 121
5 コミュニティ・スクールとキャリア教育 ……………………………… 123
6 中学校におけるキャリア・カウンセリング …………………………… 124
7 実践事例 …………………………………………………………………… 126

第10章 高等学校におけるキャリア教育実践の在り方 ………………… 131

1 高等学校におけるキャリア教育の意義と現状 ………………………… 131
2 高等学校段階における生徒のキャリア発達 …………………………… 131
3 カリキュラム・マネジメントの観点からみた高等学校のキャリア教育 ………… 133
4 高等学校におけるキャリア教育実践の事例 …………………………… 138
5 高等学校におけるキャリア教育の展望 ………………………………… 143

目　次

第11章　一人一人のキャリア発達を支援するキャリア教育実践の在り方 … 147

 1 キャリア教育におけるキャリア発達の視点 ……………………………… 147

 2 キャリア教育におけるキャリア・カウンセリング ……………………… 148

 3 キャリア発達を促す適切なコミュニケーション ………………………… 151

 4 キャリア教育におけるキャリア・カウンセリングの活用 ……………… 159

第12章　キャリア教育のさらなる充実に向けた諸課題と今後の展望 ……… 163

 1 「学びに向かう力」をめぐる課題 ………………………………………… 163

 2 OECD による「Education 2030」が示す課題 …………………………… 167

 3 今後の実践の在り方 ……………………………………………………… 171

 4 今後の展望 ………………………………………………………………… 174

付　　録（教育基本法［抄］／学校教育法［抄］／学校教育法施行規則［抄］／第1期教育振興基本計画［抄］／第2期教育振興基本計画［抄］／第3期教育振興基本計画［抄］／小学校学習指導要領［抄］／中学校学習指導要領［抄］／高等学校学習指導要領［抄］／中央教育審議会「今後の学校におけるキャリア教育・職業教育の在り方について（答申）」［抄］）／「キャリア・パスポート」の様式例と指導上の留意事項［抄］

索　　引

第1章
キャリア教育とは何か
──その意義と必要性──

〈この章のポイント〉

　本章の目的は，キャリア教育が目指すものを明らかにし，その意義と必要性を示すことである。そのため，まず，キャリア教育が提唱された当初のねらいと今日のキャリア教育との違い，および，キャリア教育と進路指導との相互関係を整理し，次に，(1)児童生徒のキャリア発達，(2)社会的な変容，(3)基盤となる法律の改正という3つの視点を設けてキャリア教育の意義・必要性について述べていく。これらを通して，本書全体のプロローグとしての役割も果たしていきたいと考えている。

1　キャリア教育が目指すもの

［1］　草創期のキャリア教育と今日のキャリア教育との違い

　日本の学校におけるキャリア形成支援のための教育活動は，本書第2章で詳述されるように，常にアメリカ合衆国（以下，アメリカ）からの強い影響を受けて展開してきた。しかし，「キャリア教育」という用語の提唱とその推進施策の展開については，事情が若干異なる。

　確かに，1970年代のアメリカにおいて連邦政府主導によるキャリア教育（career education）の推進が提唱され，全米的な教育改革へと発展していった頃，日本でも，進路指導研究者やアメリカ教育の専門家たちの間では，キャリア教育への高い関心が示された。しかし，当時，それはアメリカという外国での先進的な教育施策およびそれに基づく教育実践の紹介や分析として豊かな研究成果を生んだものの，日本での導入の可能性について切実感をともなって議論されていたとは言いがたい。

　当時の日本では，本書第3章で解説されているとおり，高等学校や大学等への進学率の向上にともない，受験競争の激化が社会的な問題として関心を集めており，生徒が自己の在り方生き方を考え，主体的に進路を選択することができるようにするため，本来的な進路指導の実践が強く求められていた。また，これに並行して，学歴偏重の社会的風潮の是正や，高等学校や大学等の入学者選抜の改善などを軸とした指摘も盛んになされていたが，「キャリア教育」については，総体的にみて議論が緒に就く段階にすら至っていなかったと言えよう。

▷1　キャリア形成

社会のなかで自分の役割を果たしながら，自分らしい生き方を実現していくための働きかけ，その連なりや積み重ねを意味する。

▷2　career education

1977年に制定された「キャリア教育奨励法（Career Education Incentive Act)」は，キャリア教育（career education）を，「個人が生活の一部として仕事に就くことに関して学び，それに対して準備をすることを通して，また，個人が仕事以外のさまざまな役割（例えば家庭生活での役割）と仕事をめぐる価値観とを相互に関連づけて理解することを通して，偏見やステレオタイプから脱却できるように計画された経験の全体である」と定義している。

I

このような状況を一変させたのが，1999（平成11）年12月16日に中央教育審議会がとりまとめた「初等中等教育と高等教育との接続の改善について（答申）」である。当該答申「第6章　学校教育と職業生活との接続」が，次のように小学校段階からのキャリア教育の実践を求めたのだった。

学校と社会及び学校間の円滑な接続を図るためのキャリア教育（望ましい職業観・勤労観及び職業に関する知識や技能を身に付けさせるとともに，自己の個性を理解し，主体的に進路を選択する能力・態度を育てる教育）を小学校段階から発達段階に応じて実施する必要がある。キャリア教育の実施に当たっては家庭・地域と連携し，体験的な学習を重視するとともに，各学校ごとに目標を設定し，教育課程に位置付けて計画的に行う必要がある。また，その実施状況や成果について絶えず評価を行うことが重要である。

これまで，主として外国における教育施策や実践を紹介する文脈のなかでのみ使用されてきた「キャリア教育」という用語は，一般にはほとんど浸透しておらず，学校関係者にとっても聞き慣れない言葉であった。それが，いわば唐突に提唱された背景には，本書第4章で詳述されているように，新規学卒者のフリーター志向や，学卒後に進学も就職もしていないことが明らかな者の増加等があった。アメリカで展開された「career education」の移入ではなく，日本国内の若年者雇用をめぐる問題に対応するための，いわば緊急措置として提唱されたと言えよう。

それゆえ，本答申は，キャリア教育を「望ましい職業観・勤労観及び職業に関する知識や技能を身に付けさせるとともに，自己の個性を理解し，主体的に進路を選択する能力・態度を育てる教育」と解説し，その特質を示している。提唱初期のキャリア教育（＝本書では，これを「草創期のキャリア教育」と呼ぶ）は，若者を定職に就かせることを重要な使命とするものであり，「望ましい職業観・勤労観及び職業に関する知識や技能を身に付けさせる」ことは，その不可欠な要素だったのである。

しかし，今日，実践の充実が強く期待されているキャリア教育は，提唱時のそれとは大きく異なる。本書第5章において詳しく解説されるように，今日のキャリア教育は，2011（平成23）年1月31日に出された中央教育審議会答申「今後の学校におけるキャリア教育・職業教育の在り方について」（以下，「在り方答申」）によって，次のような定義が示されたのである。

一人一人の社会的・職業的自立に向け，必要な基盤となる能力や態度を育てることを通して，キャリア発達を促す教育

この定義に至る過程で，同答申が次のように「『キャリア教育』の内容と課題」を論じていたことは極めて重要である。

第1章　キャリア教育とは何か

○　人は，他者や社会とのかかわりの中で，職業人，家庭人，地域社会の一員等，様々な役割を担いながら生きている。これらの役割は，生涯という時間的な流れの中で変化しつつ積み重なり，つながっていくものである。また，このような役割の中には，所属する集団や組織から与えられたものや日常生活の中で特に意識せず習慣的に行っているものもあるが，人はこれらを含めた様々な役割の関係や価値を自ら判断し，取捨選択や創造を重ねながら取り組んでいる。

○　人は，このような自分の役割を果たして活動すること，つまり「働くこと」を通して，人や社会にかかわることになり，そのかかわり方の違いが「自分らしい生き方」となっていくものである。

○　このように，人が，生涯の中で様々な役割を果たす過程で，自らの役割の価値や自分と役割との関係を見いだしていく連なりや積み重ねが，「キャリア」の意味するところである。このキャリアは，ある年齢に達すると自然に獲得されるものではなく，子ども・若者の発達の段階や発達課題の達成と深くかかわりながら段階を追って発達していくものである*1。また，その発達を促すには，外部からの組織的・体系的な働きかけが不可欠であり，学校教育では，社会人・職業人として自立していくために必要な基盤となる能力や態度を育成することを通じて，一人一人の発達を促していくことが必要である。

＊1：このような，社会の中で自分の役割を果たしながら，自分らしい生き方を実現していく過程を「キャリア発達」という。

2011年の「在り方答申」は，「生涯の中で様々な役割を果たす過程で，自らの役割の価値や自分と役割との関係を見いだしていく連なりや積み重ね」を「キャリア」として捉え，一人一人が「社会の中で自分の役割を果たしながら，自分らしい生き方を実現していく過程」を支援するための教育を「キャリア教育」として示している。今日のキャリア教育は，若年者雇用対策の一環にとどまるものではないし，その前提には，人を「他者や社会とのかかわりの中で，職業人，家庭人，地域社会の一員等，様々な役割を担いながら生きている」存在として捉える人間観がある。

②　フリーターや若年無業者の変容

ここで，「草創期のキャリア教育」推進の重要な背景となったフリーター[3]や若年無業者[4]の統計上の変容について，内閣府（2017a）を基に振り返ってみよう。

フリーターは，2003年に217万人とピークを記録したものの，2016年には155万人まで減少した。とくに，15〜24歳に限定した場合，2003年に119万人だったものが，2016年には63万人と大きく数を減らしている。現在，問題の中心は，「フリーター志向」が実態としてあった頃にフリーターとして職業人生をスタートさせ，正社員等への移行ができないままフリーターに滞留している層，すなわち「年長フリーター」（25〜34歳）にあると言えよう（図1-1，図1-2）。

▷3　フリーター
厚生労働省の統計用語としてのフリーターは，以下のように定義される。
15〜34歳で，男性は卒業者，女性は卒業者で未婚の者のうち，
1．雇用者のうち勤め先における呼称が「パート」か「アルバイト」である者
2．完全失業者のうち探している仕事の形態が「パート・アルバイト」の者
3．非労働力人口で家事も通学もしていない「その他」の者のうち，就業内定しておらず，希望する仕事の形態が「パート・アルバイト」の者
の合計。なお，フリーターは，英語のフリーランス（freelance）とドイツ語で労働者を意味するアルバイター（Arbeiter）を組み合わせて作られた日本独自の用語である。

▷4　若年無業者
厚生労働省の統計用語としての若年無業者は，「15〜34歳の非労働力人口のうち，家事も通学もしていない者」と定義される。

一方，若年無業者については，2002年に大きく増加して64万人を記録した後，2012年までおおむね横ばいで推移してきた。しかし，それ以降，60万人を超えることはなく，2016年には57万人となっている。フリーター同様に，問題の中心は年長者に移ってきており，35歳から39歳のいわゆる「高齢ニート」の増加も深刻度を増している。

　このように，草創期のキャリア教育推進の背景となったフリーター志向や若年無業者の急増を今日確認することはできない。この事実を再認識することは，現在求められるキャリア教育の特質を正しく理解するための前提となる。

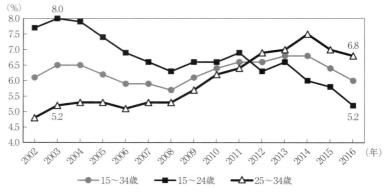

図1-1　当該年齢階級人口に占めるフリーターの割合の推移

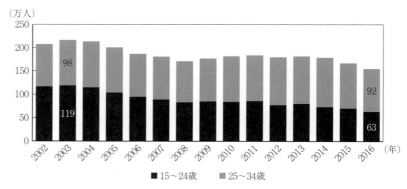

図1-2　フリーターの数の推移

出所：図1-1，図1-2ともに内閣府（2017a）。
（http://www8.cao.go.jp/youth/whitepaper/h29honpen/index.html）

2　キャリア教育と進路指導

1　キャリア教育と進路指導の共通性

　これまで整理してきたように，今日のキャリア教育は，一人一人が将来，社

会的・職業的に自立し，社会のなかで自分の役割を果たしながら，自分らしい生き方を実現できるような力を，長期的な展望に立って育成しようとする教育活動である。

一方，本書第2章で詳述されているように，「職業指導」を前身とする「進路指導」は，「生徒の個人資料，進路情報，啓発的経験および相談を通じて，生徒みずから，将来の進路の選択，計画をし，就職または進学して，さらにその後の生活によりよく適応し，進歩する能力を伸長するように，教師が組織的，継続的に援助する過程」と定義されてきた。進路指導は，個々の生徒が将来，どのような人間になり，社会のなかでどう生きていくことが望ましいのかを展望し，そのために必要な力を伸長できるよう指導・援助する教育活動であると言える。

ここで重要となるのは，キャリア教育および進路指導の両者が，一人一人がこの社会でどのように生きていくかを展望し，その実現のために求められる力を獲得・向上できるよう支援するという根本的な特質を共有している点である。

よって，これまでも，「定義・概念としては，（進路指導と）キャリア教育との間に大きな差異は見られ」ない（キャリア教育の推進に関する総合的調査研究協力者会議，2004），あるいは，「進路指導のねらいは，キャリア教育の目指すところとほぼ同じ」（「在り方答申」）などと公的に指摘されてきたのである。

2 「進路指導」という用語の多義性

しかし，キャリア教育と進路指導との関係に言及したさまざまな論説・論文・ウェブサイト等のなかには，「キャリア教育と進路指導とを混同すべきではない」という趣旨の指摘も散見される。

これまで整理してきたように，キャリア教育と進路指導の両者は，同一の理念を掲げ，定義・概念もほぼ同一であるとされているにもかかわらず，それとはまったく対立するような指摘がなされる場合があるのはなぜなのだろうか。

この点をめぐっては，「進路指導」という用語が，多義的に用いられてきたという実態に注目する必要がある。戦後の長い間，とりわけ高度経済成長期を中心として，学校における日常的な用語としての「進路指導」は，本来の定義からは逸脱し，「卒業直後の進学先や就職先の選択・決定を目指した指導」を意味することが多かった。例えば，1989（平成元）年に文部省（当時）が発行した『我が国の文教施策』は次のように指摘している。

特に中学校の進路指導においては，生徒一人一人の個性を十分把握し，これを伸長させるという観点に立って第1学年時から系統的・継続的に行われるものとはなっておらず，第3学年時における学力中心の指導，すなわち，学力に偏った進路先決定の指導になっているとみられる。

このような「進路指導」は，卒業（＝出口）が近づいてから集中的になされ，入学試験・就職試験に合格させるための支援や指導に終始する傾向が著しく強かったことから，かねてより「出口指導」であると批判されてきた。その一方で，当時の学校においては，本来の進路指導とはかけ離れたこのような実践も，「進路指導」と呼びならわされてきたのである。

無論，キャリア教育と，進学先・就職先の決定に偏った「出口指導」とを同一視するのは，明らかな誤りである。「キャリア教育と進路指導とを混同すべきではない」と指摘される場合も，そのほとんどすべてが，キャリア教育と「出口指導」との混同の危険性を指摘しようとする意図に基づくものである点に留意しておきたい。

③ キャリア教育と進路指導との関係

では，キャリア教育と本来の進路指導とは，まったく同一の教育活動を意味するのだろうか。――仮にそうだとすれば，同一の教育活動に対して，2つの名称が与えられていることになってしまう。両者に差異があるからこそ，「進路指導」という長年にわたって使用されてきた用語に並行して，「キャリア教育」という新たな用語が設けられたのである。その一方で，「進路指導のねらいは，キャリア教育の目指すところとほぼ同じ」と指摘されてきたことが示すように，両者は同じ理念を掲げる教育活動でもある。

このような状況において，キャリア教育と進路指導との関係を正しく理解しておくことは，極めて重要であろう。とりわけ「社会に開かれた教育課程」が目指される今日，キャリア教育・進路指導の実践主体である一人一人の教師が正しく理解しておかなければ，キャリア教育実践に協力してくださる保護者や地域社会の方々の混乱を助長することは避けられまい。

キャリア教育と進路指導との関係を理解するうえでの基本は，その対象となる範囲の違いを踏まえることである（図1-3）。

▷5 社会に開かれた教育課程
新学習指導要領（小学校・中学校2017年告示，高等学校2018年告示）が前提とする理念。よりよい学校教育を通じてよりよい社会を創るという目標を学校と社会が共有し，学校と社会とが連携・協働しながら，未来の創り手となるために必要な資質・能力を育むことを目指す。

図1-3 キャリア教育と進路指導との関係

キャリア教育は，就学前段階から初等中等教育・高等教育を貫き，また学校から社会への移行に困難を抱える若者（若年無業者など）を支援するさまざまな機関においても実践される。一方，進路指導が実践されるのは，中学校および高等学校（義務教育学校の後期課程，中等教育学校，特別支援学校中学部および高等

部を含む）に限定される。例えば，進路指導の定義中に「生徒が自ら，将来の進路を選択・計画し，就職または進学して，さらにその後の生活に……」とあるが，これらの文言は，就職や上級学校への進学が中学生・高校生にとって極めて大きな意味をもつことを前提として定義に組み入れたものと考えられる。進路指導の定義策定時において，中学生や高校生などの「生徒」以外，例えば児童や幼児などを対象とした実践は想定されていなかったと言えよう。

新学習指導要領は，2017年告示の中学校・2018年告示の高等学校とも，総則において

> 生徒が，学ぶことと自己の将来とのつながりを見通しながら，社会的・職業的自立に向けて必要な基盤となる資質・能力を身に付けていくことができるよう，特別活動を要としつつ各教科等の特質に応じて，キャリア教育の充実を図ること。その中で，生徒が自らの生き方（中）／生徒が自己の在り方生き方（高）を考え主体的に進路を選択することができるよう，学校の教育活動全体を通じ，組織的かつ計画的な進路指導を行うこと。

と定めているが，この規定が，「キャリア教育の充実を図る」なかで，「組織的かつ計画的な進路指導を行うこと」という構造となっていることは極めて重要である。中学校・高等学校での進路指導は，小学校から高等学校までの系統的なキャリア教育の一環として実践される必要がある。

しかしながら，中学校や高等学校においては，「目指すところ」がほぼ同じ「キャリア教育」「進路指導」という用語をどう使い分けるのか，という課題も残されている。この点については，将来的なキャリア教育への用語統一の可能性を視野に収めつつ，臨機応変な対応をするしかないだろう。現状においては，「進路指導」という用語を前提とした法令に基づくさまざまな仕組み（例えば，中学校・高等学校等に「原則必置」とされる進路指導主事など）があり，それらの法令改正を待たなければ，用語の統一は困難である。当面の間は，必要に応じて「キャリア教育（進路指導）」等，表記上の工夫をするなどを含め，それぞれの中学校・高等学校における創意が必要となるだろう。

3 キャリア教育の必要性① ──キャリア発達を視点として

キャリア教育は，他の教育活動と同様に，人間の発達過程に即して実践されるものである。無論，発達は時間的経過のみによって自然に起こるものではない。それは，社会的環境や学習経験との相互作用のなかで促されるものであるゆえに，年齢に適した学習の機会が提供されることが当然求められる。

また発達は，一人一人が経験することがらの内容や接する人や情報によってさまざまな形態をとる。さらに発達の過程は漸次性（連続して徐々に変化する性

▷6 「進路指導」という用語を使用する法令
中学校・高等学校等への進路指導主事の配置を求める学校教育法施行規則のほかに，免許状更新講習規則，文部科学省組織規則，国立教育政策研究所組織規則，文部科学省組織令，公立高等学校の適正配置及び教職員定数の標準等に関する法律施行令，公立義務教育諸学校の学級編制及び教職員定数の標準に関する法律施行令がある。

質）を基本とするが，突然飛躍的な転換が生起する場合も少なくない。したがって，学校や学年として設定した目標に達する道筋や行動は個々の児童生徒ごとに異なりうる。よって，支援の過程では一人一人に注目することが不可欠となる。この点については本書第11章で詳しく論じることにしよう。

　また，本書第6章で紹介されるとおり，人間の発達の段階についてはいくつもの理論がありそれぞれ特徴がある。日本においては，それらの理論を踏まえつつ，2002年に国立教育政策研究所生徒指導研究センターがとりまとめた研究報告書「児童生徒の職業観・勤労観を育む教育の推進について」が提示し，2006年に文部科学省が作成した「小学校・中学校・高等学校 キャリア教育推進の手引——児童生徒一人一人の勤労観，職業観を育てるために」などにも引用された次のキャリア発達についての捉え方が広く受け入れられている。各学校においては，これを固定的な標準として理解するのではなく，それぞれの学校において目の前の子どもたちの現状を踏まえつつ，育成すべき資質・能力の目標設定のための参考資料として活用することが望まれる（表1-1）。

表1-1　小学校・中学校・高等学校におけるキャリア発達

小学生	中学生	高校生
進路の探索・選択にかかる基盤形成の時期 ・自己及び他者への積極的関心の形成・発展 ・身のまわりの仕事や環境への関心・意欲の向上 ・夢や希望，憧れる自己イメージの獲得 ・勤労を重んじ目標に向かって努力する態度の形成	現実的探索と暫定的選択の時期 ・肯定的自己理解と自己有用感の獲得 ・興味・関心等に基づく勤労観，職業観の形成 ・進路計画の立案と暫定的選択 ・生き方や進路に関する現実的探索	現実的探索・試行と社会的移行準備の時期 ・自己理解の深化と自己受容 ・選択基準としての勤労観，職業観の確立 ・将来設計の立案と社会的移行の準備 ・進路の現実吟味と試行的参加

出所：文部科学省（2006）。

　2011年の「在り方答申」では，「キャリア教育は，キャリアが子ども・若者の発達の段階やその発達課題の達成と深くかかわりながら段階を追って発達していくことを踏まえ，幼児期の教育から高等教育に至るまで体系的に進めることが必要である」としたうえで，キャリア教育に取り組む意義について3点に整理し，次のように述べている。

○　第一に，キャリア教育は，一人一人のキャリアの発達や個人としての自立を促す視点から，学校教育を構成していくための理念と方向性を示すものである。各学校が，この視点に立って教育の在り方を幅広く見直すことにより，教職員に教育の理念と進むべき方向が共有されるとともに，教育課程の改善が促進される。
○　第二に，キャリア教育は，将来，社会人・職業人として自立していくために発達

第1章　キャリア教育とは何か

させるべき能力や態度があるという前提に立って，各学校段階で取り組むべき発達課題を明らかにし，日々の教育活動を通して達成させることを目指すものである。このような視点に立って教育活動を展開することにより，学校教育が目指す全人的成長・発達を促すことができる。
○　第三に，キャリア教育を実践し，学校生活と社会生活や職業生活を結び，関連付け，将来の夢と学業を結び付けることにより，生徒・学生等の学習意欲を喚起することの大切さが確認できる。このような取組を進めることを通じて，学校教育が抱える様々な課題への対処に活路を開くことにもつながるものと考えられる。

4　キャリア教育の必要性②──社会的な変容を視点として

　ニューヨーク州立大学のキャシー・デビッドソン（C. N. Davidson）が，「2011年度にアメリカの小学校に入学した子どもたちの65％は，今は存在していない職業に就くことになるだろう」と指摘したこと（Heffernan, 2011）は，日本でも広く紹介された。また，オックスフォード大学のマイケル・オズボーン（M. A. Osborne）らが，今後10～20年程度で半数近くの仕事が自動化される可能性を示した論文（Frey and Osborne, 2013）が注目を集めたことも記憶に新しい。定型的なスキルによって遂行しえる職務が自動化される傾向は今後一層顕著になるであろうし，AI（Artificial Intelligence: 人工知能）関連技術の発達により，AIがディープラーニング[7]を経て処理できる範囲はさらに拡大することなどが予測される。IoT[8]・ビッグデータ[9]・AIをキーワードとする第4次産業革命が現実味を帯び，AIが人間に替わって科学技術の進展を制御していく時代の分岐点（シンギュラリティ）の到来もそう遠くはないと指摘されるなかで，現在，私たちの多くは「AIに仕事が奪われる」という不安を共有する状況にある。

　当然ながら，人は誰しも，将来生起する出来事を現時点において体験することはできない。そのため，私たちはこれまでの経験と手元にある情報を基に未来を予測せざるをえない。そこで生起しうる「不測の事態」に備えようとすれば，その事態の全貌を正確に把握することが不可能であるがゆえに，不安になる。これはごく自然なことである。

　無論，社会的な変容が安定した法則性の下で生起している特殊な状況，例えば，その典型としての戦後の日本経済の成長期などにおいては，そのような不安を意識する必要性は格段に小さくなる。大量生産・大量消費という原則を不変のものとして措定し，私たちが「望ましい」と感じ「快適だ」と思えるような制御を加えることによって，未来に思いを馳せることはむしろ心躍る経験ともなりえる。けれども，今，私たちは，AIの急速な進展や，不安定な国際情勢に代表される予測の困難な未来に直面している。こういったとき未来に視点

▷7　ディープラーニング（deep learning）
深層学習と訳される。人間が自然に行う認識や行動，作業などをコンピュータに学習させる機械学習の手法の一つ。人間の脳神経回路を模したネットワークを多層的にすることで，コンピュータ自らがデータに含まれる潜在的な特徴を捉え，より正確で効率的な判断を実現させる技術や手法。

▷8　IoT
アイ・オー・ティ。Internet of Things の略称。モノのインターネットと訳される。情報・通信機器に限らず，さまざまな物・製品等に通信機能をもたせ，インターネットに接続して相互に通信させること。これによって，遠隔操作や自動制御などを行うことが可能となる。

▷9　ビッグデータ（big data）
一般的・典型的なデータベースソフトウェアが把握・蓄積し，処理できる能力を超えるサイズのデータ。その多くは，構成するデータの出所が多様である点を特徴とする。

9

を移せば，私たちが不安になるのは避けられない。例えば，1810年代のイギリスにおいて，産業革命による機械化を恐れた繊維産業労働者が織機破壊に走ったことは，社会的変容への強い不安の蔓延が今日の社会に固有の現象ではないことを物語っている。

　ここで私たちは，近い将来の社会変容が「第4次産業革命」や「Society 5.0」といった用語で示されることが多いことに気づく必要がある。例えば，「第4次産業革命」に先行して生起した第1次・第2次・第3次産業革命については，内閣府（2017b）が，「18世紀末以降の水力や蒸気機関による工場の機械化である第1次産業革命，20世紀初頭の分業に基づく電力を用いた大量生産である第2次産業革命，1970年代初頭からの電子工学や情報技術を用いた一層のオートメーション化である第3次産業革命」であると説明している。つまり，私たちの先達は，これらの大きな社会変容を生起させ，変容に適応し，新たな価値やシステムを創造し，さらなる革新を重ねてきた。先達ができたことは，きっと私たちにもできるのではなかろうか。

　私たちが不安になるのは，その原因となる不都合な現象が実際に起きたからではなく，何が起こりえるか正確に把握できないからである。であるならば，私たちの先達が，今日の AI の進展や国際状況の不安定化に匹敵する，あるいは，それを凌駕する劇的な社会変容──例えば，明治維新や第二次世界大戦の敗戦とその後の占領期改革など──を数多く乗り越えてきたという事実を踏まえ，社会的変容を生起させているのはほかでもない私たち自身であること，すなわち，私たち自らが社会を創造する主体であることを再認識し，よりよい未来を構築するために必要な態度と資質能力を身につけることを最優先課題とすべきであろう。まさにキャリア教育は，一人一人の児童生徒が，このような力を身につけることができるように支援する教育である。

　中央教育審議会は，2018（平成30）年3月8日に取りまとめた答申「第3期教育振興基本計画について」において，「複雑で予測困難な社会であるからこそ，変化を前向きに受け止め，社会や人生，生活を，人間ならではの感性を働かせてより豊かなものにすることや，複雑化・多様化した現代社会の課題に対して，主体的な学びや多様な人々との協働を通じ，その課題解決につながる新たな価値観や行動を生み出すこと等が求められている」と指摘している。このような指摘を視野に収めつつ，キャリア教育を通して児童生徒が身につける「基礎的・汎用的能力」を構成する4つの能力──人間関係形成・社会形成能力，自己理解・自己管理能力，課題対応能力，キャリアプランニング能力──の内容を精査すれば，それぞれの重要性が一層鮮明となろう。

　例えば，「キャリアプランニング能力」の前提として，「基礎的・汎用的能力」を提示した「在り方答申」は，職業人としての生活が「一つの企業等の中

▷10　Society 5.0
狩猟社会（Society 1.0），農耕社会（Society 2.0），工業社会（Society 3.0），情報社会（Society 4.0）に続く，新たな社会。サイバー空間（仮想空間）とフィジカル空間（現実空間）を高度に融合させたシステムにより，経済発展と社会的課題の解決を両立する，人間中心の社会を意味する。2016年1月に閣議決定された第5期科学技術基本計画において，わが国が目指すべき未来社会の姿として提唱されたもの。

で単線的に進むものだけではなくなりつつ」ある状況において，「社会に出た後，生涯の中で必ず訪れる幾つかの転機に対処」し，「自ら積極的に選択して進むべき道を変更する」必要があるという状況認識を示している。キャリアプランニング能力を，単に首尾よく職に就くことを目指した能力として理解するとすれば，それは明白な誤解であると言わざるをえない。

5　キャリア教育の必要性③ ——教育基本法等の法改正を視点として

　2006（平成18）年12月，教育基本法が改正され，公布・施行された。同法の改正は，戦後の新しい教育の礎として1947（昭和22）年に制定されて以来，初めてのことであった。本改正によって，教育の目的（第1条）および目標（第2条）が次のように定められたことは極めて重要である（表1-2）。とりわけ，教育目標のなかに，「職業及び生活との関連を重視し，勤労を重んずる態度を養うこと」（第2条第2号）および「主体的に社会の形成に参画し，その発展に寄与する態度を養うこと」（同条第3号）がそれぞれ明示的に位置づけられたことは，その後のキャリア教育の推進を加速した。

表1-2　改正前後の教育基本法第1条，第2条の比較

改正後の教育基本法 （平成18年法律第120号）	改正前の教育基本法 （昭和22年法律第25号）
（教育の目的） 第1条　教育は，人格の完成を目指し，平和で民主的な国家及び社会の形成者として必要な資質を備えた心身ともに健康な国民の育成を期して行われなければならない。 （教育の目標） 第2条　教育は，その目的を実現するため，学問の自由を尊重しつつ，次に掲げる目標を達成するよう行われるものとする。 一　幅広い知識と教養を身に付け，真理を求める態度を養い，豊かな情操と道徳心を培うとともに，健やかな身体を養うこと。 二　個人の価値を尊重して，その能力を伸ばし，創造性を培い，自主及び自律の精神を養うとともに，職業及び生活との関連を重視し，勤労を重んずる態度を養うこと。 三　正義と責任，男女の平等，自他の敬愛と協力を重んずるとともに，公共の精神に基づき，主体的に社会の形成に参画し，その発展に寄与する態度を養うこと。 四　生命を尊び，自然を大切にし，環境の保全に寄与する態度を養うこと。 五　伝統と文化を尊重し，それらをはぐくんできた我が国と郷土を愛するとともに，他国を尊重し，国際社会の平和と発展に寄与する態度を養うこと。	第1条（教育の目的）　教育は，人格の完成をめざし，平和的な国家及び社会の形成者として，真理と正義を愛し，個人の価値をたつとび，勤労と責任を重んじ，自主的精神に充ちた心身ともに健康な国民の育成を期して行われなければならない。 第2条（教育の方針）　教育の目的は，あらゆる機会に，あらゆる場所において実現されなければならない。この目的を達成するためには，学問の自由を尊重し，実際生活に即し，自発的精神を養い，自他の敬愛と協力によつて，文化の創造と発展に貢献するように努めなければならない。

また，本改正によって，学校，家庭及び地域住民等の相互の連携協力について定めた第13条が新たに設けられ，「学校，家庭及び地域住民その他の関係者は，教育におけるそれぞれの役割と責任を自覚するとともに，相互の連携及び協力に努めるものとする」と定められたことも，キャリア教育の実践の基盤を確固たるものとしたと言えよう。

さらに，翌2007（平成19）年には，教育基本法の改正を踏まえ学校教育の充実を図るため，「学校教育法等の一部を改正する法律（平成19年法律第96号）」によって学校教育法が改正された。本改正により，新たに義務教育の目標が第21条として次のように定められ，とりわけ，同条第1号，第4号，第10号は，小学校段階からのキャリア教育を推進するうえでの法的基盤として重要な役割を果たしている。

第21条　義務教育として行われる普通教育は，教育基本法（平成18年法律第120号）第5条第2項に規定する目的を実現するため，次に掲げる目標を達成するよう行われるものとする。

一　学校内外における社会的活動を促進し，自主，自律及び協同の精神，規範意識，公正な判断力並びに公共の精神に基づき主体的に社会の形成に参画し，その発展に寄与する態度を養うこと。

二　学校内外における自然体験活動を促進し，生命及び自然を尊重する精神並びに環境の保全に寄与する態度を養うこと。

三　我が国と郷土の現状と歴史について，正しい理解に導き，伝統と文化を尊重し，それらをはぐくんできた我が国と郷土を愛する態度を養うとともに，進んで外国の文化の理解を通じて，他国を尊重し，国際社会の平和と発展に寄与する態度を養うこと。

四　家族と家庭の役割，生活に必要な衣，食，住，情報，産業その他の事項について基礎的な理解と技能を養うこと。

五　読書に親しませ，生活に必要な国語を正しく理解し，使用する基礎的な能力を養うこと。

六　生活に必要な数量的な関係を正しく理解し，処理する基礎的な能力を養うこと。

七　生活にかかわる自然現象について，観察及び実験を通じて，科学的に理解し，処理する基礎的な能力を養うこと。

八　健康，安全で幸福な生活のために必要な習慣を養うとともに，運動を通じて体力を養い，心身の調和的発達を図ること。

九　生活を明るく豊かにする音楽，美術，文芸その他の芸術について基礎的な理解と技能を養うこと。

十　職業についての基礎的な知識と技能，勤労を重んずる態度及び個性に応じて将来の進路を選択する能力を養うこと。

このような法改正を基に，教育振興基本計画では第1期計画（2008年），第2期計画（2013年）ともに，学校段階を貫く系統的・体系的なキャリア教育の推進を重要施策として位置づけ，さらに，新学習指導要領（小学校・中学校2017年

告示，高等学校2018年告示）においては，「児童（小）／生徒（中・高）が，学ぶことと自己の将来とのつながりを見通しながら，社会的・職業的自立に向けて必要な基盤となる資質・能力を身に付けていくことができるよう，特別活動を要としつつ各教科等の特質に応じて，キャリア教育の充実を図ること」と明示するに至っている。これらの動向についての詳細は，本書第5章において解説されている。是非確認していただきたい。

Exercise

① 進路指導とキャリア教育との関係について，以下の資料を参照しながら再確認してみよう。
  ・文部科学省『中学校 キャリア教育の手引き』教育出版，2011年
  ・文部科学省『高等学校 キャリア教育の手引き』教育出版，2011年
② 2006年の教育基本法改正の経緯と特質について，文部科学省公式ウェブサイト中の特設コーナー「教育基本法資料室へようこそ！」に掲載される資料を参照しながら確認してみよう。
  ・文部科学省「教育基本法資料室へようこそ！」
   http://www.mext.go.jp/b_menu/kihon/houan.htm

📖次への一冊

Kenneth B. Hoyt 編著，仙崎武・藤田晃之・三村隆男・下村英雄訳『キャリア教育——歴史と未来』雇用問題研究会，2005年。
  1970年代のアメリカ合衆国において展開された「career education」の推進施策を担当したケネス・ホイトの編集による書籍である。同じ「キャリア教育」との用語によって示される教育活動の日米の相違点・共通点を探るうえでの示唆を得ることができる。
日本キャリア教育学会編『キャリア教育概説』東洋館出版社，2008年。
  本書より10年前に刊行されたキャリア教育の概説書である。この10年の間にキャリア教育がどのように変容したのかを把握するうえでの重要な手がかりを得ることができる。

引用・参考文献

キャリア教育の推進に関する総合的調査研究協力者会議「キャリア教育の推進に関する総合的調査研究協力者会議報告書——児童生徒一人一人の勤労観，職業観を育てるために」2004年。

国立教育政策研究所生徒指導研究センター「児童生徒の職業観・勤労観を育む教育の推進について」2002年。

中央教育審議会「初等中等教育と高等教育との接続の改善について（答申）」1999（平成11）年12月16日。

中央教育審議会「今後の学校におけるキャリア教育・職業教育に在り方について（答申）」2011（平成23）年1月31日。

中央教育審議会「第3期教育振興基本計画について（答申）」2018（平成30）年3月8日。

内閣府『平成29年版　子供・若者白書』日経印刷，2017年 a。

内閣府「日本経済2016-2017——好循環の拡大に向けた展望」2017年 b。

文部科学省「小学校・中学校・高等学校 キャリア教育推進の手引——児童生徒一人一人の勤労観，職業観を育てるために」2006年。

文部科学省『小学校学習指導要領（平成29年告示）』東洋館出版社，2018年。

文部科学省『中学校学習指導要領（平成29年告示）』東山書房，2018年。

文部科学省「高等学校学習指導要領（平成30年告示）」2018年。

文部省『我が国の文教施策（平成元年度）』1989年。

Frey, C. B. & Osborne, M. A., *The Future of Employment: How susceptible are jobs to computerisation?* (Working Paper), Oxford Martin Programme on Technology and Employment, September 17, 2013.

Heffernan, V., "Education Needs a Digital-Age Upgrade", *New York Times*, August 7, 2011.

第2章
キャリア教育前史①
——職業指導から進路指導への展開——

〈この章のポイント〉

　職業指導・進路指導は，キャリア教育の起源にあたる。職業指導は，公共職業安定（職業紹介）機関で行われる職業指導と，学校教育の場で教育活動として行われる職業指導とが存在してきた。本章では職業紹介行政・公共職業安定行政との関連を踏まえつつ，日本における職業指導の導入から，中学校学習指導要領［昭和33年改訂］で職業指導が進路指導へ変更されるまでの歴史を辿る。

1　第二次世界大戦敗戦以前の職業指導

［1］　日本における職業指導の導入期

　日本で「職業指導」という言葉が初めて使われたのは，1915（大正4）年に刊行された教育学者・入澤宗壽の著書『現今の教育』であるといわれている。同著は，欧米諸国の教育思想・教育運動の歴史および当時の動向を辿りながら，日本における教育の革新案を提起するものであった。

　入澤は，当時アメリカ合衆国で新たに実践されはじめた vocational guidance を「職業指導」と訳したうえで，職業指導とは，単に児童への職業紹介＝就職斡旋を行うことをいうのではなく，職業の選択や決定に先立って，児童が誤った職業選択をしないように事前の準備を与えるための指導であると述べた。

　さらに入澤は，日本でも職業指導が重要となることを主張した。

　「我国に於ても職業の選択が単に父兄の意志によって壓制的に決せられたり，甚だ突嗟の間に決定せられるのは能く見るところであるが，学校と家庭と社会とからこれに十分なる注意を施すことが頗る大切のことである。職業選択は決して米国のみの問題では無い。」（入澤，1915，183ページ）

　入澤は，当時の日本では子どもたちが学校卒業後の職業を「父兄の意志」や「突嗟の間」で決めてしまう状況がよくみられることを問題視し，子どもたちが選択主体として，自分が就くべき職業を自らの意思で熟慮・選択し決定できるように「学校」「家庭」「社会」の三者が配慮する必要性を訴えた。

　このように，「職業指導」概念は，日本で誕生したものではなく，アメリカ合衆国の vocational guidance を翻訳・移入して生まれたものであった。

日本における職業指導実践の端緒は，1917年に東京府で設立された「児童教養研究所」，1919年に設置された「大阪市立児童相談所」等，都市部の諸機関における児童の職業選択指導の実践であるといわれる。学校でも，1923年の東京府赤坂高等小学校を皮切りに，都市部の学校で職業指導実践がはじまった。

　他方，職業指導の制度は，当初，学校の教育活動ではなく，公的職業紹介制度の必要性から整えられていった。

　公的職業紹介制度は，第一次世界大戦後の不況による失業対策などを背景として，1921年4月8日の職業紹介法（法律第55号）制定をもって発足した。

　職業紹介法は，国庫補助の下で市町村による職業紹介所の設置運営などを規定した法律である。同法成立以前は，求職者が就職先を探すとき，主に，有料で営利目的の民間の職業紹介業者や募集人などが利用されていた。これ以降，市町村営の無料職業紹介所を利用できる機会が拡大した。

　ただし，当時の市町村営の職業紹介所の実務を担った職員たちは，任用資格，身分保障がなく，賃金などの待遇も劣悪であったため，当時の職業紹介所は，十分な質の職業紹介業務を行う能力を有していなかったといわれている。

　公的職業紹介制度の発足後まもなく，少年・少女の職業紹介に特別の配慮が必要になると考えられ，1925年7月8日，内務省社会局・文部省普通学務局から地方長官宛に「少年職業紹介ニ関スル件依命通牒」が通知された。

　同通牒は，小学校卒業後に就職する児童に対しては，職業紹介所が，児童の性格や能力などをよく知る学校と協力しながら職業紹介を行うことを求めたものである。これは，学校に児童の就職への関与を求めた最初の法令であった。

　学校教育への職業指導の本格的導入は，1927年11月25日付の文部省訓令第20号「児童生徒ノ個性尊重及ビ職業指導ニ関スル件」が端緒となった。同訓令によって，各学校は，児童生徒の個性に応じた教育と職業または進学先の選択にかかわる指導を行うことになった。

　以上の1925年通牒と1927年訓令により，学校卒業者の就職に対して職業紹介所と学校が負うべき役割分担が定められた。すなわち，まず，学校が児童生徒の個性調査および職業選択にかかわる指導を行うとともに，児童生徒の情報を職業紹介所へ伝える。職業紹介所は，学校から提供された情報を基に児童生徒の職業紹介を実施する，という役割分担である。

　1927年文部省訓令第20号によって，学校教育への職業指導の本格的導入が図られたものの，同訓令では職業指導の具体的な実践の指針は示されなかったため，当時の職業指導の実践の在り方は，各々の学校現場で模索された。

　そのなかで，生徒の職業紹介を自ら実施する学校が存在していた。

　前述のとおり，当時の法令のうえでは，児童生徒の職業紹介＝就職斡旋は，職業紹介所が行う業務であり，学校が行う業務としては規定されていない。な

かば法令の規定から逸脱する形で小学校教師が児童の職業紹介に携わった背景には，当時の市町村営の職業紹介所が小学校卒業生全員の職業紹介を行うに足る能力の不足などの事情があったといわれる。これらの学校では，近隣事業所を訪問して求人開拓を行い，児童の就職先を確保することなども教師が担う「教育」の一環とみなす学校もみられた。

［2］ 総力戦体制下における職業指導

　1937年の日中戦争突入を端緒とする総力戦体制への移行にともなって，職業指導の制度も大きく転換された。

　当時の日本では，戦争遂行に必要な産業のための大量の労働力を確保するため，地域間移動をともなう全国的な労働力の計画的強制配置が必要であると考えられていた。これに関連して，1938年3月31日の職業紹介法全面改正（法律第61号）をはじめとする諸法令によって，職業紹介所を国営化し，国営職業紹介所以外の者が行う職業紹介の全面禁止などの措置がとられた。

　学校における職業指導も，こうした総力戦体制の影響を強く受けた。

　1938年10月26日，厚生省・文部省連名訓令「小学校卒業者ノ職業指導ニ関スル件」が通知された。

　同訓令は，学校が(1)職業精神の涵養，(2)個性環境の調査，(3)選職指導を担当し，職業紹介所が(1)児童の職業相談，(2)就職斡旋，(3)就職後の補導，を担当することを定めた。従来は法令の役割分担を半ば逸脱する形で児童生徒の職業紹介を自ら行う学校が存在していたのに対して，上記の改正職業紹介法と1938年訓令により，学校自ら児童生徒の職業紹介を行うことは不可能となり，職業紹介は国営化された職業紹介所がすべて実施することになった。

　さらに，1938年訓令では，「学校卒業後に於ける児童の職業をして国家の要望に適合せしむること」が指示された。従来，児童生徒の個性を尊重した職業選択の指導を行うことが望ましいと考えられていたのに対して，同訓令が児童の職業選択を「国家の要望に適合」する形に指導するように指示したことで，職業指導は，国家の都合を優先する形に大きく転換された。こうした形の職業指導は，1941年3月1日「国民学校令」によって従来の小学校を再編して発足した国民学校において，さらに強化・具体化された。[1]

　このように，戦時体制下では，職業紹介を国営職業紹介所が独占実施する体制整備のほか，学校における職業指導の内容と方法を明示して法制化するなど，職業紹介・職業指導の制度が整備された。しかし，戦時下の職業紹介・職業指導は，戦争遂行・国力増強を目的としたものであり，学校における職業指導もこれに従属する形で，児童生徒の個性や希望に基づいた職業選択の指導ではなく，国益にかなう職業選択を合理化し受容させる形で計画，実践された。

▷1　例えば，1942年11月2日文部省通牒「国民学校ニ於ケル職業指導ニ関スル件」では，国民学校における職業指導の「主眼」を，「児童に皇国民として将来国家の要望に即応せる職業生活を営むに切要なる基礎的修練を為す」ものとしたうえで，「職業指導科」の時間特設等を指示した。その他，同通牒で職業指導の授業内容などに関する規定などが指示された。

2 第二次世界大戦後の職業指導

1 日本国憲法と職業指導

第二次世界大戦敗戦後、アメリカ合衆国を中心とする連合国軍最高司令官総司令部 GHQ ／ SCAP の占領下に置かれた日本は、GHQ ／ SCAP の指導の下で戦時体制を形成した諸法令を廃止し、各種の民主化政策を推し進めていった。

その最たるものは、日本国憲法の制定・施行である。日本国憲法における基本的人権の規定は、職業指導にも深い関係がある。

以前の大日本帝国憲法では、日本の主権者は天皇であり、「臣民」とされた国民の権利は法律で限定された範囲でのみ認められた。これに対し、日本国憲法は、国民主権を確立し、すべての国民が生まれながらにしてもつ基本的人権を規定した。日本国憲法で規定された基本的人権は、たとえ民意を代表する国会議員の多数決を経て制定された法律であっても侵害することは許されない。

日本国憲法で規定された基本的人権の一つに、国家権力による支配から自由である権利としての自由権的基本権がある。

とりわけ職業指導にかかわる規定は、第22条で職業選択の自由が規定された。この規定により、すべての人々は、公共の福祉に反しない限り、自らが就く職業を自分の意思で自由に選択し決定できる権利が保障された。

もう一つ、重要な基本的人権として、生存権的基本権がある。

自由権的基本権の保障は、当該事項に対する国家権力の介入・干渉による国民の自由の侵害に歯止めをかけるものである。しかし、国民のすべての活動を自由に任せた場合、各個人の経済力などの諸条件によって格差や不平等が生じてしまう。格差や不平等を縮小し、実質的な自由・平等を実現するためには、国家権力が積極的に国民の権利保障に努めなければならない。この観点から、日本国憲法では、生活・教育・労働にかかわる権利が規定されている。これらの権利は、一括して生存権的基本権ないし社会的・経済的基本権ともいわれる。

日本国憲法第25条第1項の生存権規定により、国家は、国民の生活保障のために積極的に努力する義務を負うことになった。

日本国憲法第26条第1項の教育権規定は、教育が社会で自立した生活を営むうえで不可欠なものであり、社会的・経済的に不利な立場にある人々であっても必要な教育が受けられる機会が保障されなければならないことを意味しており、生存権的基本権としての性質をもつ。

日本国憲法第27条第1項によって規定された労働権が生存権的基本権として認められるのは、労働が、人間にとって、自らの生計を立てる手段であるだけ

▷2　GHQ ／ SCAP
General Headquarters ／ Supreme Commander for the Allied Powers（連合国軍最高司令官総司令部）の略。

▷3　日本国憲法第22条「何人も、公共の福祉に反しない限り、居住、移転及び職業選択の自由を有する」。

▷4　日本国憲法第25条第1項「すべて国民は、健康で文化的な最低限度の生活を営む権利を有する」。

▷5　日本国憲法第26条第1項「すべて国民は、法律の定めるところにより、その能力に応じて、ひとしく教育を受ける権利を有する」。

▷6　日本国憲法第27条第1項「すべて国民は、勤労の権利を有し、義務を負ふ」。

でなく，社会に参加し人格の形成と発展に寄与する意義をもつからである。

　また，各労働者が自発的によい条件の職業を選択し，従事するためには，職業指導と職業教育・訓練が必要であり，その意味で，労働権の保障と，教育を受ける権利の保障とは，相互に深いかかわりをもつ。

　以上の日本国憲法の規定により，国家は，これらの国民がもつ権利を保障する政策を具体化する義務を負うことになった点が重要である。これらの権利を保障する制度は，その後に制定された諸法令によって具体化されていった。

　そして，職業指導も，日本国憲法の規定をみる限り，敗戦以前，とりわけ国家の利益と戦争遂行のために国営職業紹介機関が中心となって実施した強制的な労働力配置の一環としての職業指導から，国民一人一人の基本的人権を保障する制度の一環としての職業指導へと転換を迫られることは必然であった。

　では，これ以後，実際に，職業指導はどのように展開したのだろうか。

2　公共職業安定制度の成立

　戦時体制下で労働力強制配置の中心を担った職業紹介制度は，GHQ／SCAP内で労働行政を担当した経済科学局労働課の下で大きな改革を受けた。

　1947年11月30日，従来の職業紹介法を廃し，新たに職業安定法（法律第141号）が制定公布された。

　職業安定法は，労働者各人の「職業の安定」すなわち，職業選択の自由を前提とした労働権の保障を主な目的とした法律であり，日本国憲法の理念に基づいて，従来の職業紹介行政の性格を転換するものであった。従来の職業紹介所から変更された「公共職業安定所」という名称には，「公共」＝国民へ奉仕する専門機関として再出発する意味，および，同所は職業紹介のみならず，職業指導，失業給付，職業訓練への斡旋などの多様な業務を通じて国民の「職業の安定」に尽くす機関であること，などの意味合いが込められた。

　職業安定法の特徴のうち，学校の職業指導にかかわって2点確認したい。

　第一の点は，職業紹介を，公共職業安定機関の専管事項とした点である。

　職業安定法は，政府が設置運営する公共職業安定所が無料で職業紹介を行い，公共職業安定所以外の者が行う職業紹介を，有料の場合は禁止，無料の場合でも労働大臣の許可制とした。この措置は，形式的には，国営職業紹介所以外の者が行う職業紹介を全面禁止した1938年改正職業紹介法と酷似している。

　これら2つの法律の相違点は，その目的にある。

　1938年職業紹介法が国営職業紹介所以外の者による職業紹介事業を全面禁止とした措置の目的は，前述のとおり，戦争遂行のために国家が必要とする労働力を効率的に充足するためのものであった。

　これに対して，1947年職業安定法で公共職業安定機関だけが職業紹介を行う

▷7　専　管
『広辞苑』第六版によれば，「一手に管理すること。専属管轄。『―水域』」とされている。

原則を樹立した背景には，敗戦以前，営利目的の民間の職業紹介業や労働者募集等によって，求職者に虚偽の求人情報を与えて劣悪な労働条件の職場に誘い込むなどの人権侵害に及ぶ行為が横行したという実態があった。これらの人権侵害行為を根絶し，国民の労働権を保障するため，国家機関である公共職業安定所が求人者と求職者を結ぶ職業紹介を一手に引き受ける制度がつくられた。

第二の点は，公共職業安定機関で働く専門職員の確保である。

職業紹介を，公共職業安定機関が専管する以上，同機関は，国民の労働権保障にとって大きな職責をもつことになる。その職責を果たすためには，当然ながら十分な量と質の専門職員を確保しなければならない。そのため，職業安定法では，公共職業安定機関の職員の研修制度の整備，本人の希望や同意なき他機関への異動の禁止等が規定され，職員の専門性確保・向上が目指された。

このように，職業安定法は，従来の職業紹介制度を転換し，国家が設置運営する公共職業安定機関が無料で質の高い職業紹介等のサービスを提供することを通じて，日本国憲法が規定した，職業選択の自由を前提とする国民の労働権を保障する制度を具体化する法律として制定されたものであった。

③ 学校教師が行う職業紹介制度の成立

戦後日本では，教師が生徒の職業紹介を行う制度が存在してきた。教師による職業紹介は，大学や，工業科，商業科などの専門学科をもつ高等学校を中心に実施されてきた。中学校卒業直後に進学ではなく就職を選ぶ生徒が多かった1960年代までは，多くの中学校教師も生徒の就職に関与した。

教師が生徒の職業紹介を行う制度は，戦後日本独特のものである。

ドイツでは公共職業安定機関が，フランスでは進路指導専門機関が職業紹介を行う体制が整っており，教師が職業紹介を行うことはない。

他方で，アメリカ合衆国では，学校における職業指導の一環として職業紹介が行われるものの，各学校に専門職のカウンセラー等が配置されるなど，職業紹介を行う組織が整備されているため教科教育等を担う教師は職業紹介を行わない。苅谷剛彦（1991）によれば，むしろアメリカ合衆国では，学校を通じた就職や求人募集はあまり重視されないという。

これに対し，戦後日本において，学校卒業後に就職を希望する学生・生徒たちは，学校卒業前に教師の就職斡旋＝職業紹介を通じて就職先を決定し，卒業と同時に職業生活へと移行することが一般的であり，教師が学生・生徒の就職を斡旋することは自明・当然の事柄であるとみなされてきた。

しかし，前述のとおり，1947年職業安定法では職業紹介が公共職業安定所の専管事項とされたため，学校であっても労働大臣の許可を得なければ職業紹介を行うことはできなかった。制定当初の職業安定法制下では，生徒の職業紹介

＝就職斡旋は学校教師が行うのが当たり前，とは言えなかった。

この状況を変えた出来事が，1949年 5 月21日の職業安定法一部改正（法律第86号）である。改正職業安定法では，新規学卒者の職業紹介は，学校の協力を得ながら公共職業安定所が行うことを原則としつつも，学校が職業紹介を行うための手続きを，従来の許可制から届出制等へと簡素化した。同改正は，学校が行う職業紹介を初めて法制化した法令であった。

ところで，すでに述べたように，職業安定法が，職業紹介を公共職業安定所の専管事項としてほかの者の行う職業紹介等を規制し，同所に勤務する職員の専門性確保を目指したのは，国民の労働権保障のための制度を整えるためであった。この点からみれば，労働権保障の専門機関ではない学校に対して，無条件で職業紹介を行う権限を認めることは難しいように思われる。

実際に，1949年職業安定法改正審議の過程では，職業紹介を担当する専門教職員を養成し，各学校に配置する必要性が認識されていた。この背景には，GHQ／SCAP内で教育行政を担当した民間情報教育局教育課の示唆があった。同課は，前述のアメリカ合衆国の制度を念頭に置いていたとみられる。

結果として，職業紹介を担当する専門教職員の養成・配置に関する規定は，1949年改正職業安定法には盛り込まれず，同年制定の教育職員免許法における中学校・高等学校教員免許状「職業指導」の設置によって対応された。同免許状を保有する教師の職務には，職業紹介も含めることが想定されていた。

その後，日本職業指導協会や全日本中学校長会等の複数の団体から職業指導の専任教職員を養成・配置する制度を確立する要望が出された。これらの団体は，当時，各学校の職業指導運営組織の中核を担う教師の校務分掌として存在した「職業指導主任」について，専門性が高く幅の広い業務を担当するにもかかわらず，教科教育等を担当する教師によって兼担されていた実態を問題視していた。こうした人的条件の問題は，職業指導が学校教育における重要な教育活動であるにもかかわらず十分に実践されない原因の一つとして認識されていた。

これらの要望を受けて，文部省は，1953年11月27日，学校教育法施行規則を一部改正し，中学校と高等学校の「職業指導主事」を法制化した。[8]

この「職業指導主事」制度には少なくとも 2 つの問題があった。

第一の問題は，職業指導主事の資格要件が規定されなかったことである。

すでに「職業指導」の教員免許状が制度化されており，同教員免許状をもつ専任教師を各学校に配置する制度の樹立が要望されていたにもかかわらず，実際に制度化された職業指導主事の資格要件は，「教諭をもって，これにあてる」とだけ規定され，「職業指導」教員免許状の保有は必須要件とされなかった。

第二の問題は，職業指導主事の職務軽減措置が明示されなかったことであ

▷ 8 改正後の学校教育法施行規則第52条の 2 では，「中学校には，職業指導主事を置くものとする」「職業指導主事は，教諭をもって，これにあてる。校長の監督を受け，生徒の職業指導をつかさどる」（両規定は高等学校にも準用）と規定された。

る。

　職業指導主事は，校内の職業指導の計画・運営の中核を担い，職業紹介等では公共職業安定所や企業等の対外組織との連絡調整も担当する。しかし，職業指導主事に任命された教師の担当授業時数などの業務を軽減する制度はなく，当該教師が職業指導主事の職務に専念する条件を整えることは困難であった。

　以上の経緯をもって，戦後日本独特の制度である，教師が行う職業紹介の制度が成立に至った。それは，本来，公共職業安定所の専管事項であった職業紹介を，教科教育等の教育活動と同時に一般の教師が担う制度となった。

4　敗戦後の学校教育における職業指導

① 学校教育法と職業指導

　1947年 3 月31日，戦後の学校教育制度の根本を規定した学校教育法（法律第26号）が制定された[9]。

▷ 9　本章中の学校教育法の規定は，制定当時の条文を記載している。現行法の規定は側注▷10を参照。

　学校教育法は，中学校教育の目標として「社会に必要な職業についての基礎的な知識と技能，勤労を重んずる態度及び個性に応じて将来の職業を選択する能力を養うこと」（第36条），高等学校教育の目標として「社会において果たさなければならない使命の自覚に基き，個性に応じて将来の進路を決定させ，一般的な教養を高め，専門的な技能に習熟させること」（第42条）を規定した[10]。

▷10　現行法（平成29年 5 月31日最終改正）では，進路選択にかかわる中学校教育の目標は，第21条第10号で，義務教育における普通教育の目標の一つとして規定されている。高等学校の目標は，第51条で規定されている。

　このように，学校教育法では，中学校・高等学校の教育目標として，生徒が自らの意志で将来の職業を選択・決定する能力，および，その職業における労働を遂行するための専門的な能力を培うことが位置づけられた。

　これらの目標について，鈴木勲（1980）の解説によれば，上記目標は，「いずれの教科の指導に際しても，各号の目標の達成に努めるよう配慮されなければならないものである」（鈴木，1980，297ページ）。将来の職業や進路にかかわる教育活動は，特定の教科・領域だけで行うものではなく，中学校・高等学校における教育の全体で展開されるべきものとして想定されていた。

② 中学校「職業（・家庭）科」と職業指導

　1947年 3 月，戦後初の学習指導要領である『学習指導要領一般編（試案）』が刊行された。同学習指導要領では，新たに，中学校の必修教科として週 4 時間の「職業科」（農業，工業，水産，商業，家庭のうち 1 ないし数科目を選択履修）と，選択教科としての「職業科」（週 1 ～ 4 時間）が設置された。

　必修教科としての中学校「職業科」の目的は，「勤労の態度を堅実にすること」と職業選択の能力を培うことであり，選択教科としての「職業科」の目的は，特定の職業に就くためのやや専門的な知識・技能を培うことであった。

　1947年10月12日には，中学校「職業科」と関連する形で『学習指導要領職業指導編（試案）』が刊行された。

同学習指導要領は，職業指導を，「個人が職業を選択し，その準備をし，就職し，進歩するのを援助する過程」と定義し，「教師の活動」として，「基礎的活動」「進路相談」「紹介あっせん」「卒業後の援助（補導）」をあげた。また，生徒が学ぶ内容として「第一単元　職業に関する理解」「第二単元　職業研究（進学のための学校調査，学校見学を含む）」「第三単元　職業実習（試行課程）」「第四単元　職業選択」「第五単元　学校選択」を示した。

さらに，同学習指導要領は，職業指導の扱い方として３つの方法を示した。それは，(1)農業・工業・商業・水産・家庭の各科目と職業指導とを「適当に融合して指導する」方法，(2)農業・工業・商業・水産・家庭の各科目とは別に職業指導単独の時間を確保する方法，(3)社会科の職業生活に関する単元のなかで職業指導を扱う方法，である。これらの方法の選択は各学校の校長の裁量に委ねられたものの，見方を換えれば，この時点では「職業科」と職業指導の相互の関連，扱い方が明確に定められていなかったと言える。

1949年５月28日文部省学校教育局通達「新制中学校の教科と時間数の改正について」（学発261号）では，必修教科としての「職業科」を「職業科及び家庭科」と改め，各学年週３〜４時間とした。

同通達では，職業科と家庭科を，職業指導における啓発的経験（試行課程）として実施することを求めた。啓発的経験は，職業適性発見のために各種の仕事を幅広く体験させようとするものであった。これにより，「職業科及び家庭科」の内容として９分野が例示され，３年間で少なくとも３分野以上を履修させ，一つの分野の学習が一年以上継続することは望ましくないとされた。

1949年12月には，文部省初等中等教育局長通達「中学校職業科および家庭科の取扱について」が出され，「職業科及び家庭科」が「職業・家庭科」へと再編された。「職業科及び家庭科」は，およそ６か月間しか存在しなかった。

同通達では，「職業・家庭科」は，「実生活に役立つ仕事」を中心に学習する教科であり，啓発的経験としての意義をもつ教科であるとされた。

1951年12月刊行の『中学校学習指導要領 職業・家庭科編（試案）[昭和26年改訂]』は，1949年12月通達をより具体化する形で「職業・家庭科」の内容を規定した。ここでは，４分類12項目の「実生活に役立つ仕事」をあげ，地域や生徒の実態に合わせて選定し学習させることが求められた。

1957年６月には，『中学校学習指導要領 職業・家庭科編[昭和32年改訂]』が刊行された。ここでは，「職業・家庭科」の内容を第１群〜第６群に分けて示した。これらは，おおむね農業，工業，商業，水産，家庭，職業指導に相当するものであった。そのうち，「第６群」は，「産業と職業」「職業と進路」「職業生活」の３分野で構成され，従来以上に明確に職業指導の領域が示された。

ただし，1958年に学習指導要領が改訂されたため，学習指導要領[昭和32年

改訂］に基づいた実践が行われることはなかった。

このように，中学校「職業（・家庭）科」の教育課程は頻繁に通達や学習指導要領改訂によって変更され，職業指導の位置づけも不安定であった。

なお，高等学校には，「職業（・家庭）科」と同様の教科は存在しなかった。

③　ホームルーム活動における職業指導

1949年5月28日の文部省学校教育局長通達「新制中学校の教科と時間数の改正について」では，従来選択教科として設置されていた「自由研究」が廃止されて「特別教育活動」が設けられた。「特別教育活動」で週1時間以上実施とされたホームルームでは，職業指導を扱うことが規定された。

この規定は，1951年7月10日刊行の『学習指導要領一般編（試案）［昭和26年改訂］』に反映され，中学校のホームルームで引き続き職業指導を行うことが規定された。ここでは，高等学校のホームルームも中学校と同様に扱われ，職業指導が位置づけられた。

このように，1949年文部省通達以降，ホームルーム活動の一環として職業選択の指導が位置づけられた。他方で，ホームルーム活動の一環としての職業指導は，学習指導要領上，その内容と方法が中学校と高等学校とでとくに区別されないなど，具体的な実践の指針が十分に示されているとは言えなかった。

3　職業指導から進路指導への展開

1　「職業指導」から「進路指導」への名称変更

1957年11月11日中央教育審議会答申「科学技術教育の振興方策について」は，科学・技術教育の振興とともに，「高等学校および中学校においては，進路指導をいっそう強化すること」を提起した。この答申以降，「職業指導」に替わってはじめて「進路指導」という用語が公文書で用いられるようになった。

「職業指導」と「進路指導」の違いは何か。当時の文部省は，「学校の職業指導と進路指導は，同義語である」（文部省，1961，2～3ページ）と説明した。すなわち，「進路指導」という用語の登場は，「職業指導」の意味内容は変えずに，名称だけを変更するものであった。

では，「職業指導」の名称だけを「進路指導」へ変更した意図は何か。文部省は，その理由を以下のように説明した。

> 進路指導が，従前，職業指導と呼ばれたことも原因してか，この指導を職業関係教科の担当教師や職業指導主事の任務とみなす誤解や，進路指導を就職希望生徒の指導ないしは，就職あっせんとみなす誤解が行なわれており，したがって，進学希望生徒

▷11　『学習指導要領一般編（試案）［昭和26年改訂］』では，中学校のホームルームは，「ホームルームは，大きな学校生活を構成する一つの単位として，すなわち，『学校における家庭』として，まず生徒を楽しい生活のふんい気のなかにおき，生徒のもつ諸問題を取り上げて，その解決に助力し，生徒の個人的，社会的な成長発達を助成したり，職業選択の指導を行ったりするところである」とされた。

▷12　文部省による「進路指導」の定義は，「生徒の個人資料，進路情報，啓発的経験および相談を通じて，生徒みずから，将来の進路の選択，計画をし，就職または進学して，さらにその後の生活によりよく適応し，進歩する能力を伸長するように，教師が組織的，継続的に援助する過程」（文部省，1961，1ページ）とされていた。

の指導は進路指導にはいらないとする誤解などが行なわれている。……職業指導はあたかも，義務教育終了後，すぐにつける職業を中心に，就職希望者だけを対象とするものであるかのような偏見が生まれている。……このような偏見の解消をはかるとともに，「学校における職業指導」の性格を，いっそう適切に言い表す用語として採用されることになったのが，「進路指導」という言葉である。

（文部省，1961，2〜5ページ）

すなわち，「進路指導」への名称変更の背景には，当時の学校における職業指導が，学校卒業後就職を希望する生徒への職業紹介であると誤解される傾向が強く，本来想定されていた職業指導が十分に実践されなかった。文部省は，これを改めるために「進路指導」へと名称を変更したと説明した。

2 「技術・家庭科」の新設と職業指導（進路指導）

1958年10月1日に官報告示された中学校学習指導要領［昭和33年改訂］では，「進路指導」の教育課程上の位置づけも大きく変更された。

従来，「職業・家庭科」の内容は，職業指導における啓発的経験として意義づけられたほか，学習指導要領［昭和32年改訂］では「第6群」として職業・進路選択に関する学習内容が明確に位置づけられていた。

これに対し，学習指導要領［昭和33年改訂］では，「職業・家庭科」が廃止され「技術・家庭科」が新設された。「技術・家庭科」では啓発的経験としての性格は解消され，従来の「第6群」に相当する内容も削除された。さらに，特別教育活動における学級活動でも進路指導を行うことが明記された。[13]

1960年に官報告示された高等学校学習指導要領［昭和35年改訂］でも同様に，ホームルーム活動で進路指導を扱うことが明示された。

このように，中学校学習指導要領［昭和33年改訂］により，中学校における職業指導は，「進路指導」へと名称が変更され，「職業・家庭科」の一領域としての位置づけから，学級活動の一部へとその位置づけが変更された。これにより，職業指導（進路指導）は，従来の特定の教科と関連づけて，および特定の教科内の一領域として実施する形態から，担任教師が担う学級活動・ホームルーム活動のなかで実施する形態へと変更されることになった。

4 日本におけるキャリア教育の起源から学ぶ

日本の学校における職業指導は，アメリカ合衆国の影響を受けつつも独自の展開を遂げてきた。その要因は，第一に，職業紹介・公共職業安定制度との関係があり，第二に，中学校「職業（・家庭）科」との関係があった。

▷13 中学校学習指導要領［昭和33年改訂］の「学級活動は，毎学年35単位時間以上実施するものとし，このうち進路指導については，毎学年計画的に実施し，卒業までの実施時数は40単位時間を下ってはならない」。

1 職業紹介と職業指導

　労働経験のない生徒たちが，学校卒業直後の就職先を確保し，職業生活へスムーズに移行することは重要な課題である。日常的に生徒と接しており，彼・彼女らのことをよく知る教師が教え子たちの就職先を確保することは，現代日本に生きる私たちにとってさほど不思議なこととは思えない。

　他方で，世界的にみて教師がこれほど生徒の就職先確保，職業紹介に深く関与してきた国はない。さらに言えば，敗戦後，日本国憲法の理念をうけて，国民の労働権保障の仕組みを整えた職業安定法の規定のうえでは，職業紹介は，本来であれば公共職業安定所の専管事項であって，教師が職業紹介を行うことは当然とは言えなかった事実がある。

　これに関連して，1949年職業安定法改正審議の過程では，学校に職業紹介を行う権限を認めるとしても，職業紹介を担当する専門の教職員を配置する必要があるとの議論があり，実際に，その教職員の資格要件として中学校・高等学校教員免許状「職業指導」が制度化された。しかし，結果として，同教員免許状は，後に制度化された「職業指導主事」の資格要件として活かされず，現在では有名無実化してしまっている。[14]

　これらの事実に基づいて，戦後日本独特の制度である，教師が職業紹介を行う制度を捉えると，少なくとも2点の問題が存在すると考えられる。

　第一の問題は，青年の労働権保障の問題である。

　戦後日本では，教師が，職業紹介業務に携わる資格を問われず，通常の教育活動と並行して職業紹介を行うことが認められてきた。実質的に，学校は，職業紹介を行うに足る条件を欠いたまま，国民の労働権保障の専門機関として整備された公共職業安定所に替わり，生徒への職業紹介を行ってきたと言える。

　本田由紀（2005）など，1990年代以降の日本的雇用慣行崩壊とともに，学校教師が行う職業紹介が機能不全に陥る問題が顕在化していることを指摘する研究に示唆されるように，近年，とりわけノンエリートの青年たちの卒業後の就職をどのような体制で実施すべきか，検討を行う必要性が増しているとみられる。

　第二の問題は，学校における職業指導実践の矮小化の問題である。

　すでにみたように，学校では，職業指導の一環として職業紹介が行われてきたものの，職業指導を職業紹介に矮小化して認識・実践される実態が盛んに指摘されてきた。文部省は，この問題の改善を図って職業指導を進路指導に改めたものの，その後も就職先や進学先の確保のみに注力する，いわゆる「出口指導」と揶揄される実践が途絶えなかった。[15]この問題の根底には，本来の教師の職務とは言えない職業紹介の問題があり，職業指導実践の在り方が学校現場で十分に検討されてこなかった問題があると言えよう。

[14] 井上・佐藤（2012）は，2007年度から2012年度までに確認できた範囲で「職業指導」の枠で教員採用を実施した自治体は皆無であること，「職業指導」の教員免許状を取得できる大学・学部および同教員免許状取得者がごくわずかにすぎないことを明らかにしている。

[15] 例えば，2011年11月時点でも，「戦後の高度経済成長期において……中学校や高等学校では卒業直後の進学・就職のみに焦点を絞り，入学試験・就職試験に合格させるための支援や指導に終始する実践が見られた。……このようないわゆる『出口指導』をもって進路指導と呼ぶ傾向も強まったと言える。……理念からかけ離れた『進路指導（＝出口指導）』とキャリア教育の混同はぜひとも回避しなくてはならない」（文部科学省，2011，39，44ページ）との指摘がある。

2 教育課程における職業指導

　学校教育法で中学校・高等学校の教育目標として職業を選択し決定する能力の育成が掲げられたように，職業指導は，子どもから自立した大人への移行期にある中学生・高校生の発達課題に応える重要な教育活動である。

　教育課程における職業指導は，中学校「職業科」ないし「職業・家庭科」との関連の下で展開された。「職業・家庭科」は，啓発的経験としての意義をもつとともに，自己理解や職業・進学先に関する理解などを与える学習の時間が確保されるなど，職業指導の中核を担う教科として存在した。

　しかし，中学校学習指導要領［昭和33年改訂］における「職業・家庭科」の廃止と「技術・家庭科」の新設により，職業指導と当該教科との関係は断ち切られ，学級活動の一部へと位置づけが移されることになった。

　一連の経緯の歴史的評価は論者・立場によって異なる。ここでは，学校教育法で規定された中学校・高等学校の教育目標が，特定の教科・領域に限らずに，教科教育・生活指導を問わず全教育活動を通じて達成が図られるべきものとして想定されていた事実を想起する必要があることだけを述べておきたい。

　すなわち，中学校学習指導要領［昭和33年改訂］が告示に至るまでは，職業指導実践は，「職業科」「職業・家庭科」との関連を中心にその在り方が模索されており，その検討対象を，他の教科を含む全教育活動にまで広げられてきたとは言い難い。各教科における学びを，将来の職業や進路を選択・決定するうえで役立てることは可能かどうか，もし可能ならば，いかなる方法でそれを実践に移すべきか。この問題は，古くて新しい課題であると言える。

Exercise

① 一方では教師の多忙化・過重労働の問題があり，他方では公共職業安定所の民営化の議論や職員の非正規化が進む。こうした状況で，卒業後進学せず就職を希望する中学生・高校生の職業紹介をどう実施すればよいか，考えてみよう。

② 学校教育法では，中学校・高等学校の教育活動全体の目標として，将来の職業や進路を選択・決定する能力の育成を規定した。具体的に，この目標に対応する教育活動を展開できる教科・活動のアイディアを出し合ってみよう。

📖次への一冊

菅山真次『「就社」社会の誕生』名古屋大学出版会，2011年。
　　新規学卒就職や終身雇用など，日本型雇用を「就職」ではなく「就社」と捉え，その制度史を解明した研究。敗戦以前の実業学校以上の就職先決定過程などにも言及されている。
苅谷剛彦・菅山真次・石田浩『学校・職安と労働市場』東京大学出版会，2000年。
　　敗戦後から高度成長期にかけて，公共職業安定行政と学校とが連携して学校卒業者を間断なく職業生活へ送り出していった制度の歴史を明らかにした研究。
松林和夫『労働権と雇用保障法』日本評論社，1991年。
　　職業選択の自由や労働権など，職業指導にかかわる基本的人権について，歴史，国際条約などを踏まえて詳しく解説されている。

引用・参考文献

石岡学『「教育」としての職業指導の成立』勁草書房，2011年。
井上真求・佐藤史人「中学校・高等学校教諭免許状『職業指導』に関する発行等状況の実態調査研究」『和歌山大学教育学部紀要 教育科学』63，2012年，149〜156ページ。
入澤宗壽『現今の教育』弘道館，1915年。
苅谷剛彦『学校・職業・選抜の社会学』東京大学出版会，1991年。
菊地良輔『新・進路指導入門』日本書籍，1985年。
清原道寿『職業指導の歴史と展望』国土社，1991年。
佐藤功『日本国憲法概説〈全訂第5版〉』学陽書房，1996年。
柴沼俊輔「戦後日本における学校が行う職業紹介制度の成立」東京学芸大学大学院連合学校教育学研究科博士論文，2014年。
鈴木勲『逐条 学校教育法』学陽書房，1980年。
藤田晃之『キャリア開発教育制度研究序説』教育開発研究所，1997年。
本田由紀『若者と仕事――「学校経由の就職」を超えて』東京大学出版会，2005年。
松林和夫『労働権と雇用保障法』日本評論社，1991年。
文部科学省『高等学校キャリア教育の手引き』教育出版，2012年。
文部省『進路指導の手引き――中学校学級担任編』事業之日本社，1961年。

第3章
キャリア教育前史②
──受験競争の激化への対応──

〈この章のポイント〉

1960～90年代，高等学校進学率が上昇していくなかで，高等学校進学者の「適格者主義」や「業者テスト」が熾烈な受験競争の一因となり，当時の中学校における進路指導を歪めていたことを学習する。とくに「業者テスト」・偏差値の誕生から「追放」までを詳しく学び，それらが中学校にいかなる影響を及ぼし，またどのような是正策が政府によってなされたのかについて資料を確認しつつ理解する。

さらに，高等学校進学率と比較すると低い水準にあった大学進学率であるが，「入試地獄」と呼ばれるまでに化した過酷な大学受験の実態が存在していたことを学ぶ。

1　高度経済成長期における進学率の上昇と　高等学校進学者の「適格者主義」

1　進学率の急上昇と受験競争の発生

1960年代に入ると，従来にも増して高等学校進学率が高まっていった（図3-1）。1954年に50.9％であった高等学校進学率は，1961年には60％を超え，1965年には70.7％となり，多くの中学生が高等学校を目指すようになった。しかし同時に，この進学率の急上昇にともない，高等学校受験競争も激化していった。

この当時，日本は高度経済成長期の真っ只中であった。当時の日本の雇用体系においては，年功序列型賃金と終身雇用が一般的であり，新卒入社後の勤続年数に応じて賃金が上昇し，そのまま定年まで勤め上げるというものであった。

とりわけ，年功序列型賃金体系では，各人の年齢・勤続年数とともに学歴も賃金上昇のための評価項目とされていた。このような日本型雇用体系や高度経済成長によって国民が子どもの教育に向き合うゆとりが生まれたことが高等学校進学率を押し上げる一因になったと推測できる。

2　高等学校進学者の「適格者主義」の導入

このような状況のなか，1963年に学校教育法施行規則第59条が改正され，定員に対する志願者数にかかわらず，高等学校入試において「選抜のための学力

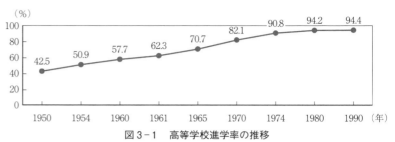

図3-1　高等学校進学率の推移
出所：文部省（1950〜90 各年より）。

検査」を「高等学校教育を受けるに足る資質と能力を判定」するために実施しなければならなくなり，高等学校進学希望者に対する「適格者主義」がとられるようになった。新制高等学校制度発足以降，当該制度において高等学校は，入学志願者を全員入学させることを目指す「国民全体の教育機関」であり，高等学校入試を行うことを「やむをえない害悪」としていたが，この時点でそのような理念は一変することとなった。

高等学校進学率の急上昇・「適格者主義」の導入に加えて，高等学校数の不足もこの進学競争の激化を招く要因となった。当時の高等学校志願者（生徒）数の急上昇に高等学校の設置が追いつかなくなり，「高校（中学）浪人」にならざるをえない生徒も現れはじめ，中学校教育は進路指導において，事実上，「高校浪人を出さない」「15の春を泣かせない」ことに重点を置かなければならなくなった。

2　受験競争の激化と「業者テスト」問題

1　「業者テスト」の登場

当時，このような状況を打破するために絶大な効果を発揮したツールが中学校に存在した。それは「業者テスト」と呼ばれるものであった。「業者テスト」は各中学校内で行われ，生徒はそれを受験することによって自らの偏差値や志望校合格判定を把握することができる。「業者テスト」と称されてはいるものの，このテストの作成・実施元のすべてが業者とは限らず，一部の自治体においては校長会などの公的団体がつくり行う高等学校入試に向けて学力を診断するテストも「業者テスト」と称される場合もある（また，このような公的団体のテストを「公的テスト」と呼ぶこともある）。

「業者テスト」が中学校において最初に用いられたのは，1950年代であった。当時の進学指導は，前年度の中学校第3学年に行った模擬テスト（この模擬テストは民間業者により作成・販売されていたが，これにおいて偏差値の算出や志望

▷1　国民全体の教育機関
戦後において目指された高等学校像を示す用語であり，この時期において高等学校入試は「経済が復興して新制高等学校で学びたい者に適当な施設を用意することができるようになれば，直ちになくすべきもの」（文部省，1951年「公立高等学校の入学者選抜について」）と捉えられていた。

▷2　業者テスト（公的テスト）
全県の中学生を対象に主に中学校において実施されていたテスト。その受験結果には，各生徒の学力偏差値，志望校合格可能性判定がある。これと，「定期テスト」（いわゆる，「中間テスト」・「期末テスト」）は異なる。

30

第**3**章 キャリア教育前史②

校判定はなされていなかったと考えられる）と同じ模擬テストを今年度の中学校第
3学年に実施し，前年度高等学校に合格した中学校第3学年の模擬テストの成
績と今年度の中学校第3学年の模擬テストの成績を照らし合わせて，「この模
擬テストでこのくらいとっておけば○○高校には大丈夫だろう」というような
経験と勘に頼ったもので，生徒の進路にかかわる取組みとして妥当性の低いも
のであった。そのような進学指導は経験が豊富な教師であればこそ実施可能な
ものであり，新人や若手教師には非常に困難であった。そのため，経験を多く
積んだ教師でも新人の教師でもほぼ確実に進学可能な高等学校を生徒に指示で
きる方法として，各学校においてその模擬テストの結果から算出した偏差値に
基づいた進学指導を行いはじめた。その後，業者が偏差値を自社の模擬試験に
採用し，「業者テスト」が各地で実施されるようになる。1965年頃には「業者
テスト」は全国に広まり，同時に「業者テスト」がはじき出す偏差値に基づい
た高等学校のランクづけも行われていった。そしてこれ以降，中学校では，
「業者テスト」の結果（偏差値）を活用した進学指導が進路指導において全国的
に行われるようになっていった（矢倉，1993）。

2 受験競争の激化と高等学校間格差の拡大

高等学校入学者の「適格者主義」を徹底するための高等学校入学に関する文
部省通知において，公立高等学校普通科の学区制の原則を放棄し，学区の拡大
を進めていたことも高等学校間格差を拡大することに拍車をかけた。高まる進
学要求に応じて増設された高等学校のなかには，職業学科を置くものもあった
が，その多くは普通科であった。生徒も親も普通科に進学することを望み，多
くの普通科高等学校が，とくに都市部においてつくられた。ほとんどの新設普
通科高等学校は下位ランクに位置づけられたが，それでも職業学科よりは優位
であった。また，伝統ある私立高等学校を除き，多数の私立高等学校は公立高
等学校より低位に位置づけられた（細金，1995）。

▷3 **職業学科**
主として商業・工業・農
業・水産などの職業に関す
る教育を行う学科。

3 「業者テスト」への批判

しかし，1970年代に入ってからの毎年，日本教職員組合の教育研究全国集会
で，「偏差値輪切りで進路指導をすることはよくない」「1点刻みの偏差値で子
どもを高校に振り分けていくのは非教育的ではないか」などと，「業者テス
ト」およびその偏差値を用いた進学指導に対する否定的な意見が出されるよう
になった（矢倉，1993）。当時の中学校における進路指導は，事実上，各生徒を
「業者テスト」の偏差値に見合った高等学校に振り分けることを目的として行
われ，その本来の目的とは乖離した活動が行われていた。

高等学校進学者の「適格者主義」は維持されていたものの，その後高等学校

31

の新設も進み，1974年に高等学校進学率は90％を超え，高等学校は「国民的教育機関」として実質的に捉えられはじめた（岡安，2018）。中学校卒業後のほぼすべての子どもたちが高等学校へ進学することが可能になったが，「業者テスト」による高等学校の序列化が一層進み，受験競争は落ち着くどころかさらに激化してくことになる。

［4］「業者テスト」への政府の対応

　そのようななか，1976年に大阪市で最初に「業者テスト」をめぐる問題が表面化する。それは高等学校進学に焦点を絞った指導で偏差値の弊害が目立つ，また，民間業者のテスト会場に公立中学校舎を貸すことは許されるのか，という論理で進められ，教員と業者の癒着関係に問題の焦点があてられた。結果，大阪市教育長が中学校長会において校内における「業者テスト」の実施の自粛を求めることとなった。その後，東京都教育委員会が初めてその実施実態を調査し，ほとんどの中学校でそれが行われ，8割の学校では授業時間内に行われていることがわかり，大阪市と同様，教師と業者の癒着が問題視された（「業者テスト」の実施に際する教師と業者の癒着には，「業者テスト」の受験料徴収・実施中の監督に対する謝金の支払いがあげられる）。

　このような状況に鑑み，文部省は全国的な調査に乗り出した。文部省が行った各都道府県へのアンケート結果によれば，「業者テスト」を実施していない都道府県はなく，「業者テスト」の実施は正規教育課程に含まれていないためそれを授業時間内で実施することは認められていないにもかかわらず，6割の都道府県で「業者テスト」は授業時間内に実施されていた。こうした実態を把握した文部省は教育者懇親会を開き意見を求めたが，具体的にどうしたらよいかといった明確な方針を打ち出せず，自治体によって高等学校入試の方法が多様であり，それに即して実施されている「業者テスト」への対策が異なるため，地元に合った対策的措置をとるように，という通達を文部省が出すという結論に落ち着いた。

　それを受け文部省は1976年，「進路指導において，安易に業者テストに依存してはならない」「業者テストを授業時間内に行うのは教育活動に支障を来し望ましくない」「教師と業者の癒着といった疑念を招く行為は自粛する」こと等を伝える文部省初等中等教育局長通達「学校における業者テストの取扱い等について」（文初職第396号）を発出した。しかし，この通知は，文部省が率先して業者テスト対策に乗り出すのではなく，基本的にはそれを地方教育委員会の裁量に任せるという趣旨のものであったため，効果に結びつくことはなかった（中澤，2005）。

　一方，当時，「業者テスト」とその偏差値を活用した偏差値輪切りによる進

路指導や教師と業者の癒着，「業者テスト」の偏差値を一因とする高等学校間格差の拡大，激化する受験競争が社会的な問題になっていたことをこの通達の発出から窺い知ることができる。

3　受験競争の弊害と不十分な政府対応

［1］　衰えない受験競争と学校内の「荒れ」

　1970年代以降，高等学校進学率の急上昇や受験競争の過熱を一因とする弊害が各地でみられるようになった。小中学校で定着させるべき基礎的な学力でさえも不足している生徒が高等学校へ進学し，また偏差値で低位にランクづけられた職業学科や普通科のなかでも最下位に分類される底辺校では，学校に来る気もないのに親に行かされる生徒に勉強する気はなく，授業妨害を目的に登校する生徒も現れた（細金，1982）。さらに，第1志望の高等学校に合格できなかった生徒の第2志望以降の高等学校への不本意入学によって「落ちこぼれ」が大量に発生したり，過酷な受験競争のストレスに耐えかねた生徒の校内暴力・登校拒否・不登校の急増などの「非行」が激発したりするといった教育荒廃[4]が深刻化していた。

　この時期の「業者テスト」の偏差値輪切りによって引き起こされていた過熱した受験競争・高等学校間格差の実態を象徴するエピソードが記されている。「かつて新聞にある女子高生の投書が載った。それは，雨の日はほっとする。なぜならレインコートが着られて制服を隠すことができるから，という趣旨のものであった。『高校の数だけ格差がある』といわれる現実のなかで，おそらく『有名校』の生徒ではない少女の，偏差値で輪切りにされた切ないまでの気持ちがにじみ出ていた」（渡辺，1985，144ページ）。

　このエピソードによって，自らが通学する高等学校の偏差値ランクが低いというだけで自分の制服を他人に見られることに生徒が恥ずかしさを感じるほど，受験競争は過熱し高等学校間格差が生じていたことを把握できる。

［2］　行われ続ける「偏差値輪切り」

　1976年の初等中等教育局長通知から7年後の1983年に文部省は，沈静化の目途が立たない受験競争や一向に縮小されない高等学校間格差の実態に鑑み，前回の初等中等教育局長通達と類似した内容の文部事務次官通知「学校における適正な進路指導について」（文初職第325号）（表3-1）を出した。しかし，事務次官通知として出したにもかかわらず今回も効果がなかった。この点については，後に，中澤渉（2005，153ページ）によって「このときの業者テストへの対

▷4　教育荒廃
学力低下・家庭内暴力・いじめなども含まれ，「教育病理」（桑原，2006，13ページ）とも呼ばれる。

応は，極めて形式的なものであり，問題視されながらも，その解決のための具体策が実際に施されているようには見受けられない」といった指摘がなされている。

表3-1　文部事務次官通知「学校における適正な進路指導について」

一　生徒の進路の選択に関する指導は，学校の教育活動全体を通じて的確に把握した個々の生徒の能力・適性や進路希望等に基づいて行うべきものであり，偏差値のみを重視してこれを行うことがないようにすること。 　二　志望校選択のための偏差値等の資料を得ることを目的とする業者テストは，受験競争の過熱化を招くなどして，生徒の人間形成や学校の教育活動に好ましくない影響を及ぼす面があるので，学校においては，このような業者テストに依存することなく，主体的な進路指導の体制を確立するようにすること。 　　　　　　　　　　　　　　　　　　　　　　　　　　　　　　　（文初職第325号，一部抜粋）

4　「業者テスト追放」とその後

1　「業者テスト追放」

　これまでに二度，文部省から通達，通知が出されたにもかかわらず，一向に「業者テスト」に依存しない進路指導は普及しなかった。なぜならば，このテストを受験した結果得られる偏差値を活用した進路指導を生徒に実施することによって，生徒が高等学校入試に不合格となる可能性が大幅に低くなり，中学校教師の「子どもたちに中学（高校）浪人をさせたくない」という思いを実現することができていたからである。

　また，当時，高等学校進学率は94％を超えており（図3-1参照），経済的な理由やそのほかの理由で高等学校進学を断念した生徒も存在するなかで，中学（高校）浪人を選択する（せざるをえなかった）生徒は少なかったと考えられることから，「業者テスト」は，受験競争が激化し，高等学校間格差も拡大する状況で，中学校教師がより偏差値の高い高等学校を指向する生徒とその親に受験校の決定を納得させるためのツールとしての役割も果たしていたことだろう。

　しかし，一部の自治体において「業者テスト」が果たしていた役割はこれらだけではなかった。中学校は各生徒の「業者テスト」の結果を私立高等学校に提出し，私立高等学校はそれを入試の合否判定のための評価材料としていた。なかには，「業者テスト」の結果で入試の合否が決定し，本番の入試が形骸化していた私立高等学校が置かれていた自治体も存在した。つまり，「業者テスト」は，中学校が生徒の進学先を事前に確保し「中学（高校）浪人」を出さないようにするとともに，私立高等学校が入学者をあらかじめ確保する（「青田買い」とも呼ばれる）ためのツールでもあった。

　1992年秋，全国に先駆け，埼玉県教育局が県内の各中学校に対し生徒の「業

者テスト」の受験結果（偏差値など）を私立高等学校に提出することを禁止した。

その後新聞も「業者テスト」の結果を用いた事前相談[5]の不公平性（「業者テスト」の受験日が統一されておらず，早期実施したところから問題が漏洩するなど）を指摘するようになり，鳩山邦夫文部大臣（当時）が閣議後の記者会見で，「『業者テスト』が青田買いに利用されることはあってはならない」と厳しく非難し，文部省が再度，「業者テスト」の実施状況の調査に乗り出すこととなった。その結果，これまで同様，「業者テスト」は全国に浸透しており，中学校が私立高等学校にこの結果を提供しているケースが9都県に上ることが明らかになったのである。

そして1993年1月，高等学校教育や入試の在り方を検討する教育改革推進会議が，具体的に「業者テスト」の是正策を提言し，これを受けて1983年の事務次官通知の内容に加え，「業者テストの結果を資料として用いた入学者の選抜を行わないこと」「入学者選抜に関し一切，中学校にあっては，業者テストの結果を高等学校に提供しないよう，また，高等学校にあっては，業者テストや学習塾の実施するテストの偏差値の提供を中学校に求めないよう，1994（平成6）年度入学者選抜から直ちに改善すること」「中学校は業者テストの実施に関与することは厳に慎むべきこと」などを求めた1993年2月22日の文部事務次官通知「高等学校入学者選抜について」（文初高第243号）によって「業者テスト」は中学校から「追放」された（中澤，2005）。

2 「業者テスト追放」のその後

「業者テスト」は1993年の事務次官通知により中学校から「追放」され，これまでに指摘されてきた弊害は消失していった。しかし，中学校で「業者テスト」を実施していた業者のなかには，「追放」後，間もなくして，中学校外の会場で同様のテスト（「会場テスト」）を実施する業者も存在したため，高等学校間格差の解消や受験競争の消失を一概に唱えることはできない。

「業者テスト追放」後中学校は，かつて「業者テスト」が中学校に浸透する前のように，教師たちが作成した「定期テスト」や業者から購入した「実力テスト」と称されるテストを各中学校で実施し，その結果を資料に用いて，中学生に受験校を決定するためのアドバイスを行うという高等学校進学支援を行うようになった。しかし，これは全県一斉に行われる高等学校入試を突破するためには不十分であり，高等学校進学希望者は，全県における，いわゆる「偏差値」を把握しなければ，自らが合格できる可能性の高い受験校を選択・決定することはできない。各中学校単位のテストの結果では，それを知ることができず，それによって受験校を決定することは，いわば運否天賦に任せて入試に臨

▷5　事前相談
中学校と私立高等学校が「業者テスト」の結果を利用し，中学生の合否について検討すること。

むことを意味する。そのため，中学生のなかには「業者テスト追放」により生じた高等学校合格の可能性が不透明な状態で，入試に臨むことを避けるために学校外で行われる「会場テスト」を受験し，その結果を確認して受験校を選択・決定する者も多く存在した。

5　大学進学率の上昇と「受験体制」

1　大学進学希望者の急上昇

　高等学校進学率は，1950年代，とりわけ日本が高度経済成長期を迎えた頃から急激に上昇しはじめたが，大学進学率は1960年代に突入してから上昇していった（図3-2）。1960年に10.3％であった大学進学率は1969年には20％を超え，約10年間で倍になった。とくに，1968年について，伊ケ崎暁生（1968, 223ページ）が「大学志願者"急増"がピークに達し，史上空前の"入試難"といわれた」と述べている。それまで，同学年のなかで大学に進学する者は少数派であったが，大学進学を志す高校生にとって，高校生活は「受験体制」であった。例えば，当時の学校教育法第41条において「中学校における教育の基礎の上に，心身の発達に応じて，高等普通教育及び専門教育を施すことを目的」とされている高等学校が大学受験のための予備校と化し，第2学年までに第3学年まで使用する教科書の指導を終了し，最後の1年間は受験に向けた学習指導を行っていた。

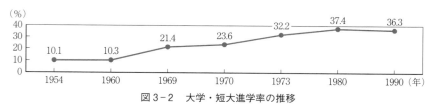

図3-2　大学・短大進学率の推移
出所：文部省（1950～90 各年より）。

2　「受験体制」の弊害

　しかし，このような「受験体制」は多くの問題を引き起こした。睡眠時間を割いて懸命に勉強する高校生がいる一方で，大学受験へのストレスから校内暴力や盗みなどに走る高校生も存在し，また，進学校において，進学希望者と就職希望者が混在する高等学校（当時，進学希望者と就職希望者に共通の必修科目の単位数に上限と下限を大きく設けることが可能であった。このため，大学受験に適応するカリキュラムと就職に適応するカリキュラムの編成がなされていた（木下，1968））や学力偏差値の高い大学を志すコースとそうではないコースが設置されている

高等学校での各生徒間の優越感・劣等感の形成によって友人関係が悪化することもあった。さらに、「受験体制」は生徒だけではなく、家庭・保護者に対して経済的負担を増加させたことについて伊ケ崎（1968，227ページ）が次のように指摘している。

「"受験体制"の強化は、さまざまな経済的負担の増大をもたらす。補習授業では、多かれ少なかれ補習費を徴収している。その額は月額平均3000～4000円、高いところで6000円程度であるが、それだけでなく受験のための参考書、模擬テスト、家庭教師、塾その他に要する費用、さらにまた、受験生の4割近く30万人が浪人するといった状態で、都会に出て予備校に通わすとなると年間30万はかかるという」。

③ 大学進学率の急上昇と入試地獄・受験地獄[6]

1973年のオイル・ショックによって高度経済成長に陰りがみえはじめ、いわゆる「低成長」期を迎えた頃、大学進学率は30％を超えた（図3-2参照）。しかし、その後、大学進学率は、30％後半で停滞しており、この理由は、「1975年には、高等教育計画の明確な転換があり、①私学助成をテコに私学の水増し入学を抑える（私学振興助成法成立、1975年）、②国土計画として大都市圏の大学・学科の新設や定員増を抑える、という施策がこの時期にとられた」（久富、1993、25ページ）からであり、「国民の進学要求拡大が突然にとまったからではなく、権力からの強力な教育計画的介入による進学間口の抑制が効いてのことである」（久富、1993、25ページ）。

国民の大学への進学意欲の高まりに対し、政府は大学進学者を抑制するという行動をとったため、大学受験においても「入試地獄」の様相が浮き彫りとなっていた。高度経済成長によって、日本社会は全般的に底上げがなされ、それ以前に発生していた国民生活のなかにはびこっていた、地域間格差や企業規模間格差、学歴別格差といった格差は縮小傾向をみせていたが、1970年半ばを機に、これらの格差は拡大傾向に転ずることになった。とくに「入試地獄」を引き起こしていた学歴・学閥社会を打破するためには、前出の大学進学者の抑制を直ちに止め、大学間格差の解消、国公立大学・学部の増設、私学に対する公費助成の大幅な増額が不可欠であることは明らかであった（畠山、1997）。

④ 過熱する大学進学競争

1990年12月の第14期中央教育審議会の審議経過報告は「現在の高等学校が置かれている状況に、ある種の息苦しさがある」と述べ、当時の高等学校が置かれている難しい実態を認めつつ、「子どもの心から、少しでも息苦しさを取り除くのに、どうしてもひとつの壁にぶつかる。その壁は言うまでもなく学校間

▷6 入試地獄・受験地獄
とりわけ、有名大学への志願者がこの状況に陥った。また、私立大学・公立大学は入学定員よりも多く「水増し」入学させていた。これにより、教室内の座席に学生が座りきれず立ち見で授業を受けざるをえない状況が発生すると考えられていた。

の格差や序列，偏差値，進学競争の圧力である」と指摘し，激化した受験競争の弊害について述べていた（細金，1995，94ページ）。1990年代に入っても，「受験地獄」「入試地獄」による学校内秩序の乱れをはじめとする困難を政府も認めざるをえない状況であった。

Exercise

① 1983年の文部事務次官通知以来，各都道府県が導入を進めた高等学校入試における選抜方法や評価規準の「多様化」「多元化」の手段として用いられた選抜方法を具体的にあげてみよう。

② 「業者テスト追放」後，高等学校入試制度はいかに変容したか，具体的な高等学校入試制度やその関連施策を踏まえて考えてみよう。

③ 「業者テスト」およびその偏差値，また中学校内で行われる定期試験等とその結果を用いずに，中学生に全県一斉に行われる高等学校入試を突破させる方法は存在するのか，議論してみよう。

📖次への一冊

萱原昌二『戦後高校教育史』学事出版，2006年。
　　要点を押さえ，わかりやすく戦後から現代までの高等学校教育の歴史を概観できる。
木下春雄編著『高校入試制度の改革』労働旬報社，1988年。
　　戦後の新制高等学校の発足時から1980年代までの高等学校入試制度の変容について詳しく記された一冊である。
佐々木亨『高校教育論』大月書店，1976年。
　　戦後から1970年代の高等学校教育について述べているが，とくに生徒の学習権保障について詳しく述べている箇所は学習者に新たな知見を与える。
藤田晃之『キャリア教育基礎論──正しい理解と実践のために』実業之日本社，2014年。
　　本章で取り扱った1990年代までの受験競争について捉え，それを踏まえて日本におけるキャリア教育の導入の経緯などを述べている。

引用・参考文献

伊ケ崎暁生「大学入試をめぐる諸問題──入試激化の根源はなにか」国民教育研究所編『高校教育多様化と入試制の問題──その実態と解明』労働旬報社，1968年，221～242ページ。
岡安翔平「高等学校の社会的役割を巡る議論の展開とその特質に関する研究──『国民的教育機関』と高校授業料減免措置に焦点を当てて」『筑波大学教育学系論集』42(2)，

2018年，165〜174ページ。

木下春雄「『多様化』の本質と高校教育課程改定」『高校教育多様化と入試制の問題——その実態と解明』労働旬報社，1968年，15〜55ページ。

久富善之『競争の教育——なぜ受験競争はかくも激化するのか』労働旬報社，1993年。

桑原敏明「高校制度戦後60年の鳥瞰」『月刊高校教育』39増刊，2006年，6〜13ページ。

中澤渉「教育政策が全国に波及するのはなぜか——業者テスト問題への対処を事例として」『東京大学大学院教育学研究科紀要』44，2005年，149〜157ページ。

畠山英高「国立大学共通第一次学力試験の問題点と批判」『ジュリスト』649，1977年，62〜66ページ。

細金恒男「高校入試制度の課題」『国民教育』54，1982年，143〜154ページ。

細金恒男「報告 高校制度・高校入試制度の再編」『日本教育法学会年報』24，1995年，90〜100ページ。

文部省「学校基本調査」1950〜90年。

矢倉久泰「偏差値・業者テストを問う」『教育評論』557，1993年，14〜19ページ。

渡辺博「教育改革と高校入試制度」『月刊社会党』350，1985年，144〜155ページ。

第4章
キャリア教育の提唱と草創期の
推進施策の特質

〈この章のポイント〉

　この章では，中央教育審議会の「初等中等教育と高等教育との接続の改善について（答申）」および2000年代初頭の国立教育政策研究所における調査研究から，草創期のキャリア教育が目指したものを理解する。そのうえで，草創期のキャリア教育に大きな影響を与えた2000年代の若年者雇用対策の特徴を示し，キャリア教育の展開への影響を解説する。これらを踏まえて，草創期のキャリア教育の特質（勤労観・職業観の醸成の強調と体験的な学習の重視）と課題を学ぶ。

1　キャリア教育の提唱

1　キャリア教育が提唱された背景

　日本の教育政策のなかで，初めて「キャリア教育」という言葉が用いられたのは，1999（平成11）年12月の中央教育審議会答申「初等中等教育と高等教育との接続の改善について（以下：接続答申）」である。中央教育審議会は，その「第6章　学校教育と職業生活との接続」の冒頭において，当時の若年者の状況を，次のように述べ，学校教育と職業生活との接続に課題があることを述べている。すなわち，「新規学卒者のフリーター[1]志向が広がり，高等学校卒業者では，進学も就職もしていないことが明らかな者の占める割合が約9％に達し，また，新規学卒者の就職後3年以内の離職も，労働省（当時）の調査によれば，新規高卒者で約47％，新規大卒者で約32％に達している」ということである[2]。

　また，2002（平成14）年11月に国立教育政策研究所生徒指導研究センターが取りまとめた「児童生徒の職業観・勤労観を育む教育の推進について」は，学校から職業への移行に関する子どもたちを取り巻く変化として，高卒者の進路状況の変化（進学率の上昇，就職率の低下，無業者の増加）や，生活体験・社会体験等の機会の喪失，経済的豊かさの実現と価値観の多様化をあげている。

　さらに，文部科学省が組織したキャリア教育の推進に関する総合的調査研究協力者会議が2004（平成16）年に取りまとめた報告書では，キャリア教育が必要とされる背景として，学校から社会への移行をめぐるさまざまな課題と子ど

▷1　フリーター
調査や統計上の定義では，「15～34歳で学生でも主婦でもない人のうち，パートタイマーやアルバイト等の名称で雇用されているか，無業のうちそうした形態で就業したい者」（小杉，2003，3ページ）とされている。もともとは1980年代後半，アルバイト情報誌『フロム・エー』によって造られ，広められた言葉で，当時増えつつあった学校を卒業しても定職に就かず，アルバイトで生計を立てる若者たちをさした。

▷2　このような「接続答申」の文言からは，キャリア教育が提唱された当時，新規学卒者（新たに高等学校・大学等を卒業した若者）の就業状況が大きな社会問題となっており，解決すべき喫緊の課題となっていたことがうかがえる。

もたちの生活・意識の変容がそれぞれ次のように示されている。

　学校から社会への移行をめぐるさまざまな課題としては，第一に，就職・就業をめぐる環境の激変があげられ，新規学卒者に対する求人が著しく減少していることと，求職希望と求人希望との不適合が拡大していることが示されている。第二に，若者自身の資質等をめぐる課題として，勤労観，職業観の未熟さ，職業人としての基礎的資質・能力の低下があげられている。

　子どもたちの生活・意識の変容については，第一に，子どもたちの成長・発達上の課題として，身体的な早熟傾向に比して，精神的・社会的自立が遅れる傾向があることや，生産活動や社会性等における未熟さが示されている。第二に，高学歴社会におけるモラトリアム傾向があることが指摘され，若者が職業について考えたり，職業の選択・決定を先送りにするモラトリアム傾向が高まっていることや，進路意識や目的意識が希薄なまま「とりあえず」進学したりする若者が増加していることが示されている。

　これらの状況認識を踏まえて，1990年代から2000年代初頭にかけて，学校の教育活動全体を通じて，児童生徒の発達段階に応じた組織的・系統的なキャリア教育の推進が必要であると認識されたのである。

2　「接続答申」におけるキャリア教育の提唱

　「接続答申」は，前述のような若年者の学校から職業への移行の状況を踏まえて，学校教育と職業生活の接続の改善のための具体的方策として，キャリア教育の実施を提唱している。

　　学校と社会及び学校間の円滑な接続を図るためのキャリア教育（望ましい職業観・勤労観及び職業に関する知識や技能を身に付けさせるとともに，自己の個性を理解し，主体的に進路を選択する能力・態度を育てる教育）を小学校段階から発達段階に応じて実施する必要がある。キャリア教育の実施に当たっては家庭・地域と連携し，体験的な学習を重視するとともに，各学校ごとに目標を設定し，教育課程に位置付けて計画的に行う必要がある。また，その実施状況や成果について絶えず評価を行うことが重要である。

　「接続答申」以前は，学校と社会・学校間の円滑な接続は，中学校・高等学校を中心とする進路指導の役割であった。しかしながら，「接続答申」は小学校段階からのキャリア教育を提唱したのである。この点も「接続答申」によって示された大きな転換であったと言える。

　「接続答申」はキャリア教育を「望ましい職業観・勤労観及び職業に関する知識や技能を身に付けさせるとともに，自己の個性を理解し，主体的に進路を

選択する能力・態度を育てる教育」と定義した。ここで注目すべきことは，望ましい職業観・勤労観の獲得が，職業に関する知識や技能の獲得とともに重要課題として位置づけられたことである。後にみるように，職業観・勤労観の育成は，草創期のキャリア教育の重要課題となり，この点に特化した取組みともとれるような実践が志向されていく。そのきっかけが，「接続答申」で示されていたことは注目に値すると言えよう。

また，「接続答申」は上記のようなキャリア教育の具体的な実践方策として，在学中のインターンシップの促進等による体験的活動の重視や，企業経験者によるキャリアアドバイザーの配置，教師のカウンセリング能力の向上等による進路に関するガイダンス，カウンセリング機能の充実をあげている[3]。

一方で「接続答申」では，キャリア教育の提唱だけではなく，企業等における採用の改善や，生涯学習の視点に立った高等教育（社会人の学習機会の拡充と生涯学習の成果の活用）など，幅広い視点から学校と社会との円滑な接続が提唱されていた。しかしながら，2000年代以降の政策では，キャリア教育の推進が注目を集めていくことになった。

▷3　進路に関するガイダンス，カウンセリング機能の充実について「接続答申」は，「生徒等の職業適性や興味・関心を適切に測定する方法の研究・開発を進めていくことが求められる」としている。

2　草創期のキャリア教育が目指したもの

1　「児童生徒の職業観・勤労観を育む教育の推進について」が示したキャリア教育の方向性

「接続答申」以降，草創期のキャリア教育の方向性を示したのが，国立教育政策研究所と文部科学省が行ったキャリア教育に関する調査研究である。国立教育政策研究所は，2002（平成14）年に報告書「児童生徒の職業観・勤労観を育む教育の推進について」を取りまとめている。

「児童生徒の職業観・勤労観を育む教育の推進について」は，自立した個人として強く生きていく基盤となる意欲や態度及びこれらを根本において支えるものとして職業観・勤労観を位置づけ，その育成を「極めて重要」としている。当該報告書は，これからの時代における職業観・勤労観の育成の意味を，「職業観・勤労観の育成は，社会や企業が求める人材を養成するといった役割を超えて，全ての子どもたちが自立し，他者と協働して生きるために身に付けなければならない最低限の力を育むという重要な意味を持っている」としている。

「児童生徒の職業観・勤労観を育む教育の推進について」は，「職業観・勤労観」を次のように定義している。

職業や勤労についての知識・理解及びそれらが人生で果たす意義や役割に

ついての個々人の認識であり，職業・勤労に対する見方・考え方，態度等を内容とする価値観である。その意味で，職業・勤労を媒体とした人生観ともいうべきものであって，人が職業や勤労を通してどのような生き方を選択するかの基準となり，また，その後の生活によりよく適応するための基盤となるものである。

　このような「職業観・勤労観」の定義を踏まえて，「児童生徒の職業観・勤労観を育む教育の推進について」は，「望ましい職業観・勤労観」の育成では，「（前略）多様性を大切にしながらも，それらに共通する要素として，職業の意義についての基本的な理解・認識，自己を価値あるものとする自覚，夢や希望を実現しようとする意欲的な態度など，『望ましさ』を備えたものを目指すことが求められる」としている。[14]

　「児童生徒の職業観・勤労観を育む教育の推進について」が提唱した職業観・勤労観を育む教育のなかで特筆すべきことは，進路指導に関する考え方が転換されたことである。これまでの進路指導では育成すべき能力や態度が具体的に設定されていなかったため，その成果を評価することが困難であった。[15]従来の進路指導では，進学実績や就職実績以外に数値で成果を捉えることができなかった。また，子どもたちの進路意識の変容といった可視化が難しく，短期的には成果が測れないものについては，十分な評価がなされてこなかったことがあげられる。

　上記のような進路指導に対する考え方の転換を踏まえて，「児童生徒の職業観・勤労観を育む教育の推進について」は，「学校段階別に見た職業的（進路）発達段階，職業的（進路）発達課題（以下，職業的発達段階・課題）」を示した。これらの課題達成との関連で育成することが期待される具体的な能力・態度を一般的な目安として，「人間関係形成能力」「情報活用能力」「将来設計能力」「意思決定能力」の４つの能力領域に大別したうえでそれぞれを２つに分け，計８つの能力[16]（以下，「４領域８能力」）を示した。

　「児童生徒の職業観・勤労観を育む教育の推進について」の成果は，職業的発達段階・課題と「４領域８能力」を組み合わせた学習プログラムの枠組み（例）（表４-１）を示したことにある。一方で，当該報告書は，学習プログラムの枠組み（例）を「児童生徒の職業的（進路）発達の見取り図ともいうべきものである」とし，「実践に当たっては，４つの能力は相互に深く影響を与えあうこと，一つの活動によって複数の能力・態度の伸長が可能であることなどに留意し，全ての段階（学年）において，４つの能力の全体を総合的に発達させることを目指して取り組むようにすることが大切である」としている。

▷４　「児童生徒の職業観・勤労観を育む教育の推進について」では，本文中に示したような特徴をもつ職業観・勤労観を育てる具体的な方策として，「学ぶこと・働くことへの意欲を高めること」を第一に位置づけ，(1)わかる授業等によって学習への動機を高め，それを進路意識の高揚や将来の上級学校・職業の選択につないでいくこと，(2)子どもたちが将来の夢や希望をしっかり描くことを通して，今，なぜ，何を学ばなければならないかを自覚し，学ぶことや働くことへの意欲や目的意識をより確かなものにしていくための取組みを充実させることをあげている。

▷５　「児童生徒の職業観・勤労観を育む教育の推進について」は，それまでの進路指導の問題点として，「発達段階ごとに育成すべき能力や態度を設けて取り組まれることが少なく，それが進路指導の取組の計画性や系統性を曖昧にし，各教科，道徳，特別活動等の有機的な関連づけが進みにくい一因となっていた」ことを指摘している。

▷６　「人間関係形成能力」の領域では「自他の理解能力」「コミュニケーション能力」が，「情報活用能力」の領域では「情報収集・探索能力」「職業理解能力」が，「将来設計能力」の領域では「役割把握・認識能力」「計画実行能力」が，「意思決定能力」の領域では「選択能力」「課題解決能力」が，それぞれ具体的な能力として設定された。

44

第4章　キャリア教育の提唱と草創期の推進施策の特質

表4-1　職業観・勤労観を育む学習プログラムの枠組み（例）—職業的（進路）発達にかかわる諸能力の育成の視点から

○職業的（進路）発達の段階

小学校	中学校	高等学校
進路の探索・選択にかかる基盤形成の時期	現実的探索と暫定的選択の時期	現実的探索・試行と社会的移行準備の時期

○職業的（進路）発達課題（小～高等学校段階）

各発達段階において取り組むべき課題を、進路・職業の選択能力及び将来の職業人として必要な資質や能力の形成という視点から捉えたもの

小学校	中学校	高等学校
・自己及び他者への積極的関心の形成・発展 ・身のまわりの仕事や環境への関心・意欲の向上 ・夢や希望、憧れる自己イメージの獲得 ・勤労を重んじ目標に向かって努力する態度の形成	・肯定的自己理解と自己有用感の獲得 ・興味・関心等に基づく職業観・勤労観の形成 ・進路計画の立案と暫定的選択 ・生き方や進路に関する現実的探索	・自己理解の深化と自己受容 ・選択基準としての職業観・勤労観の確立 ・将来設計の立案と社会的移行準備 ・進路の現実吟味と試行的参加

職業的（進路）発達を促すために育成することが期待される具体的な能力・態度

領域／能力説明	小学校 低学年	小学校 中学年	小学校 高学年	中学校	高等学校
人間関係形成能力 他者の個性を尊重し、自己の個性を発揮しながら、様々な人々とコミュニケーションを図り、協力・共同してものごとに取り組む。 【自他の理解能力】 自己理解を深め、他者の多様な個性を理解し、互いに認め合うことを大切にして行動していく能力	・自分の好きなことや嫌いなことをはっきり言う。 ・友達と仲良く遊び、助け合う。 ・お世話になった人などに感謝し親切にする。	・自分のよいところを見つける。 ・友達のよいところを認め、励まし合う。 ・自分の生活を支えている人に感謝する。	・自分の長所や短所に気付き、自分らしさを発揮する。 ・話し合いなどに積極的に参加し、自分と異なる意見も理解する。	・自己の良さや個性が分かり、他者の良さや感情を理解し、尊重する。 ・自分の言動が相手や他者に及ぼす影響が分かる。 ・自分の悩みを話せる人を持つ。	・自己の職業的な能力・適性を理解し、それを受け入れて伸ばそうとする。 ・他者の価値観や個性のユニークさを理解し、それを受け入れる。 ・互いに支え合い分かり合える友人を得る。
【コミュニケーション能力】 多様な集団・組織の中で、コミュニケーションや豊かな人間関係を築きながら、自己の成長を果たしていく能力	・あいさつや返事をする。 ・「ありがとう」や「ごめんなさい」を言う。 ・自分の考えをみんなの前で話す。	・自分の意見や気持ちを分かりやすく表現する。 ・友達の気持ちや考えを理解しようとする。 ・友達と協力して、活動に取り組む。	・思いやりの気持ちを持ち、相手の立場に立って考え行動しようとする。 ・異年齢集団の活動に参加し、役割と責任を果たそうとする。	・他者に配慮しながら、積極的に人間関係を築こうとする。 ・人間関係の大切さを理解し、コミュニケーションスキルの基礎を習得する。 ・リーダーとフォロワーの立場を理解して、集団の中で役割を果たす。 ・新しい環境や人間関係に適応する。	・自己の思いや意見を適切に伝え、他者の意志等を的確に理解する。 ・異年齢の人々や異性等、多様な他者と、場に応じて適切にコミュニケーションを図る。 ・リーダー・フォロワーシップを発揮して、相手の能力を引き出し、チームワークを高める。 ・新しい環境や人間関係を生かす。
情報活用能力 学ぶこと・働くことの意義や役割及びその多様性を理解し、幅広く情報を活用して、自己の進路や生き方の選択に生かす。 【情報収集・探索能力】 進路や職業等に関する様々な情報を収集・探索するとともに、必要な情報を選択・活用し、自己の進路や生き方を考えていく能力	・身近で働く人々の様子が分かり、興味・関心を持つ。	・いろいろな職業や生き方があることが分かる。 ・分からないことを、図鑑などで調べたり、質問したりする。	・身近な産業・職業の様子やその変化が分かる。 ・自分に必要な情報を探す。 ・気付いたことや分かったことや個人・グループでまとめ、発表する。	・産業・経済の変化に伴う職業や仕事の変化のあらましを理解する。 ・上級学校・学科の種類や特徴及び職業に求められる資格や学習内容の概略が分かる。 ・進路に関する情報を収集・整理して活用する。 ・必要に応じて、獲得した情報に創意工夫を加え、提示・発表する。	・卒業後の進路や職業・産業の動向について、多面的・多角的に情報を集め検討する。 ・就職後の学習の機会や上級学校卒業時の就職等についての情報を的確に把握する。 ・職業生活における権利・義務や責任及び職業に就く手続き・方法などが分かる。 ・調べたことなどを自己の進路や生き方を考える際に活用する。
【職業理解能力】 様々な体験等を通して、学校で学ぶことと社会・職業生活との関連や、今しなければならないことなどを理解していく能力	・係や当番の活動に取り組み、それらの大切さが分かる。	・係や当番活動に積極的にかかわる。 ・働くことの楽しさが分かる。	・施設・職場見学等を通し、働くことの大切さや苦労が分かる。 ・学んだり体験したりしたことと、生活や職業との関連を考える。	・将来の職業生活との関連の中で、今の学習の必要性や大切さを理解する。 ・体験等を通して、勤労の意義や働く人々の様々な思いが分かる。 ・職業には多くの種類があり、それぞれに特有の役割や意義のあることを理解する。	・就業等の社会参加や上級学校での学習等に関する探索的・試行的な体験に取り組む。 ・社会の一員としての自分の役割や責任を自覚する。 ・多様な職業観・勤労観を理解し、職業・勤労に対する理解・認識を深める。
将来設計能力 夢や希望を持って将来の生き方や生活を考え、社会の現実を踏まえながら、前向きに自己の将来を設計する。 【役割把握・認識能力】 生活・仕事上の多様な役割や意義及びその関連等を理解し、自己の果たすべき役割等についての認識を深めていく能力	・家の手伝いや割り当てられた仕事・役割の必要性が分かる。	・互いの役割や役割分担の必要性が分かる。 ・日常の生活や学習と将来の生き方との関係に気付く。	・社会生活にはいろいろな役割があることやその大切さが分かる。 ・仕事における役割の関連性や変化に気付く。	・自分の役割やその遂行について自覚する。 ・将来の職業生活との関連の中で、今の学習の必要性や大切さを理解する。 ・様々な職業の社会的役割や意義を理解し、自己の生き方を考える。	・学校・社会において自分の果たすべき役割を自覚し、積極的に役割を果たす。 ・ライフステージに応じた個人的・社会的役割や責任を理解する。 ・将来設計に基づいて、今取り組むべき学習や活動を理解する。
【計画実行能力】 目標とすべき将来の生き方や進路を考え、それを実現するための進路計画を立て、実際の選択行動等で実行していく能力	・作業の準備や片付けをする。 ・決められた時間やきまりを守ろうとする。	・将来の夢や希望を持つ。 ・計画づくりの必要性に気付き、作業の手順が分かる。 ・学習等の計画を立てる。	・将来のことを考える大切さが分かる。 ・憧れとする職業を持ち、夢の実現を目指して努力しようとする。	・将来の夢や希望を持ち、実現を目指して努力する。 ・進路計画を立てる意義や方法を理解し、自分の目指すべき将来を考える。 ・将来の進路希望に基づいて当面の目標を立て、その達成に向けて努力する。	・生きがい・やりがいがあり自己を生かせる生き方や進路を現実的に考える。 ・職業についての総合的・現実的な理解に基づいて将来を設計し、進路計画を立案する。 ・将来設計、進路計画の見直し再検討を行い、その実現に取り組む。
意思決定能力 自らの意志と責任でよりよい選択・決定を行うとともに、その過程での課題や葛藤に積極的に取り組み解決する。 【選択能力】 様々な選択肢について比較検討したり、葛藤を克服したりして、主体的に判断し、自らにふさわしい選択・決定を行っていく能力	・自分のことは自分で行おうとする。	・自分のやりたいこと、よいと思うことなどを考え、進んで取り組む。	・係活動などで自分のやりたい係、やれそうな係を選ぶ。 ・教師や保護者に自分の悩みや葛藤を話す。	・自己の個性や興味・関心に基づいて、よりよい選択をしようとする。 ・選択の意味や判断・決定の過程、結果には責任が伴うことなどを理解する。 ・教師や保護者と相談しながら、自ら適切な選択をしようとする。	・選択の基準となる自分なりの価値観、職業観・勤労観を持つ。 ・多様な選択肢の中から、自己の意志と責任で当面の進路や学習を主体的に選択する。 ・進路希望を実現するための諸条件や課題を理解し、検討する。 ・選択結果を受容し、決定に伴う責任を果たす。
【課題解決能力】 意思決定に伴う責任を受け入れ、選択結果に適応するとともに、希望する進路の実現に向け、自ら課題を設定してその解決に取り組む能力	・自分のことは自分で行う。	・自分の力で課題を解決しようと努力する。	・生活や学習上の課題を見つけ、自分の力で解決しようとする。 ・将来の夢や希望を持つ。	・学習等の目標を持ち、課題を自分なりに解決する。 ・よりよい生活や学習、進路や職業等の選択・決定を目指して、適切な計画を立てて実行する。 ・自らの責任で決定したことについて、積極的に取り組み、その結果を引き受ける。	・将来設計、進路希望の実現を目指して、課題を設定し、その解決に取り組む。 ・自らの言動や決定に責任を持つ。 ・理想と現実との葛藤経験等を通し、様々な困難を克服するスキルを身につける。

* 大字は、「職業観・勤労観の育成」との関連が特に強いものを示す。

出所：国立教育政策研究所生徒指導研究センター（2002, 47～48ページ）。

［2］ 「キャリア教育の推進に関する総合的調査研究協力者会議　報告書」が示したキャリア教育の方向性

　文部科学省が2002年に組織したキャリア教育の推進に関する総合的調査研究協力者会議が2004年に取りまとめた報告書（以下，「キャリア教育推進報告書」）について特筆すべきことは，「接続答申」や「児童生徒の職業観・勤労観を育む教育の推進について」では明確に示されていなかった「キャリア」と「キャリア教育」の定義がそれぞれ示されたことと，教育改革全体とキャリア教育の推進との関連性が示されたことである。

　「キャリア教育推進報告書」は，「『キャリア』の解釈・意味付けは，極めて多様であり，また，時代の変遷とともに変化してきている」としたうえで，「キャリア」が，「『個人』と『働くこと』との関係の上に成立する概念であり，個人から独立して存在し得ない」という視点に立ち，「キャリア」を「個々人が生涯にわたって遂行する様々な立場や役割の連鎖及びその過程における自己と働くこととの関係付けや価値付けの累積」として捉えている。

　また，「働くこと」については，「今日，職業生活以外にも，ボランティアや趣味などの多様な活動があることなどから，個人がその職業生活，家庭生活，市民生活等の全生活の中で経験する様々な立場や役割を遂行する活動として幅広くとらえる必要がある」としている。

　このように定義したキャリア概念を踏まえて，「キャリア教育推進報告書」は，キャリア教育を，「『キャリア』概念に基づき『児童生徒一人一人のキャリア発達を支援し，それぞれにふさわしいキャリアを形成していくために必要な意欲・態度や能力を育てる教育』ととらえ，端的には，『児童生徒一人一人の勤労観，職業観を育てる教育』」とした。

　「キャリア教育推進報告書」におけるキャリア教育の定義で注目すべきことは，初等中等教育段階におけるキャリア教育について，「キャリアが子どもたちの発達段階やその発達課題の達成と深くかかわりながら段階を追って発達していくこと，つまり，『キャリア発達』を支援していくことが重要となる」と認識されていることである。すなわち，「児童生徒の職業観・勤労観を育む教育の推進について」で示された職業的発達段階・課題の枠組みが継承されているのである。

　「キャリア教育推進報告書」は，キャリア教育の意義として次の3つをあげている。第一に，キャリア教育は，「一人一人のキャリア発達や個としての自立を促す視点から，従来の教育の在り方を幅広く見直し，改革していくための理念と方向性を示すもの」であることから，これからの教育改革の理念と方向性を示すという意義である。第二に，「キャリアが子どもたちの発達段階やそ

の発達課題の達成と深くかかわりながら段階を追って発達していくこと」を踏まえ，子どもたちの成長・発達を支援する視点に立った取組みを推進する教育としての意義である。第三に，キャリア教育の推進によって，「各領域の関連する諸活動を体系化し計画的，組織的に実施することができるよう，各学校が教育課程編成の在り方を見直していくこと」が必要となることから，教育課程の改善が促されるという意義である。

「キャリア教育推進報告書」は，上記のような意義をもつキャリア教育を，「学校の全ての教育活動を通して推進」するものとしている。すなわち，小・中・高等学校「学習指導要領［平成10年改訂］」では，すでにキャリア教育に関連する事項は相当数示されており，今後は各学校において活動相互の関連性や系統性に留意しながら，発達段階に応じた創意工夫ある教育活動を展開していくことが必要であるとされた。

「キャリア教育推進報告書」では，キャリア教育が提唱される前から学校教育のなかで取り組まれてきた，進路指導・職業教育を「キャリア教育の中核」としながら，それぞれの取組みとキャリア教育との関係性を次のように整理している。

進路指導については，「子どもたちの変容や能力・態度の育成に十分結びついていなかったり，『進路決定の指導』や『出口指導』，生徒一人一人の適性と進路や職業・職種との適合を主眼とした指導が中心となりがちであった」と総括し，「一人一人の発達を組織的・体系的に支援するといった意識や姿勢，指導計画における各活動の関連性や系統性等が希薄であり，子どもたちの意識の変容や能力・態度の育成に十分結び付いていない」といった課題を抱えていたとしている。進路指導が抱えるこのような課題が解決されないことを踏まえて，「キャリア教育推進報告書」は，「キャリア教育は，このような進路指導の取組の現状を抜本的に改革していくために要請されたと言うこともできる」としている。

職業教育については，従来の職業教育の取組みでは，「専門的な知識・技能を習得させることのみに重きが置かれて，生徒のキャリア発達をいかに支援するかという視点に立った指導」は不十分であったと評価している。このような課題を解決するため，「キャリア教育推進報告書」のなかでは，「キャリア教育の視点に立って，子どもたちが働くことの意義や専門的な知識・技能を習得することの意義を理解し，その上で，科目やコースひいては将来の職業を自らの意志と責任で選択し，専門的な知識・技能の習得に意欲的に取り組むことができるようにする指導を充実することが求められる」としている。

「キャリア教育推進報告書」は，今後，本報告の提言に基づく具体的な取組みや事例等を紹介する「キャリア教育推進の手引き」（仮称）の作成など，さ

まざまな施策が必要であるとしている。この提言を受けて文部科学省は2006（平成18）年に「小学校・中学校・高等学校　キャリア教育の手引き」を発行する。この手引きは，草創期のキャリア教育の一つの成果としてまとめられることとなる。

3 草創期のキャリア教育が目指したもの

　以上みてきたような草創期のキャリア教育が目指したものは，(1)勤労観・職業観の醸成，(2)体験的な学習の重視，(3)小学校段階からの体系的なキャリア教育，(4)「職業的（進路）発達にかかわる諸能力」の提示である。とくに，(4)にみられるように，子どもたちの変容をはかる指標がなかったなど，従来の進路指導が取り組んでこなかった課題の解決を試みたことは特筆すべきことである。

3　若年者雇用対策とキャリア教育

1 「若者自立・挑戦プラン」とキャリア教育

　高い失業率，フリーター・無業者の増加など，若年者雇用をめぐる厳しい情勢を受け，関係府省（文部科学省・厚生労働省・経済産業省・経済財政政策担当大臣関係府省）の連携による施策を推進するため，2003（平成15）年4月に「若者自立・挑戦戦略会議」が設置され，矢継ぎ早に政策が打ち出された。

　「若者自立・挑戦プラン」は，「フリーターが約200万人，若年失業者・無業者が約100万人と増加している現状を踏まえ」，「当面3年間で，人材対策の強化を通じ，若年者の働く意欲を喚起しつつ，全てのやる気のある若年者の職業的自立を促進し，もって若年失業者等の増加傾向を転換させる」という目標を設定した。この目標の達成には，人材育成のための「政策を強力に推進し，『就業機会創出・人材育成の好循環』を創ることが不可欠である」とし，「若年者を中心とする人材育成や創業・起業活性化等による就業機会創出について，政策資源を重点投入する必要がある」とされた。

　「若者自立・挑戦プラン」は「教育界においても，勤労観・職業観の醸成の重要性を一層認識し，産業界，地域社会等と協力して取り組む必要がある」としている。そのうえで具体的な政策の筆頭に，「教育段階から職場定着に至るキャリア形成及び就職支援」をあげ，次のような取組みを，「教育施策と雇用・能力開発施策の連携により推進」することで，若年者の職業的自立，職場定着を進める。すなわち，「キャリア教育，職業体験等の推進」と「日本版デュアルシステムの導入，基礎から実践にわたる能力向上機会の提供」「専門

▷7 「若者自立・挑戦プラン」は，「キャリア教育，職業体験等の推進」について，「a. 勤労観・職業観の醸成を図るため，学校の教育活動全体を通じ，子どもの発達段階を踏まえた組織的・系統的なキャリア教育（新キャリア教育プラン）を推進する（後略）」「b.『総合的な学習の時間』等を活用しつつ，学校，企業等の地域の関係者の連携・協力の下に，職業に関する体験学習のための多様なプログラムを推進することなどにより，小学校段階からの各種仕事との触れ合いの機会を充実する」「c. インターンシップについて，単位認定の促進，期間の多様化などにより内容を充実し，実施の拡大を図る（後略）」「d. 社会や企業の最新情報を活かした進路相談などを効果的に実施するため，地域の多様な人材を様々な教育活動の場で積極的に活用する」という方策を示している。

▷8 日本版デュアルシステム
若者向けの実践的な教育・職業能力開発の仕組みとして，新たに企業実習と教育・職業訓練の組み合わせにより若者を一人前の職業人に育てる実務・教育連携型人材育成システムである。

人材の養成，配置等を通じた就業支援，キャリア形成支援体制の整備」といった取組みである。

2 「若者の自立・挑戦のためのアクションプラン」とキャリア教育

「若者自立・挑戦プラン」の実施終了年度の2006（平成18）年に向けて，同プランの効果的・効率的な実施を図り，その実効性・効率性を高めるため，2004（平成16）年12月に「若者の自立・挑戦のためのアクションプラン（以下，アクションプラン）」が作成された。

「アクションプラン」のなかで特筆すべきことは，キャリア教育の推進が冒頭にあげられたことである。すなわち，「学校段階からのキャリア教育の強化（ものづくり体験等），専門的職業人の育成」の具体的項目として，「(1)学校段階からのキャリア教育の強化」が，「(2)専門的職業人の育成」とともに示されたのである。

「アクションプラン」では，「学校段階からのキャリア教育の強化」について次のような方向性を示している。

　　小中高校において，勤労観，職業意識の形成や職業教育等を行うため，関係府省が密接に連携し，産業界の最大限の協力を得つつ，以下のような事業を通じて，学校段階からのキャリア教育を強力に推進する。

　　その際，キャリア教育に係る事業の一体的かつ効果的な実施を図るため，学校，PTA，各教育委員会，各労働局・ハローワーク，各経済産業局，地方公共団体，地域の経営者協会や商工会議所等による地域レベルでの協議の場を設けるなど，関係機関等の連携・協力による支援システムづくりに取り組むこととし，本アクションプラン策定後速やかに，各省から関係機関等に対し，具体的な指示・協力依頼を行う。

①中学校を中心に，5日間以上の職場体験やインターンシップの実施など，地域の教育力を最大限活用し，キャリア教育の更なる強化を図る。

②企業人等を講師として学校に派遣し，職業や産業の実態，働くことの意義，職業生活等に関して生徒に理解させ，自ら考えさせるキャリア探索プログラム，企業において就業体験をするジュニア・インターンシップ等，ハローワークと産業界が連携して行う職業意識形成支援事業について，事業対象校を拡大する。（以下，略）

3 「若者の自立・挑戦のためのアクションプラン (改訂版)」と キャリア教育

「若者自立・挑戦プラン」の実施最終年度である2006年1月に出された「若者の自立・挑戦のためのアクションプラン (改訂版) (以下, アクションプラン (改訂版))」は, 「若年失業者等の増加傾向を転換させる」という目標の達成を確かなものとすることを目的に, より効果的・効率的な施策を実施することを掲げた。

キャリア教育に関しては, 「体系的なキャリア教育・職業教育等の一層の推進」として, 「(1)各学校段階を通じた体系的なキャリア教育・職業教育の充実」と, 「(2)青少年の自立支援の推進」「(3)就労, 就学に次ぐ『第三の選択肢』の構築」が具体的な施策としてあげられている。ここでは, キャリア教育の推進と関連が深い「(1)各学校段階を通じた体系的なキャリア教育 暮職業教育の充実」で示された内容を示す。

「アクションプラン (改訂版)」は, 「若者がニートやフリーターになることを未然に防ぐためには, 義務教育段階から児童生徒が適切な勤労観や職業観を持つよう育成していく必要がある」とし, 以下のような体系的なキャリア教育・職業教育の充実を図ることを提唱している。

初等中等教育段階では, 「都道府県・指定都市を対象に, 中学校を中心とした5日間以上の職場体験を実施するとともに, 地域の協力体制を構築する『キャリア・スタート・ウィーク』を一層推進する」ことが第一にあげられている。そのうえで「職業教育などに知見やノウハウのあるNPOや企業等の民間主体を中核として, 地域の産業界, 教育界, 地方自治体等の密接な連携の下, 小中高校生がものづくり等の働くことの意義・面白さを体系的・効果的に理解し, 社会で求められるスキル等の育成につながるキャリア教育を推進する」としている。

また, 「企業人等を講師として学校に派遣し, 職業や産業の実態, 働くことの意義, 職業生活等に関して生徒に理解させ, 自ら考えさせるキャリア探索プログラム, 企業において就業体験をするジュニア・インターンシップ等, ハローワークと産業界が連携して職業意識形成支援事業を推進する」ことも示されている。

4 キャリア教育に対する若年者雇用対策の影響

1990年代末に中央教育審議会によって提唱され, 2000年代初頭にかけて文部科学省・国立教育政策研究所が推進してきたキャリア教育は, 若年者雇用対策という国家的プロジェクトの核に位置づけられるようになった。また, 草創期

のキャリア教育において，職業体験が中核的な取組みとなっていくことは，「若者自立・挑戦プラン」が示したキャリア教育の方向性からも看取できよう。

　また，「アクションプラン」が示したキャリア教育における職業体験，とくに中学校を中心とした5日間の職場体験活動は，後でみるように草創期のキャリア教育の中核的な取組みとして，文部科学省によって推進されることとなる。

　そして，「アクションプラン（改訂版）」に至って，「若者がニートやフリーターになることを未然に防ぐためには，義務教育段階から児童生徒が適切な勤労観や職業観を持つよう育成していく必要がある」という認識の下で，職業体験を中核に据えた体系的なキャリア教育の展開が志向されるようになったのである。

4　草創期のキャリア教育の特質と課題

1　草創期のキャリア教育の特質

　本章第2節 3 で示した草創期のキャリア教育が目指したものは2000年代中葉に盛んに取り組まれた若年者雇用対策と結びつき，この時期のキャリア教育の特質になっていった。このことから，草創期のキャリア教育は，「『キャリア』の一部分である『職業人としての役割』に焦点をしぼり，その役割を果たすうえで求められる価値観やそれに基づく情意形成を図るために，職場での実体験を中核とした手法を採用しようとした」（藤田，2014，52ページ）という特質があると言える。

2　勤労観・職業観の醸成の強調

　勤労観・職業観の醸成は，「接続答申」以降，草創期のキャリア教育における重要課題として位置づけられてきた。その背景には，フリーターの増加や，新規学卒者の3年以内の離職率の高さなど職場定着率の低さなど，若年者雇用対策が解決すべき喫緊の課題となっていたことがある。

　その背景には，1990年代に形成されたフリーターに対するイメージが大きく影響していると言える。すなわち，フリーターという言葉からは，「やりたいことが見つからない」「とりあえず進学するよりもじっくり考えたかった」などの理由で職業選択を先延ばしにするためにフリーターとなった「モラトリアム型」フリーターや，「やりたいこと」がみえていて，それが正社員として雇用される仕事ではないためにアルバイトを選んだ「夢追求型」フリーターがイメージされることが多かった。また，ニートの存在が2000年代中葉から注目を

▷9　1982（昭和57）年には59万人であったフリーターは，2003年には217万人まで増加した。

▷10　「モラトリアム型」「夢追求型」「やむを得ず型」というフリーターの類型は，小杉礼子（2003）に示されたフリーターの一類型である（小杉，2003，14ページ）。

▷11　ニート
2004年に流行語となった言葉。もともとはイギリスで用いられた言葉で，進学も就職もせず，職業訓練も受けていない若者をNEET（Not in Education, Employment and Training）と呼び，政策対象とした。日本では「15〜34歳の非労働力（仕事をしていないし，失業者として求職活動もしていない）のうち，主に通学でも，主に家事でもないもの」（小杉，2005，6ページ）と統計上定義されている。

集めるようになった。当時テレビ番組のインタビューを受けたニートと呼ばれる若者が「働いたら負けだと思った」とコメントしたことが取り上げられ，ニートに対する社会のイメージに大きく影響を与えることとなった。このような若者の指向性は，社会的には「甘え」と捉えられ，彼らに対する批判として，職業意識の未形成が問題視されるようになったのである。

しかしながら，実際には正社員としての就職を希望しながらもパートタイムやアルバイトの仕事にしか就けなかった若者や，家庭の事情で進学を諦めて働かざるをえなかったフリーターである「やむを得ず型」が約半数を占めていた。また，ニートのなかには，学校から職業への移行に問題を抱えた結果ニートとなった者も多く含まれたが，彼らに対する支援は見過ごされる結果となった。

3　職業に関する体験的な活動の重視

草創期のキャリア教育において，職業に関する体験的な活動はキャリア教育推進のための中核的な取組みとして文部科学省が積極的に位置づけたものであった。この点は若年者雇用対策によって職業観・勤労観の育成をキャリア教育の中核に位置づけざるをえなかった状況とは異なっている。

職業に関する体験的な活動が重点施策となった背景には，当時すでに半日から2日程度の職場体験活動が大多数の中学校で行われていたことがある。このような現状を足がかりに，職場体験活動を通して，職場のなかで失敗したり，叱られたり，褒められたりする経験を通して，学校では学ぶことができない働くことのリアリティに接する機会として，「キャリア・スタート・ウィーク」を全国的に展開することが企図されたのである。

「キャリア・スタート・ウィーク」の実施には，受け入れ先である事業所からの理解と協力が不可欠であり，学校関係者以外にも事業の重要性を伝える取組みや，学校，教育委員会，産業振興等を所管する市町村役場の部署，商工会・商工会議所等，幅広い関係者の連絡協議の場の設定には相当の費用が必要であった。当時，「若者自立・挑戦プラン」により，予算の確保が可能であったことを踏まえて，文部科学省は戦略的に職業に関する体験的活動をキャリア教育の中核的取組みとして位置づけたのである。

「職場体験・インターンシップ実施状況等経年変化に関する報告書（平成16～22年度）」によれば，「キャリア・スタート・ウィーク」の実施によって，中学校における職場体験活動は，2004（平成16）年度の中学校職場体験実施日数が全国平均2.1日で1日のみの職場体験活動に留まるケースが多かった状況から，2010（平成22）年度には2.9日となり，2日台の自治体が約半数近くに上っている。また，職場体験活動の実施率および実施平均日数と，全国学力・学習

▷12　全国平均2.1日で2日未満の自治体（都道府県・政令都市）が全体の61.7％を占めた。

状況調査における正答率との関係をみると，職場体験活動が学力向上に寄与していることが読み取れる。[13]

　職場体験活動が全国的に広がる一方で，体験活動が「一過性のイベント」となり，若者のなかで定着していないこと（児美川，2013，99～103ページ）が指摘されている。その理由は，体験活動への直接的な準備と振り返りの指導時間（事前指導・事後指導）が不足していることにある。児美川孝一郎（2013）は，事前指導・事後指導の時間に限らず，教育課程全体を通して，職場体験活動への広い意味での準備となるような学習活動，職場体験活動での気づきや学びをその後に深められるような学習活動が教育課程全体のなかで位置づけられることを提唱している（児美川，2013，103～110ページ）。

　また，事前指導・事後指導の形骸化も指摘されている（藤田，2014，134～136ページ）。すなわち，事前指導の目的が「問題なく体験活動を遂行すること」に置かれるため，マナー教育の徹底は行われるが，職場体験活動を通して，何を観察するのか，何を感じるのかという体験活動の目的や焦点を十分に理解できないままに生徒が体験活動に参加するという事態が生じているのである。事後指導では，内容面ではなく，形式面に重きが置かれた成果発表が行われる[15]ことがある。そのため，生徒は職場体験活動を通して，どのようなことを見てきたのか，どのようなことに気づいたのか，職場体験活動で得た経験を今後どのように活かしていきたいのかということを十分に考察できないという実態が生じている。このような事前指導，事後指導の実態も，職場体験活動が若者のなかで定着していない大きな要因となっていると考えらえる。

4　その後のキャリア教育の展開に対する影響

　藤田晃之（2014）は，キャリア教育に対する誤解として，「キャリア教育は夢ばかり追わせるからダメだ」「キャリア教育は若年者雇用対策の一環だ」「キャリア教育とは，結局，職場体験活動・就業体験活動のことだ」の3つをあげている（藤田，2014，20～35ページ）。これらのうち，2つ目の誤解には本章第2節 3 で示した草創期のキャリア教育が目指したものの(1)が，3つ目の誤解には草創期のキャリア教育が目指したものの(2)が影響を与えていると言える。これらの誤解は，草創期のキャリア教育が若年者雇用対策の一環として推進せざるをえなかったという当時の時代状況が大きく影響を与えていると言える。

　一方で，草創期のキャリア教育が目指したものの(3)(4)は，その後のキャリア教育のなかで中核的な取組みとなっていく。とくに草創期のキャリア教育が目指したものの(4)で提示された「職業的（進路）発達にかかわる諸能力」は，その後，キャリア教育で育成する「基礎的・汎用的能力」として，「人間関係形

▷13　自治体を A 群（職場体験活動実施平均日数 5 日で，実施率100％の自治体）と，B 群（職場体験活動実施平均日数 2 日未満で，実施率95％未満の自治体）に分類し，全国学力・学習状況調査の正答率を比較した結果，A 群では 4 科目（国語 A・国語 B・数学 A・数学 B）の正答率のすべてが全国平均を下回っている自治体はなく，総体的にみても良好な成績となっているが，B 群においては 3 つの自治体の正答率が 4 科目とも全国平均を下回っている。また，全国学力・学習状況調査で正答率が高い自治体では，そうでない自治体に比べて職場体験の平均実施率・平均実施日数ともに高い結果となっている。

▷14　具体的には，「挨拶をする」「遅刻・忘れ物をしない」「交通ルールを守る」等の指導が行われることが多い。

▷15　具体的には，体験についてのプレゼンテーションの巧拙や，体験をまとめた新聞・作文等の成果物の作成におけるレイアウト・デザイン・体裁・文字の美しさなどの指導に重点が置かれる状況をさす。

成・社会形成能力」「自己理解・自己管理能力」「課題対応能力」「キャリアプランニング能力」の４つに整理され，キャリア教育実践を支える枠組みとして位置づけられている。

Exercise

① 草創期のキャリア教育が目指した職業観・勤労観の育成は，若年者雇用対策としてどのような成果をあげたのかを考えてみよう。

② 職場体験活動の事前・事後指導をどのように改善すれば，若者のなかに定着する体験活動となるかを考えてみよう。

③ 草創期のキャリア教育では重点的に取り扱われなかった特徴(3)(4)は，その後のキャリア教育の展開のなかでどのように位置づけられるかを考えてみよう。

📖次への一冊

小杉礼子『フリーターという生き方』勁草書房，2003年。

　　多様な若者の姿が含まれるフリーターの実態を統計や調査の結果を踏まえて明らかにした本。正社員にならない／なれない若者が生み出される社会的な構造の問題も浮き彫りにしている。

小杉礼子編『フリーターとニート』勁草書房，2005年。

　　統計データやインタビュー調査を基に，フリーター・ニートの実態を背景要因等も含めて解明した本で，草創期のキャリア教育に大きな影響を与えた若年者雇用問題に対する理解が深まる。

児美川孝一郎『キャリア教育のウソ』ちくまプリマー新書，2013年。

　　期待された十分な成果が得られないという，キャリア教育の現場が抱える逆説的な帰結が導かれる背景を解明した本。草創期のキャリア教育を批判的に検討する手がかりとなる。

濱口桂一郎『若者と労働』中公新書ラクレ，2013年。

　　日本において若年者雇用対策が喫緊の課題となった理由・背景について理解を深められる一冊。とくに，日本の雇用システムの特徴とその変容という観点から捉えることができる。

引用・参考文献

キャリア教育の推進に関する総合的調査研究協力者会議「キャリア教育の推進に関する総合的調査研究協力者会議報告書——児童生徒一人一人の勤労観，職業観を育てるために」2004年。

国立教育政策研究所「職場体験・インターンシップ実施状況等経年変化に関する報告書
　（平成16～22年度）」2012年。
国立教育政策研究所生徒指導研究センター「児童生徒の職業観・勤労観を育む教育の推
　進について」2002年。
小杉礼子『フリーターという生き方』勁草書房，2003年。
小杉礼子編『フリーターとニート』勁草書房，2005年。
児美川孝一郎『キャリア教育のウソ』ちくまプリマー新書，2013年。
中央教育審議会「初等中等教育と高等教育との接続の改善について（答申）」1999（平
　成11）年12月16日。
藤田晃之『キャリア教育基礎論――正しい理解と実践のために』実業之日本社，2014年。
若者自立・挑戦戦略会議ほか「若者自立・挑戦プラン」2003年。
若者自立・挑戦戦略会議ほか「若者の自立・挑戦のためのアクションプラン」2004年。
若者自立・挑戦戦略会議ほか「若者の自立・挑戦のためのアクションプラン（改訂版）」
　2006年。

第5章
キャリア教育推進施策の変容と
さらなる展開

〈この章のポイント〉

「職業観・勤労観」を重視した2000年代のキャリア教育は，その後，社会的・職業的自立を目指して，変化の激しい社会を生き抜くための資質・能力を育成する方向性にシフトしていく。本章では，2008（平成20）年以降のキャリア教育政策の変化，および新学習指導要領におけるキャリア教育の可能性について学習し，現在キャリア教育に対して何が求められているのかを理解する。

1 2011年中央教育審議会答申によるキャリア教育の変容

1 キャリア教育の再定義

本書第4章に示したように，2000年代のキャリア教育では，若年雇用問題を背景に「勤労観・職業観」という価値観の育成が重視され，職場での体験活動を中心に展開された。このような「歪み」は当時から認識されていたが，政策としては2011（平成23）年1月31日に出された中央教育審議会答申「今後の学校におけるキャリア教育・職業教育の在り方について」（以下，「在り方答申」）によって軌道修正がなされたのである。

「在り方答申」において，キャリア教育は「一人一人の社会的・職業的自立に向け，必要な基盤となる能力や態度を育てることを通して，キャリア発達を促す教育」と新たに定義された。1999（平成11）年の「接続答申」が「主体的に進路を選択する能力・態度を育てる」ことに焦点をあてたのに対し，主体的に選択した役割を適切に遂行し，自立的に職業生活・市民生活を営んでいく力を育成することが強調されている。その目指すところは「キャリア発達」，すなわち「社会の中で自分の役割を果たしながら，自分らしい生き方を実現していく過程」の促進である。ここでいう「役割」には，職業人のみならず，家庭人や地域人など多様な役割が含まれており，これまでのキャリア教育が「職業キャリア」に矮小化されがちであったのに対して，「ライフキャリア」も視野に入れることの意義が示されていると言えよう。

▷1 キャリア発達
日本のキャリア教育は，D. E. スーパーの提唱した「キャリア発達理論」に大きく依拠している。詳しくは本書第6章を参照のこと。

さらに「在り方答申」では，職業教育を「一定又は特定の職業に従事するために必要な知識，技能，能力や態度を育てる教育」と定義し，キャリア教育と

▷2　職業的（進路）発達にかかわる諸能力
国立教育政策研究所生徒指導研究センター「児童生徒の職業観・勤労観を育む教育の推進について」において開発された「職業観・勤労観を育む学習プログラムの枠組み（例）」で示された能力論で，「4領域8能力」と呼ばれる。

▷3　人間力
2003（平成15）年4月に内閣府「人間力戦略研究会報告書」において示された，「社会を構成し運営するとともに，自立した一人の人間として力強く生きていくための総合的な力」。

▷4　就職基礎能力
2004（平成16）年1月に厚生労働省「若年者の就職能力に関する実態調査　結果」において示された，「事務系・営業系職種において，半数以上の企業が採用に当たって重視し，基礎的なものとして比較的短期間の訓練により向上可能な能力」。

▷5　社会人基礎力
2006（平成18）年1月に経済産業省「社会人基礎力に関する研究会——中間とりまとめ」において示された，「職場や地域社会の中で多様な人々とともに仕事を行っていく上で必要な基礎的能力」。

▷6　学士力
2008（平成20）年4月に中央教育審議会「学士課程教育の構築に向けて（答申）」において示された，「日本の大学が授与する学士が保証する能力」。

明確に区別した。これまで両者は混同されることもあったが，キャリア教育は普通教育，専門教育を問わずさまざまな教育活動のなかで実施されるものであり，そこには職業教育も含まれる。

2 　「基礎的・汎用的能力」の育成

　「在り方答申」では，「社会的・職業的自立，学校から社会・職業への円滑な移行に必要な力」として，「基礎的・基本的な知識・技能」「基礎的・汎用的能力」「論理的思考力，創造力」「意欲・態度及び価値観」「専門的な知識・技能」の5つのカテゴリーが示された。このなかで，キャリア教育での育成がとくに期待されているのが「基礎的・汎用的能力」である。

　基礎的・汎用的能力とは，分野や職種にかかわらず，社会的・職業的自立に向けて必要な基盤となる能力である。その具体的内容は，「人間関係形成・社会形成能力」「自己理解・自己管理能力」「課題対応能力」「キャリアプランニング能力」の4つから構成される（表5-1）。これらは，2002（平成14）年に開発された「職業的（進路）発達にかかわる諸能力」[2]，いわゆる「4領域8能力」を主軸に，各界で提唱された社会的自立に関するさまざまな能力論（「人間力」[3]「就職基礎能力」[4]「社会人基礎力」[5]「学士力」[6]など）を参考にしながら，「仕事に就くこと」に焦点をあてて整理することによって考案された（国立教育政策研究所生徒指導研究センター，2011）。表5-1が示すように，基礎的・汎用的能力は4領域8能力のすべてを包含しているが，さらにそこでは取り上げられてこなかった「忍耐力」「ストレスマネジメント」などを踏まえて「自己管理」の側面を加えたり，「実行力」などを踏まえて「課題対応」に関する要素を強化したりしている。

　「在り方答申」においては，キャリア教育は「それぞれの学校段階で行っている教科・科目等の教育活動全体を通じて取り組むものであり，単に特定の活動のみを実施すればよいということや，新たな活動を単に追加すればよいということではない」と述べられている。ゆえに，基礎的・汎用的能力も学校の教育活動全体を通じて育まれる必要がある。もっとも，これらの能力をどのようなまとまりで，どの程度身につけさせるかは，学校や地域の特色，専攻分野の特性や子ども・若者の発達の段階によって異なる。したがって，各学校においては，この4つの能力を参考にしつつ，それぞれの課題を踏まえて具体的な能力を設定し，その達成に向けて活動を工夫していくことが望ましい。

　以上のように，「在り方答申」では，これまでのキャリア教育が職場体験等を通じた価値観の醸成に偏ってきたという「歪み」を踏まえ，基礎的・汎用的能力を育成する必要性をクローズアップしている。一方で，「生涯にわたる多様なキャリア形成に共通した能力や態度を身に付けさせることと併せて，これ

表 5-1　基礎的・汎用的能力と関連する諸能力との関係

	基礎的・汎用的能力			
	人間関係形成・社会形成能力	自己理解・自己管理能力	課題対応能力	キャリアプランニング能力
説明	多様な他者の考えや立場を理解し，相手の意見を聴いて自分の考えを正確に伝えることができるとともに，自分の置かれている状況を受け止め，役割を果たしつつ他者と協力・協働して社会に参画し，今後の社会を積極的に形成することができる力	自分が「できること」「意義を感じること」「したいこと」について，社会との相互関係を保ちつつ，今後の自分自身の可能性を含めた肯定的な理解に基づき主体的に行動すると同時に，自らの思考や感情を律し，かつ，今後の成長のために進んで学ぼうとする力	仕事をする上での様々な課題を発見・分析し，適切な計画を立ててその課題を処理し，解決することができる力	「働くこと」の意義を理解し，自らが果たすべき様々な立場や役割との関連を踏まえて「働くこと」を位置付け，多様な生き方に関する様々な情報を適切に取捨選択・活用しながら，自ら主体的に判断してキャリアを形成していく力
4領域・8能力	自他の理解能力 コミュニケーション能力	自他の理解能力	計画実行能力 課題解決能力	役割把握・認識能力 計画実行能力 情報収集・探索能力 職業理解能力 選択能力 課題解決能力
人間力	コミュニケーション・スキル リーダーシップ 公共心 規範意識 他者を尊重し切磋琢磨しながらお互いを高め合う力	「基礎学力」「専門的な知識・ノウハウ」を持ち，それらを継続的に高めていく力 忍耐力 自分らしい生き方や成功を追求する力		自分らしい生き方や成功を追求する力
就職基礎能力	意思疎通 協調性 自己実現力 社会人常識 基本的なマナー	責任感		
社会人基礎力	働きかけ力 発信力 傾聴力 柔軟性 情況把握力 規律性	主体性 ストレスコントロール力	主体性 実行力 課題発見力 計画力	
学士力	コミュニケーション・スキル チームワーク・リーダーシップ 市民としての社会的責任	自己管理力 倫理観 生涯学習力	問題解決力 知識等を総合的に活用し，課題解決する力	

出所：中央教育審議会（2011），および国立教育政策研究所生徒指導研究センター（2011）より作成。

らの育成を通じて価値観，とりわけ勤労観・職業観を自ら形成・確立できる子ども・若者」を育てることが掲げられており，「勤労観・職業観」の絶対的な重要性が低下したわけではない。キャリア形成を自動車の運転にたとえるならば，基礎的・汎用的能力は前に進むためのアクセル，勤労観・職業観は道を選択するためのハンドルに相当するであろう。むろん，「人生の中で『働くこと』にどれだけの重要性や意味を持たせるのかは，最終的に自分で決めること」であり，「望ましい」価値観を外部から強制されるようなことがあってはならない。

3 キャリア教育の充実方策

「在り方答申」では，キャリア教育を充実させるための方策として，以下の8つの提案がなされている。

①各学校におけるキャリア教育に関する方針の明確化
②各学校の教育課程への適切な位置付けと，計画性・体系性を持った展開
③多様で幅広い他者との人間関係形成等のための場や機会の設定
④経済・社会の仕組みや労働者としての権利・義務等についての理解の促進
⑤体験的な学習活動の効果的な活用
⑥キャリア教育における学習状況の振り返りと，教育活動の評価・改善の実施
⑦教職員の意識や指導力の向上
⑧効果的な実施のための体制整備

▷7　カリキュラム・マネジメント
学校教育目標の達成を目指して，学校内外の資源や特色を生かし，結びつけて，教育課程基準に基づきつつ自主的・自律的に教育課程を編成・展開し，それぞれの学校の教育の質を高め，改善を図っていく経営の具体的な方策のこと。

これらのうち，①・②・⑥はカリキュラム・マネジメント[7]，およびPDCAサイクル（本書第7章を参照）にかかわる事項である。前者に関しては，キャリア教育は単独の活動だけでは十分な効果を発揮しないため，取組みの一つひとつについて内容を振り返り，相互の関係を把握したり，それを適切に結びつけたりしながら，能力・態度の育成につなげる必要がある。

③と⑤に関しては，地域社会との連携が極めて重要である。職場体験に限らず，専門的知識や経験をもった外部人材を招いた授業や，子どもたちの社会参画による地域課題の解決など，地域資源を活かした多様な活動を通じて，自己と社会の双方に関する多様な気づきを発見することができる。

④については，「目標とする進路が達成できていない場合や，途中で変更せざるを得ない場合が多々あるにもかかわらず，経済・社会・雇用の仕組みについての知識や様々な状況に対処する方法を十分に身に付けていない若者が多い」という現状を踏まえ，将来起こりうる人生上の諸リスクへの対応に関する学習の必要性を指摘している。実際，こうした学習はとくに高等学校段階においてニーズが高いにもかかわらず，あまりなされていない（国立教育政策研究所

生徒指導・進路指導研究センター，2016）。

　⑦・⑧はキャリア教育の担い手にかかわる内容である。キャリア教育を進めるにあたっては，地域社会との連携を前提とした体制の整備が必要であり，校長のリーダーシップ，具体的な担当者の配置，企業等との調整をはかる人材の活用などが期待される。さらに，キャリア教育は組織的な取組みであるため，一人一人の教師の資質・能力の向上が不可欠であり，養成と研修の充実が求められる。教師を対象とした調査では，校内外の研修や授業研究会への参加が基礎的・汎用的能力の指導に有効であることも示唆されている（国立教育政策研究所生徒指導・進路指導研究センター，2016）。

2　学習指導要領［平成20年・21年改訂］におけるキャリア教育の位置づけ

1　知識基盤社会におけるキャリア教育への期待

　本節では，小・中学校の学習指導要領［平成20年改訂］，および高等学校の学習指導要領［平成21年改訂］において，キャリア教育がどのように扱われているのかをみてみたい。

　学習指導要領［平成20年・21年改訂］の基本的方針を示した中央教育審議会（2008）の答申では，知識基盤社会における「生きる力」，とりわけ「確かな学力」の重要性が強調されている。「確かな学力」については，2007（平成19）年に改正された学校教育法第30条第2項において，①基礎的な知識及び技能，②これらを活用して課題を解決するために必要な思考力，判断力，表現力，③主体的に学習に取り組む態度，の3つの要素から構成されると定められている。しかし，絶えず新たな知が生み出され続け，既存の知識や技能があっという間に陳腐化する時代には生涯学習が不可欠であり，そのためにはとくに③の要素，すなわち「学び続ける力」としての学力が必要であろう。

　しかし，国際的にみて日本の子どもの学習意欲の低さは深刻である。例えば，中学校第2学年を対象としたTIMSS2007では，得点は参加国・地域のなかでトップレベルであるにもかかわらず，「勉強は楽しいと答えた割合」「勉強すると日常生活に役立つと答えた割合」「将来，自分が望む仕事に就くためによい成績をとる必要があると答えた割合」は最低位にあった。同様に，高等学校第1学年を対象とするPISA2006においても，「科学的リテラシー」の成績が良好であるにもかかわらず，「理科に対する自信」「理科に対する興味」「理科の学習と自らの将来との関係把握」はいずれも参加国・地域の平均を大きく下回った。このような状況を考慮して，キャリア教育には「学ぶこと」を「働

▷8　知識基盤社会（knowledge-based society）
新しい知識・情報・技術が政治・経済・文化をはじめ社会のあらゆる領域での活動の基盤として飛躍的に重要性を増す，21世紀の新たな時代のこと。

▷9　TIMSS
国際教育到達度評価学会（IEA）が，児童生徒の算数・数学，理科の到達度を国際的な尺度によって測定し，児童生徒の学習環境等との関係を明らかにするために実施する国際数学・理科教育調査（TIMSS: Trends in International Mathematics and Science Study）のこと。小・中学生を対象としており，日本では小学校第4学年と中学校第2学年が参加している。

▷10　PISA
経済協力開発機構（OECD）が，これまでに身につけてきた知識や技能を，実生活のさまざまな場面で直面する課題にどの程度活用できるかを測るために実施する国際学習到達度調査（PISA: Programme for International Student Assessment）のこと。義務教育修了段階（15歳）を対象に読解力，数学的リテラシー，科学的リテラシーの3分野について，3年ごとに行われる。

くこと」や「生きること」に結びつけ，学習意欲を向上させることが期待されたのである。中央教育審議会（2008）の答申でも，キャリア教育を通して「子どもが自らの将来について夢やあこがれをもったり，学ぶ意義を認識したりすることが必要である」とされている。また学習指導要領［平成20年改訂］にも，学習指導等にあたって「自らの将来について考えたりする機会を設ける」（小学校）こと，「自らの生き方を考え主体的に進路を選択できるようにすること」（中学校）が盛り込まれた。

政府による大規模調査の分析では，充実した計画に基づいてキャリア教育を実施している小・中・高等学校ほど，児童生徒の学習意欲の向上を認識していることが明らかになっている（国立教育政策研究所生徒指導・進路指導研究センター，2014）。また，高等学校普通科を対象とする調査の分析においても，基礎的・汎用的能力を高めることが，学習意欲の向上につながることが示唆されている（国立教育政策研究所生徒指導・進路指導研究センター，2016）。

2 「キャリア教育」の明文化

ところで，小・中学校の学習指導要領［平成20年改訂］には「キャリア教育」の文言が含まれなかったのに対して，高等学校の学習指導要領［平成21年改訂］では「キャリア教育」が明示的に使用されている。これは，2008（平成20）年7月に閣議決定された第1期教育振興基本計画[11]の影響である。同計画では，人材育成に関する社会の要請に応えるための施策として，「子どもたちの勤労観や社会性を養い，将来の職業や生き方についての自覚に資するよう，経済団体，PTA，NPO などの協力を得て，関係府省の連携により，キャリア教育を推進する」ことが謳われた。省庁横断的に，また民間や地域も巻き込みながら，社会全体で子どものキャリア形成を支援することが強調されている。閣議決定のなかで使用されたことで，「キャリア教育」の文言は市民権を得たと判断されるに至ったと言えよう。

ゆえに，翌年3月に告示された高等学校の学習指導要領［平成21年改訂］では，「生徒が自己の在り方生き方を考え，主体的に進路を選択することができるよう，学校の教育活動全体を通じ，計画的，組織的な進路指導を行い，キャリア教育を推進すること」と総則に明記され，「進路指導」と並んで「キャリア教育」が併記されたのである。そこでは，職業観・勤労観の育成，および「学ぶ意義の実感」への貢献が期待されている（文部科学省，2009）。また，職業教育に関して「キャリア教育を推進するために，地域や学校の実態，生徒の特性，進路等を考慮し，地域や産業界等との連携を図り，産業現場等における長期間の実習を取り入れるなどの就業体験の機会を積極的に設けるとともに，地域や産業界等の人々の協力を積極的に得るように配慮する」ことが定められ

▷11 教育振興基本計画
2006（平成18）年に改正された教育基本法第17条第1項に基づき，教育振興に関する施策の総合的・計画的な推進を図るため，政府として策定する計画。2008（平成20）年7月1日に閣議決定された第1期計画では，10年先を見据えた5年間（平成20〜24年度）の方針と施策が示された。

た。職業に関する各教科・科目については，就業体験（インターンシップ）を
もって実習に替えることができる措置がとられている。このように，職業教育
においては，地域資源を活かした体験活動等の充実による人材育成が目指され
たのである。

3　第2期教育振興基本計画におけるキャリア教育の方向性

1　計画の特徴

　2013（平成25）年6月14日には，「自立」「創造」「協働」の3つの理念を中核
とする第2期教育振興基本計画（平成25〜29年度）が閣議決定された。第1期計
画が学校段階等の縦割りで整理されていたのに対して，第2期計画では，各学
校間や学校教育と職業生活との円滑な接続を重視し，生涯の各段階を貫く4つ
の基本的方向性が設定された。さらに，第1期計画で不十分であった検証改善
サイクルの実現に向けて，8つの成果目標と30の基本施策が盛り込まれてい
る。

　4つの方向性とは，(1)社会を生き抜く力の養成，(2)未来への飛躍を実現する
人材の養成，(3)学びのセーフティネットの構築，(4)絆づくりと活力あるコミュ
ニティの形成，であるが，とくにキャリア教育との関連が深いのは(1)である。
「社会を生き抜く力」とは「多様で変化の激しい社会の中で個人の自立と協働
を図るための主体的・能動的な力」と定義される。非日常的な想定外の事象や
社会生活・職業生活上のさまざまな困難に直面しても，諦めることなく，状況
を主体的かつ的確に判断し，臨機応変に対応することは，キャリア形成におい
て極めて重要であろう。2011（平成23）年3月11日に発生した東日本大震災の
残した教訓は，そのことを端的に示している。想定外の津波の襲来は，自律的
に判断して自分で自分の身を守ることの必要性を痛感させた。一方で被災地で
は，子どもたちが避難所運営など主体的にボランティアに取り組む様子や，仮
設住宅などの厳しい学習環境にあって，暗がりのなかで床にノートを広げて自
学自習に打ち込む姿が確認された。

　このように，「社会を生き抜く力」は学校教育で従来から掲げられてきた
「生きる力」の育成と方向性を一にしながらも，「レジリエンス（resilience）」[12]
の視点を強調している。坂柳恒夫（2016）によると，キャリア教育における
「生き抜く力」はキャリアレジリエンスの概念と共通する点が多く，それは
「変化する社会のなかで，困難な状況にあっても，それを乗り越えて，自分な
りのキャリアを創造していく力」と定義される。

▷12　レジリエンス
もともとは物理学の概念で
あり，物体の弾力性や柔軟
性を意味する。また，船が
傾いたときに元に戻る復元
力という意味で使われるこ
ともある。そこから転じ
て，「柳や竹のようにしな
やかで折れない強さ」を示
している。

2 社会的・職業的自立に向けた「生き抜く力」の育成

「⑴社会を生き抜く力の養成」には 4 つの成果目標と13の施策が盛り込まれている。そのうち，「成果目標 4　社会的・職業的自立に向けた能力・態度の育成等」の実現に向けた具体的方策が，「【施策13】キャリア教育の充実，職業教育の充実，社会への接続支援，産学官連携による中核的専門人材，高度職業人の育成の充実・強化」である。この施策に含まれる 4 つの取組みのなかで，「13-1　社会的・職業的自立に向け必要な能力を育成するキャリア教育の推進」は冒頭に位置づけられており，最も重視されているといっても過言ではない。

そこでは，「社会を生き抜く力」の一態様として基礎的・汎用的能力があるとの認識のもと，幼児期の教育から高等教育まで各学校段階を通じた体系的・系統的キャリア教育を充実させることが掲げられているが，「特に，高等学校普通科におけるキャリア教育を推進する」とされていることは注目に値しよう。その背景には，高等学校普通科における実践が十分とはいえない実態がある。例えば，在学中にインターンシップを経験した生徒の割合は，専門学科の69.5％に対して普通科では21.5％にとどまり，平均体験日数も少ない（国立教育政策研究所生徒指導・進路指導研究センター，2015）。しかし，約 4 万人の生徒を対象とした 3 年間の追跡調査では，普通科におけるインターンシップが基礎的・汎用的能力を高めることが明らかになっており（文部科学省，2015），その発展が望まれる。

「13-1」では，さらに地域・社会や産業界等と連携・協働した取組みの推進にも言及しており，地域におけるキャリア教育支援のための協議会を設置するなどして，職場体験等の体験活動や外部人材の活用を促進することを謳っている。とくに大学においては，産業界の協力を得て，国内外でのインターンシップの機会を大幅に増やす必要性があるとされる。

成果目標 4 に対する成果指標としては，次の 2 点が定められた。第一に，「児童生徒の進路に向けた意識の向上」であり，具体的には将来の夢や目標をもっている児童生徒の割合や，教科学習が将来社会に出たときに役立つと思う児童生徒の割合の増加によって評価される。第二に，「就職のミスマッチなどによる若者の雇用状況（就職率，早期離職率等）改善に向けた取組の増加」であり，職場体験・インターンシップの実施状況の改善，大学等における PBL[13] の実施率増加などによって判断される。ここには，キャリア教育政策における PDCA サイクル（本書第 7 章を参照）を回していこうとする強い意図を読み取ることができる。

▷13　PBL
ここでは，Problem-Based Learning の略であり，問題解決型学習を意味する。特定の分野において必要とされる知識や情報を，一定の文脈に即して有意味的に獲得させることを意図している。一方で，プロジェクト型学習を意味する Project-Based Learning も PBL と略される。両者には共通する点も多いが，前者では学習プロセスが明確にデザインされているのに対し，後者はそれが個別の実践に委ねられており，学習者が問題の発見と解決を自律的に遂行する。

4 新学習指導要領におけるキャリア教育の新たな展開

1 新学習指導要領の特色

　2017（平成29）年3月に小・中学校の新学習指導要領が，2018（平成30）年3月に高等学校の新学習指導要領が告示された。本節では，その主な特徴について概観したうえで，キャリア教育について言及したい。新学習指導要領の基本的方向性について示した中央教育審議会答申（2016）では，子どもたちの現状として，学ぶことと自分の人生や社会とのつながりを実感しながら，自らの能力を引き出し，学習したことを生活や社会のなかの問題解決に生かしていく面に課題があることが指摘された。さらに，従来の学習指導要領は，各教科等において教師が「何を教えているか」という観点を中心に組み立てられており，それぞれの学びが何のためのものか，どのような力を育むのかは明確ではなく，今後は「何ができるようになるか」を意識した指導が求められるとしている。

　こうした答申の内容を受けて，新学習指導要領では，前文において「社会に開かれた教育課程」の実現を宣言している。それは，「よりよい学校教育を通してよりよい社会を創るという理念を学校と社会とが共有し，それぞれの学校において，必要な学習内容をどのように学び，どのような資質・能力を身に付けられるようにするのかを教育課程において明確にしながら，社会との連携及び協働によりその実現を図っていく」という考え方である。

　具体的には，これまでの「生きる力」（確かな学力・健やかな体・豊かな心）を継承しつつ，それらを総合的に捉えて構造化し，育成すべき資質・能力の3つの柱として，「知識及び技能」「思考力，判断力，表現力等」「学びに向かう力，人間性等」を総則に明示した。また，「カリキュラム・マネジメント」を重視し，学校や地域の特性に応じて，教育内容等を教科横断的な視点で構成すること，教育課程の実施状況を評価してその改善をはかること，教育課程の実施に必要な人的・物的体制を確保することを強調している。さらに，資質・能力の育成に向けた授業改善として，「主体的・対話的で深い学び」の実現を求めた。

2 「社会に開かれた教育課程」におけるキャリア教育の展望

　以上を踏まえて，新学習指導要領におけるキャリア教育の位置づけを検討したい。今回の改訂によって，児童生徒が「学ぶことと自己の将来とのつながりを見通しながら，社会的・職業的自立に向けて必要な基盤となる資質・能力を

▷14　資質・能力の3つの柱
2016年5月に行われたG7倉敷教育大臣会合の共同宣言では，新しい時代に求められる資質・能力として，What to know（acquiring knowledge），How to use knowledge（acquiring competencies），How to engage in society and live a better life，の3つの視点が盛り込まれた。日本語訳は，「何を知っているか（知識に関するもの）」「知っていることをどう使うか（コンピテンシーに関するもの）」「どのように社会・世界と関わり，よりよい人生を送るか」である。新学習指導要領で示された資質・能力の3つの柱も，これらの視点を踏まえたものである。

▷15　主体的・対話的で深い学び
「対話的な学び」とは，子ども同士の協働，教職員や地域の人との対話，先哲の考え方を手掛かりに考えること等を通じ，自己の考えを拡げ深める学びのことである。「深い学び」とは，習得・活用・探求という学びの過程のなかで，各教科等の特質に応じた「見方・考え方」を働かせながら，知識を相互に関連づけてより深く理解したり，情報を精査して考えを形成したり，問題を見出して解決策を考えたり，思いや考えを基に創造したりすることに向かう学びである。「主体的な学び」については，本章第4節 2 を参照。

身に付けていくことができるよう，特別活動を要としつつ各教科等の特質に応じて，キャリア教育の充実を図ること」と総則に明記され，初めて小・中学校の学習指導要領に「キャリア教育」の文言が登場した。また，教育課程全体でキャリア教育を推進することを前提としつつも，「特別活動」をその要として位置づけたことも注目される。これについては，後段で詳しく述べたい。

「社会的・職業的自立に向けて必要な基盤となる資質・能力」とは，「在り方答申」で示された基礎的・汎用的能力を指すが，中央教育審議会（2016）では，それを統合的に捉え，資質・能力の3つの柱に従って整理している（表5－2）。とくに，「思考力・判断力・表現力等」（理解していること・できることをどう使うか），「学びに向かう力・人間性等」（どのように社会・世界と関わり，よりよい人生を送るか）は，変化が激しく予測困難な時代のなかで自信をもって人生を切り拓くことのできる子どもを育てるために，極めて重要な視点であろう。

「主体的・対話的で深い学び」，いわゆるアクティブ・ラーニング[16]については，「主体的な学び」との関連性に着目したい。それは「学ぶことに興味や関心を持ち，自己のキャリア形成の方向性と関連付けながら，見通しを持って粘り強く取り組み，自己の学習活動を振り返って次につなげる」（中央教育審議会，2016）学びである。そのために，新学習指導要領では，「見方・考え方」を鍛えるという新たな概念が提示されている。それは，各教科等の特質に応じて物事を捉える視点であり，各教科等を学ぶ本質的な意義の中核をなすものとして，教育と社会をつなげるものである。子どもたちが見方・考え方を人生において働かせる（深い学び）ことで，学習意欲の向上（主体的な学び）に寄与することが期待される。

さらに，「社会に開かれた教育課程」においてキャリア教育を実践するために，適切なカリキュラム・マネジメントが不可欠であることは言うまでもない。学校教育に「外の風（変化する社会の動き）」を取り込み，世のなかと結びついた授業を行ったり，地域や社会のなかでさまざまな職業に出合う機会を提供したりするためには，学校内外の人的・物的資源を効果的に活用していくことが求められる。

最後に，高等学校においては公民科に新設された科目「公共」の役割も重視される。新学習指導要領には，公共の「教科目標の実現を見通した上で，キャリア教育の充実の観点から，特別活動などと連携し，自立した主体として社会に参画する力を育む中核的機能を担うこと」と示されており，シティズンシップ教育[17]としてキャリア教育の実施が期待されている。また中央教育審議会（2016）では，「アカデミック・インターンシップ[18]」の充実についても言及された。

▷16　アクティブ・ラーニング
2012（平成24）年8月に発表された中央教育審議会答申「新たな未来を築くための大学教育の質的転換に向けて」では，「認知的，倫理的，社会的能力，教養，知識，経験を含めた汎用的能力の育成を図る」ために「教員による一方向的な講義形式の教育とは異なり，学修者の能動的な学修への参加を取り入れた教授・学習法の総称」とされている。ただし，中央教育審議会（2016）では，「主体的・対話的で深い学び」と同義で用いられている。

▷17　シティズンシップ教育
社会の構成員である市民（シティズン）に必要な資質・能力を育成する教育活動であり，市民性教育と呼ばれることもある。批判的思考力や問題解決能力をもち，民主的参加をなしうる行動市民の育成を目指す。

▷18　アカデミック・インターンシップ
研究者など，大学等の卒業が前提となる資格を要する職業に関するインターンシップのこと。

表 5-2 資質・能力の 3 つの柱において整理した「基礎的・汎用的能力」

i）知識・技能	・学ぶこと・働くことの意義の理解 ・問題を発見・解決したり，多様な人々と考えを伝え合って合意形成を図ったり，自己の考えを深めて表現したりするための方法に関する理解と，そのために必要な技能 ・自分自身の個性や適性等に関する理解と，自らの思考や感情を律するために必要な技能
ii）思考力・判断力・表現力等	・問題を発見・解決したり，多様な人々と考えを伝え合って合意形成を図ったり，自己の考えを深めて表現したりすることができる力 ・自分が「できること」「意義を感じること」「したいこと」をもとに，自分と社会との関係を考え，主体的にキャリアを形成していくことができる力
iii）学びに向かう力・人間性等	・キャリア形成の方向性と関連づけながら今後の成長のために学びに向かう力 ・問題を発見し，それを解決しようとする態度 ・自らの役割を果たしつつ，多様な人々と協働しながら，よりよい人生や社会を構築していこうとする態度

出所：中等教育審議会（2016）より作成。

③ 特別活動におけるキャリア教育の展開

新学習指導要領では，特別活動は「様々な集団活動に自主的，実践的に取り組み，互いのよさや可能性を発揮しながら集団や自己の生活上の課題を解決する」ことを通して，人間関係形成，社会参画，自己実現に関する資質・能力を育成する活動として定められている。それは，キャリア教育の中核として位置づけられているが，とくに重要な役割を果たすのが学級・ホームルーム活動である。

小学校では，「(1)学級や学校における生活づくりへの参画」「(2)日常の生活や学習への適応と自己の成長及び健康安全」に加えて，新たに「(3)一人一人のキャリア形成と自己実現」が導入された。そこでは，「ア　現在や将来に希望や目標をもって生きる意欲や態度の形成」「イ　社会参画意識の醸成や働くことの意義の理解」「ウ　主体的な学習態度の形成と学校図書館等の活用」に関する活動が実践されることになっている。また，中学校の学級活動と高等学校のホームルーム活動についても，「(3)学業と進路」が「(3)一人一人のキャリア形成と自己実現」に変更された。小・中・高等学校ともに(3)が設置されたことは，異校種を接続し，発達段階に応じた系統的なキャリア教育を実現することにつながる。

さらに，学級・ホームルーム活動(3)では，「学校，家庭及び地域における学習や生活の見通しを立て，学んだことを振り返りながら，新たな学習や生活への意欲につなげたり，将来の生き方を考えたりする活動」を行い，その際に児童生徒が「活動を記録し蓄積する教材等を活用する」ことになっている。この

▷19　ポートフォリオ
語義的には，画家や新聞記者などが雇い主に自らを売り込むときに用いる「紙ばさみ式のファイリングケース」である。教育分野においては，子どもの作品，自己評価の記録，教師の指導と評価の記録などを，系統的に蓄積したもの意味する。キャリア教育において用いられる場合には，キャリア発達を促すことにつながるさまざまな学習経験や活動の記録，特技・資格・免許などの一覧をファイリングしてまとめたものを指す。ポートフォリオづくりを通して，子どもの学習に対する自己評価を促すとともに，教職員も子どもの学習活動と自らの教育活動を評価するのが，ポートフォリオ評価法である。

▷20　キャリア・パスポート
児童生徒が，小学校から高等学校までのキャリア教育に関わる諸活動について，特別活動の学級活動及びホームルーム活動を中心として，各教科等と往還し，自らの学習状況やキャリア形成を見通したり振り返ったりしながら，自身の変容や成長を自己評価できるよう工夫されたポートフォリオのこと。2020年4月より全国すべての小学校，中学校，高等学校において実施することとされた。

教材は，中央教育審議会（2016）において「キャリア・パスポート（仮称）」と表現されており，小学校から高等学校までのキャリア教育にかかわる活動について，学びの過程を記述し振り返ることのできるポートフォリオ[19]を意味する。すでに「在り方答申」は，「これまで自分が何をしてきたのか，今何をしているのかを振り返り，それを未来につなげようとする視点」が不可欠であるとして，ポートフォリオの意義にふれていたが，ここにきて正式に制度化された。「キャリア・パスポート[20]」は，教師が児童生徒のキャリア発達について，定性的な側面から評価し，個に応じた指導・支援に役立てるための資料となる。さらに，学校種を超えて引き継がれることで，上級学校は入学する生徒のキャリア発達のプロセスを把握することができ，体系的なキャリア教育の実践に資するであろう。

　今後，特別活動においては，「キャリア・パスポート」も活用しつつ，教育課程内外の多様な学習や経験をつなぎ，自己のキャリア形成を省察し見通すことで，基礎的・汎用的能力の育成につなげていくことが求められる。

Exercise

① 「在り方答申」によって「キャリア教育」と「職業教育」が区別されたが，「職業教育を通したキャリア教育」とはどのようなものか，考えてみよう。

② キャリア教育によって「学ぶこと」「働くこと」「生きること」をつなぎ，学習意欲を向上させるための活動や実践について，具体的に提案してみよう。

③ 「キャリア・パスポート」（キャリア・ポートフォリオ）を活用してキャリア教育を展開するにあたって，どのような点に留意すべきか，考えてみよう。

📖次への一冊

藤田晃之『キャリア教育基礎論──正しい理解と実践のために』実業之日本社，2014年。
　　元文部科学省生徒指導調査官（キャリア教育担当）が，キャリア教育政策の展開や，そこに示された理念・理論に基づく教育実践について詳細に解説している。
長田徹・清川卓二・翁長有希『学校と企業と地域をつなぐ 新時代のキャリア教育』東京書籍，2017年。
　　新学習指導要領におけるキャリア教育について，とくにキャリア・ポートフォリオ，授業改善，開かれた教育課程，といった観点から検討している。

引用・参考文献

国立教育政策研究所生徒指導研究センター「キャリア発達にかかわる諸能力の育成に関する調査研究報告書」2011年。

国立教育政策研究所生徒指導・進路指導研究センター「データが示すキャリア教育が促す『学習意欲』」2014年。

国立教育政策研究所生徒指導・進路指導研究センター「平成26年度　職場体験活動・インターンシップ実施状況等調査」2015年。

国立教育政策研究所生徒指導・進路指導研究センター「再分析から見えるキャリア教育の可能性――将来のリスク対応や学習意欲，インターンシップを例として」2016年。

坂柳恒夫「小・中学生の生き抜く力に関する研究――キャリアレジリエンス態度・能力尺度（CRACS）の信頼性と妥当性の検討」『愛知教育大学研究報告』65（教育科学編），2016年，85〜97ページ。

中央教育審議会「幼稚園，小学校，中学校，高等学校及び特別支援学校の学習指導要領の改善について（答申）」2008（平成20）年1月17日。

中央教育審議会「今後の学校におけるキャリア教育・職業教育の在り方について（答申）」2011（平成23）年1月31日。

中央教育審議会「幼稚園，小学校，中学校，高等学校及び特別支援学校の学習指導要領等の改善及び必要な方策等について（答申）」2016（平成28）年12月21日。

文部科学省『高等学校学習指導要領解説　総則編』東山書房，2009年。

文部科学省『『高等学校普通科におけるキャリア教育の実践と生徒の変容の相関関係に関する調査研究』報告書」浜銀総合研究所（平成26年度文部科学省委託調査），2015年。

第6章
キャリア教育実践を支える基礎理論

〈この章のポイント〉
　キャリア教育の実践を支える基礎理論の起源は，20世紀の初頭にまで遡ることができる。20世紀前半
は，人と仕事を結びつけるマッチング理論が中心であったが，20世紀半ばに発達的観点をもつ理論が登
場し，その後，発達的観点をより強めた理論へと発展してきた。つまり，職業を「選ぶ」「決める」こ
とに焦点をあてた理論から出発し，職業やキャリアを「育てる」「つくりあげる」理論へと展開してき
たと言える。本章では，代表的な基礎理論を理解するとともに，それをキャリア教育の実践にどのよう
に生かしたらよいのかを学ぶ。

1　キャリア教育の基礎理論

［1］　歴史的展開

　パーソンズ（F. Parsons）は1908年にボストンで，主に青少年を対象とした就
職相談の活動を開始し，1909年には『職業の選択（*Choosing a Vocation*)』と題
する本を刊行した（Parsons, 1909）。パーソンズが行った活動は "vocational
guidance" と呼ばれ，1915年に日本に紹介される際につくられた訳語が「職業
指導」である。パーソンズはこの分野における実践の創始者であるとともに，
その著書に示された職業選択の理論は，この分野で初めて提唱された理論とみ
なされている。冒頭で示したように，パーソンズの職業選択理論は，人と仕事
を結びつけるマッチング理論であった。

　パーソンズ以降，他のマッチング理論や精神分析的理論[◁1]なども提唱された
が，職業選択の理論が大きな転換期を迎えるのは，20世紀半ばである。初めて
発達的観点をもつ職業選択理論を提唱したのは，ギンズバーグ[◁2]（E. Ginzberg）
らであった（Ginzberg, Ginsburg, Axelrod & Herma, 1951）。この理論によって，職
業選択を就職に直面した一時点の問題としてではなく，長期にわたる発達的過
程として捉える見方が示され，次にスーパー（D. E. Super）によって，生涯キャ
リア発達の理論が提唱されるに至る（Super, 1957, 1980, 1990）。発達的観点をも
つ理論は，マッチング理論を批判する形で登場したが，その後，20世紀の終わ
りから21世紀にかけて，サビカス（M. L. Savickas）を中心としてキャリア構築

▷1　**精神分析的理論**
攻撃の衝動や心理性的衝動
が職業選択に影響を及ぼす
という精神分析の立場に立
つ理論。例えば，ブリル
（A. A. Brill）やボーディ
ン（E. S. Bordin）は，攻
撃的衝動が強い人がボク
サーや闘牛士，外科医を選
択すると考えた。今日で
は，実践に適用できる理論
ではないと考えられる。

▷2　**ギンズバーグ**（E.
Ginzberg）
1951年に初めて発達的観点
をもつ職業選択理論を提唱
した。職業選択は長期にわ
たる発達的過程であると捉
え，実際に職業選択が行わ
れるまでの期間を(1)空想的
選択期（6～11歳），(2)暫
定的選択期（11～17歳），
(3)現実的選択期（17～24歳
頃）という3つに分けて捉
える発達段階説を示した。

71

理論（Savickas, 2002）が示されると，発達的観点がより強調され，今日では，キャリアは「選ぶ」だけでなく「育てる」ものとして捉えられるようになってきている。これらの理論的潮流を踏まえて，下村英雄（2008）が「一時点の『決める』ではなく『作り上げる』へと焦点を移すべきである」と指摘しているように，この分野の理論は，職業を「選ぶ」ための理論からはじまり，職業やキャリアを「育てる」「つくりあげる」ための理論へと展開してきたと言えよう。

［2］ 職業指導・進路指導とキャリア教育

　キャリア教育が登場する以前において，この分野の理論は，職業指導の基礎理論，進路指導の基礎理論，あるいはキャリア・ガイダンスの基礎理論などと呼ばれてきた。前述のように，新たな観点や理論的枠組みが示されるといった歴史的な推移はみられるが，職業指導・進路指導の理論とキャリア教育の理論は別のものであるというわけではない。このことは，職業指導・進路指導とキャリア教育の基本的な理念が共通であることを意味しているとも言えよう。

　日本における職業指導は，労働行政機関と教育機関という2つの分野で開始された。前者は1920年に大阪市少年職業相談所で開始され，後者は1923年に東京赤坂高等小学校ではじまったとされている（宮内，1992）。文部省訓令第20号「児童生徒ノ個性尊重及ビ職業指導ニ関スル件」（文部省，1927）において，「個性ニ基キテ其ノ長所ヲ進メ，卒業後ニ於ケル職業ノ選択又ハ上級学校ノ選択等ニ関シテハ適当ナル指導ヲナスコト」と示されているように，職業指導は進学の選択に関する指導を含むものであり，職業の選択だけを扱う活動ではなかった。その後，高等学校や高等教育機関への進学率が上がるなかで，1957年の中央教育審議会答申には「教育内容および教育方法の改善」の一環として，「高等学校および中学校においては，進路指導をいっそう強化すること」が盛り込まれ（中央教育審議会，1957），初めて「進路指導」という用語が用いられ，これ以降，学校における職業指導は進路指導と呼ばれることとなる。

　今日では，進路指導の改善という流れのなかで登場したキャリア教育が積極的に展開されているが，キャリア教育と進路指導が別々の活動ではないことは，このたび改訂された学習指導要領にも示されているとおりである。中学校学習指導要領および高等学校学習指導要領では，総則において，「生徒が，学ぶことと自己の将来とのつながりを見通しながら，社会的・職業的自立に向けて必要な基盤となる資質・能力を身に付けていくことができるよう，特別活動を要としつつ各教科等（各教科・科目等）の特質に応じて，キャリア教育の充実を図ること。その中で，生徒が自らの生き方（自己の在り方生き方）を考え主体的に進路を選択することができるよう，学校の教育活動全体を通じ，組織的か

つ計画的な進路指導を行うこと」（下線部は中学校学習指導要領，（　）内は高等学校学習指導要領の記述を示す）と記載されている。

このように，職業指導から進路指導，キャリア教育へと教育活動が推移してくるとともに，理論も変遷を遂げてきたと言えるが，職業指導・進路指導の理論とキャリア教育の理論は異質のものではなく，過去から今日に至るまで，社会的背景や必要に応じて，多くの理論が積み上げられてきたと言えよう。

３ 理論を実践に生かすために

では，これまでにどのような理論が提示されてきたのであろうか。この分野の理論はさまざまに類型化されてきた。例えば，宮内博（1992）は「進路指導の理論」を，(1)職業選択理論，(2)職業適応理論，(3)職業的発達理論に分けて捉え，Osipow（1990）は「キャリア決定とキャリア発達の理論」を(1)パーソナリティのアプローチ，(2)社会的学習のアプローチ，(3)発達的アプローチ，(4)職業適応のアプローチに分けている。また，渡辺三枝子（2007）は「キャリア発達論」へと統合されていく系譜を，(1)特性論からのアプローチ，(2)精神力動からのアプローチ，(3)学習理論からのアプローチ，(4)発達論からのアプローチに分けており，木村周（2016）は「キャリアガイダンスの理論」を，(1)職業選択理論，(2)構造理論，(3)職業発達理論，(4)新しいキャリア発達理論に類型化している。

重要なことは，これらの理論は，よりよい職業やキャリアの選択をするにはどうすればよいのか，また一人一人が職業やキャリアの道をどのように歩んでいくことが充実した人生につながるのかといった実践への適用を目指して提唱されてきたことである。この点をよく理解し，理論をキャリア教育の実践にどのように生かすことができるのかを考えていただきたい。

なお，Minor（1992）はキャリアに関する理論を発達的観点をもたない「内容重視の理論」と発達的観点をもつ「過程重視の理論」に分ける考え方を示している。本章ではこの考え方に基づき，内容重視の理論としてパーソンズとホランド（J. L. Holland）を取り上げ，過程重視の理論としてスーパー（D. E. Super）とサビカスを取り上げることとする。

2 内容重視の理論(1)——パーソンズの理論

１ 特性・因子理論

パーソンズが提唱した職業選択理論は，特性・因子理論と呼ばれており，人と仕事を結びつけるマッチング理論である。特性（trait）とは能力，興味，価

値観，性格といった個人の特徴を表し，因子（factor）とは仕事の内容や必要な能力など，職業の遂行に求められる要件を意味している。個人の特性に合わせた職業を選択すれば，職業生活がうまくいくという適職選択の考え方に立っている。パーソンズは，そのためには，(1)自己の適性，能力，興味，希望，資質，限界など自分自身についての明確な理解，(2)さまざまな職業において求められる資質，成功の条件，有利な点と不利な点，報酬，就職の機会，将来性に関する知識，(3)これら2つの関連性についての合理的な推論という3つが重要であるとしている。これらを今日の用語で置き換えれば，(1)自己理解，(2)仕事理解，(3)マッチングということになる。個人の能力や興味をうまく職業に適合させることによって，個人の職業選択と職業における成功が予測できるという立場に立つ理論をマッチング理論と総称している。マッチング理論では，(1)個人の心理的特性には差異があり，個人に最も適した職業が存在する，(2)職業適応の度合いは，個人の特性と職業の要件との一致の程度による，(3)人には自分の適性にあった職業を選択する傾向がある，といった仮説を前提としている。

　パーソンズの理論は突然に誕生したわけではなく，時代や社会の背景のなかで生まれてきたと考えることができる。パーソンズがボストンで "vocational guidance" の活動を開始した1908年は，ヘンリー・フォード[13]がフォードT型を世に出した年である。フォード自身も十分な教育を受けていないが，当時は農村や海外からの移民が五大湖周辺の工業地帯に未熟練労働者として集まり，離転職を繰り返す若者が社会問題ともなっていた。この問題を解決するには，トレーニングによって，職業の遂行に必要な知識や技能を身につけさせるという方法が考えられるが，パーソンズが提案したのは，ガイダンスによって，個人の特性に見合った職業選択を支援すれば，うまくいくという方法であった。ガイダンスとトレーニングは，いわばキャリア形成の両輪であり，どちらも重要である。パーソンズの影響により，アメリカでは学校において "vocational guidance" が広く普及していく「職業指導運動」が生じるが，その背景には当時の社会的ニーズがあったと言えよう。

2　生徒理解の方法

　パーソンズが提唱した職業相談の技法（Parsons, 1909）は，(1)資料収集，(2)自己分析，(3)意思決定，(4)カウンセラーによる分析，(5)職業分野の展望，(6)帰納的推理とアドバイス，(7)選択した職業への適応援助という手順で進めていくものであった。ここですべてを紹介することはできないが，今日でも参考になるのは，(1)資料収集（Personal Data）による生徒理解の方法である。

　パーソンズの時代には，アセスメントツール[14]がまだ開発されていなかった。ストロング職業興味検査（1927年），クーダー職業興味検査（1934年），一般職業

▷3　ヘンリー・フォード
（H. Ford, 1863〜1947）
自動車会社フォード・モーターの創始者。分業体制で自動車を組み立てるコンベア方式や三交代勤務による工場の24時間稼働などの工夫を行って大量生産に成功し，アメリカ初の大衆車である低価格のフォードT型を世に送り出した。フォードT型は1908年から1927年までに1500万台が生産された。

▷4　アセスメントツール
心理学の理論や技法に基づいて開発され，個人の特性を評価する知能検査，性格検査などの心理検査のこと。1905年にフランスで開発されたビネー＝シモン尺度は最初の知能検査である。また，1917年にアメリカで開発されたU. S. Army Test は初の集団式知能検査で，陸軍将校の候補者を選別する適性検査として活用された。

適性検査（1944年）などが開発されるのは，1920年代以降のことである。そこで，パーソンズは多数の質問項目を用意して，相手に応じてこれらを活用し，クライエントの特性を把握しようとした。相手の強みや弱み，生活習慣，好奇心などを理解するために，例えば，「これまでの人生における快挙」「放課後の過ごし方」「アラジンの魔法のランプを持ち何でも望みがかなうとしたら，その最初の6つは何か」といった質問を用いている。

今日の進路指導やキャリア教育においても，一人一人のキャリア発達を促すために児童生徒の個性を理解することは重要である。現在では数多くのアセスメントツールが開発されており，適切に利用すれば有効な生徒理解の手段となる。しかし，数値化されたアセスメントツールの結果だけに依存するのではなく，パーソンズのアプローチのように，個性記述的に児童生徒の特徴を把握することも必要であり，その点において今日でも参考になると考えられる。

３ 実践における留意点

マッチング理論は実践的な理論であり，自分の特性に合わせた職業を選べばうまくいくという考え方は合理的である。しかし，「個人に最も適した職業が存在する」という点を強調しすぎて，「どこかに自分にぴったり合う仕事があるに違いない」と思いこむと，かえって仕事選びが難しくなる。適職選択にこだわりすぎると，職業選択の可能性を限定してしまう危険性もあるという点に注意すべきである。人と職業との関係は1対1の対応ではなく，1対多の関係であり，個人の特性を生かせる職業は複数存在する。児童生徒が職業の世界に興味をもち，自分に向いた将来の仕事を探索することは重要である。しかし，実際に職業に就く前の段階で，自らの適職を確定することは困難である。また，適職は選ぶだけのものではなく，自ら育てていくものでもある。「見合った適職」に対する「育てる適職」という考え方（川﨑，2017）を伝えていくことも重要であろう。なお，パーソンズの理論は職業選択を対象にしたものではあるが，高等学校や大学といった進学先の選択についても適用可能である。

3　内容重視の理論(2)──ホランドの理論

１ ホランドの六角形

20世紀半ばにホランド（J. L. Holland）が提唱した職業選択理論は，人格心理学におけるタイプ理論を応用しており，「類は友を呼ぶ」という考え方に基づく理論といわれたり，パーソンズの理論と区別するため，個人・環境適合理論と呼ばれるなど，さまざまな形容をされている。発達的観点をもつ理論が登場

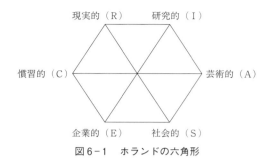

図6-1　ホランドの六角形

した後で提示されているため，可能な限り発達的観点を取り入れようとする姿勢がうかがえるが，基本的にはマッチング理論である。

ホランドの理論の特徴は，個人と個人を取り巻く環境の両方を現実的（R：Realistic），研究的（I：Investigative），芸術的（A：Artistic），社会的（S：Social），企業的（E：Enterprising），慣習的（C：Conventional）という6つのタイプで捉えることができると考えた点にある（ホランド，1990，2013）。6つのタイプは六角形で表されるため，「ホランドの六角形」（図6-1）と呼ばれている。各タイプの間には一定の関係があり，心理学的類似性は，タイプ間の距離に反比例すると考えられている。つまり，距離が近いタイプは類似性が高く，距離が遠いタイプは類似性が低いが，最も長い対角線で結ばれる2つのタイプは正反対の特徴をもつとされている。例えば，物を扱う世界を示す「R」は，両隣の「I」や「C」との類似性が高いが，最も距離が遠く，人とかかわる世界である「S」とは正反対であり，この両方の領域に興味をもつ人や，両方の領域に関連する能力がともに高い人は出現頻度が少ないとされている。職業も同様で，相反する能力を必要とする職業は少ないことになる。「A」と「C」も正反対で，芸術的な活動や創造的な活動の分野である「A」と，決められたやり方やルールにしたがって，決められたことを反復する作業が求められる分野の「C」も，両方を兼ね備えた個人や職業は少ないとされている。つまり，6つのタイプは，相反する3つのペアからなっているとも言える。ホランドは，個人や職業が類似性の高い特徴を合わせもっているときに，一貫性（consistency）が高いという表現を用いている。一貫性が低いことは出現頻度が低いことを意味するが，必ずしも問題であるとは限らない。例えば，研究的な活動「I」も得意で，組織の運営管理やマネジメント「E」も得意であるという人物は，稀ではあっても貴重な存在であると言える。

そして，人間と環境との関係については，「人間は，自分の持っている技能や能力が生かされ，価値観や態度を表すことができ，自分の納得できる役割を引き受けさせてくれるような環境を求める」（ホランド，1990）と仮定している。つまり，「R」のタイプの特徴をもつ個人は，「R」の環境において最も自分らしく生きることができるというマッチング理論の考え方である。また，「R」の環境には，「R」の特徴をもつ人が多く集まるため，「類は人を呼ぶ」ということになる。環境のなかには職業も含まれるため，個人の特徴をホランドの6タイプで評価し，職業の特徴もこの6タイプで示すことができれば，マッチングが可能になる。ホランドは，個人がもつ特徴とその個人が希望する職業や就いている職業の特徴が合致している程度を一致度（congruence）と呼んでいる。

2　アセスメントツール

　ホランドはVPI（Vocational Preference Inventory）とSDS（Self-Directed Search）と呼ぶアセスメントツールを自ら開発した。VPI職業興味検査，SDSキャリア自己診断テストという名称で，それぞれ日本版も開発され，市販されている。これらのツールでは，仕事や日常的な活動に対する興味や志向性などを測定し，その結果をホランドの6タイプで表す仕組みになっている。実際の結果は，得点の高い3つの領域を用いて「RIA」「SEC」といった3文字コードで示される。アセスメントの結果において，得点が高く興味がある領域と，得点が低く興味がない領域が明確に分かれていることを分化（differentiation）と呼んでいる。つまり，職業についての好き嫌いがはっきりしているかどうかということである。ホランドは，現実に職業選択が行われる時期までに，職業に対する興味が分化していることが望ましいと考えている。なお，中学生・高校生向けに日本で開発された職業レディネステスト（VRT）は，ホランド自身が開発したツールではないが，興味と自信を測定して，ホランドの6タイプで結果を表すことができ，広範にわたって活用されている。

　ホランドはアセスメントツールに加えて，アメリカの職業分類に掲載されているすべての職業に3文字コードを付与した「ホランドの職業辞典」も作成しており，これらのツールを職業選択やその支援に活用できるようになっている。

▷5　3文字コード
VPI職業興味検査「結果の見方・生かし方」によれば，小学校教員は「SAI」，数学科教員・理科教員は「ISR」，国語科教員は「ASI」，社会科教員は「SIC」で表される。他の例をあげると，機械技術者「RIE」，パイロット「IRC」，建築技術者「AIR」，美容師「SAC」，銀行支店長「ECI」，経理事務員「CIS」などがある。

3　実践における留意点

　ホランドの理論の適用は，アセスメントツールの活用と密接にかかわっている。職業興味検査や職業適性検査は，自分の特性を知る自己理解のツールとみなされることが多いが，実は職業理解のツールでもある。知能検査や性格検査とは異なり，職業に関する興味や適性を知らせてくれるとともに，その特性と関連の深い職業分野についての情報も提供してくれる。そのために，ホランドの6領域のように，職業世界を理論的に捉えた枠組み，いわば職業世界の「のぞき窓」が示されている。これを通して職業の世界を眺めることで，職業に関する興味・関心を促したり，就きたいと思う将来の職業を探索したりすることが可能である。検査結果が示されて終わるのではなく，むしろそこを出発点として，生徒自身にとっての職業世界を広げるような活用が望まれる。

4 過程重視の理論(1)──スーパーの理論

1 キャリアの捉え方

　初めて発達的観点を取り入れ，職業選択に至るまでの発達段階説を唱えたのはギンズバーグであるが，これを発展させたのがスーパー（D. E. Super）の理論である（Super, 1957, 1980, 1990）。ギンズバーグの理論は発達的職業選択理論であったが，スーパーの理論はキャリア発達（career development）を人間発達の一側面と捉えていることから，生涯キャリア発達の理論とみなすことができる。スーパーの理論は20世紀半ばに提唱され，20世紀末にかけてより精緻化された。多くの要素を含む包括的な理論であるが，その大きな特徴は，(1)生涯にわたる発達過程を扱っていること，(2)ワークキャリアだけでなく，広範なライフキャリアを扱っていることの2点である。つまり，時間的・空間的にキャリアの概念を拡張した点が特徴と言える。ここでいう空間的とは物理的な空間ではなく，生活空間をさしている。なお，自己（self）をキャリアの構成要素の中核に位置づけていることもスーパーの理論の大きな特徴であるが，本項では先の2点について概説する。

▷6　キャリアの構成要素
スーパーはキャリアの構成要素をアーチとして示し，アーチを支える2本の柱にキャリアの規定要因を示した図を「アーチ・モデル」として提示している。キャリアの構成要素には自己，役割，自己概念，発達段階が含まれ，キャリアの規定要因は個人的要因と社会環境的要因に分けられる。

　スーパーは「キャリアとは，生涯においてある個人が果たす一連の役割，およびそれらの組み合わせである。ここでいう役割とは子ども，学ぶ人，余暇の人，市民，働く人，配偶者，家庭の人，親，年金生活者という多くの人が経験する立場である」（Super, 1980）と述べている。つまり，職業に限定されないライフキャリアが生涯にわたってどのように展開していくかという枠組みを示したものである。アメリカで1970年代から80年代にかけて展開されたキャリア教育は，多くの理論に基づいて構築されているが，キャリアの捉え方は，スーパーの考え方を取り入れている。日本のキャリア教育は，アメリカのキャリア教育をモデルとしていることから，キャリア教育の実践に際して，スーパーのキャリアの捉え方をよく理解しておくことが重要であろう。文部科学省（2004）はキャリアの概念を「個々人が生涯にわたって遂行する様々な立場や役割の連鎖及びその過程における自己と働くこととの関係付けや価値付けの累積」と説明しており，スーパーの理論に基づいていることがうかがえる。

2 ライフキャリア・レインボー

　スーパーは時間的には生涯にわたるキャリア発達の過程を扱っており，発達段階として，(1)成長（～14歳），(2)探索（15～24歳），(3)確立（25～44歳），(4)維持（45～64歳），(5)離脱（65歳～）という5つのステージを想定した。また空間的に

第6章 キャリア教育実践を支える基礎理論

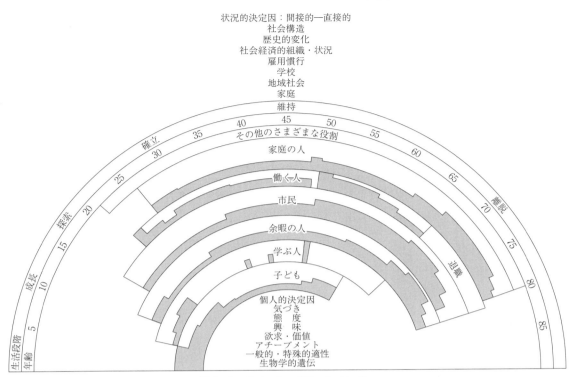

図6-2 ライフキャリア・レインボー
出所:Nevill & Super (1986) を一部改変。

は，さまざまな生活空間で展開される活動を捉えるために，(1)子ども，(2)学ぶ人，(3)余暇の人，(4)市民，(5)働く人，(6)家庭の人という6つの人生役割（life role）を設定している。発達段階や年齢によって，これらの役割の組み合わせがどのように変化していくのかを示す図6-2は，キャリア・レインボーとして知られている。図の網掛け部分の高さは，その役割の重要性を表している。この図を用いて，例えば日本人の平均的なライフキャリアの在り方や，特定個人の一生を表現することができる。スーパーは，役割の同時的な結びつきは個人のライフスタイルを構成し，継時的な結びつきは個人のライフサイクルを構成するが，その全体的な構造がキャリア・パターンであると述べており（Super, 1980），生涯にわたるライフキャリアの発達という視点を明確に示した。スーパーは，このような考え方をライフスパン・ライフスペース・アプローチと呼んでいる。

3　実践にどう生かすか

スーパーはホランドとは異なり，アセスメントツールや職業情報などの開発は行っていない。したがって，理論の枠組みや視点を実践に生かしていくことになる。例えば，職業の選択において何らかの問題に直面すると，どうしても

選択の時点におけるワークキャリアの問題として捉えがちだが，これは決して一時点の問題ではないし，ワークキャリアだけの問題でもない。どのような将来像を思い描くのか，また職業生活と生活全般とのかかわりをどのように捉えるのかを考えることによって，問題を解決する糸口がつかめることも多い。スーパーの理論はこのようなアプローチを提供してくれる。つまり，キャリアは「点」ではなく「線」として連なっていく過程であり，ワークキャリアとライフキャリアは切り離せないものである，といった認識をもつことの重要性を示しているとも言えよう。働き方やワーク・ライフ・バランスの問題が注目されている今日の日本社会において，キャリア教育を実践していく際に重要な視点であると考えられる。

5　過程重視の理論(2)——サビカスの理論

［1］　キャリア構築理論

　サビカス（M. L. Savickas）は，20世紀の終わりから21世紀にかけて，キャリアは一人一人が自ら「つくりあげる」ものであると考えるキャリア構築理論を提示した（Savickas, 1997, 2002, 2005）。個人にとってのキャリアとは，過去から現在の経験に対する意味づけを踏まえて，今後の職業人生に自分らしい意味を見出していく一連の過程であると捉えている。この理論はマッチング理論のアプローチに対する批判として示されており，ここにおいて，職業やキャリアを「選ぶ」「決める」ことよりも，「つくりあげる」ことを強調する考え方がより明確に示されるとともに，キャリアの主観的・価値的な側面に注目する理論的枠組みを示されたとも言えよう。サビカスの理論的立場は，社会構成主義あるいは構成主義ともいわれている。

　サビカスは，現在とこれからのキャリアをつくりあげていくうえで重要なレディネスやリソースをキャリア・アダプタビリティ（career adaptability）と呼んでいる（Savickas, 1997）。この概念は，成人期以降のキャリア成熟を規定する要因としてスーパーが提唱したものであるが，サビカスはそれをより明確に概念化して，キャリア構築理論の中核的な要素として位置づけている。サビカスは，キャリア・アダプタビリティに「関心」「統制」「好奇心」「自信」という４つの次元を設定し，キャリア・アダプタビリティが高い人は，(1)職業人として，自らの未来について「関心」をもっている，(2)職業上の未来に対して，自ら「統制」している，(3)自らの可能性と未来のシナリオを探索することに「好奇心」を発揮している，(4)自らの願望を実現するために「自信」をもっている，と概念化している（堀越，2007）。キャリア関心とは，未来志向であり，未

来に備えることが重要であるという感覚を意味し，キャリア統制は，自らのキャリアを構築する責任は自分にあると自覚し，確信することである。また，キャリア好奇心は，自分と職業を適合させるために好奇心をもって職業にかかわる環境を探索することを意味しており，キャリア自信は，進路・職業選択の際に必要となる一連の行動を適切に実行できるという自己効力感をさしている。

②　キャリアストーリー

　サビカスは，個人が直面した発達課題や職業上のトランジションなどが語られたものをキャリアストーリーと呼んでいる。キャリアストーリーには個人のライフテーマや「重要なこと（mattering）」が含まれており，個人の職業行動に意味や方向性を与えるものであるため，個人が自身のキャリアをつくりあげていくうえで，キャリアストーリーを語ることが重要であると考えられている。

　キャリアストーリーを語ることは，個人がこれまでの自分を振り返って，そこに意味を見出すとともに，これからの自分や将来のキャリアを形づくっていくための試みであり，一つの手段である。キャリアストーリーによって将来の方向性を確認する際，あるいはこれからのキャリアをつくりあげていく際に必要になるのがキャリア・アダプタビリティに関する評価である。つまり，将来の方向性を確認し，また自身がもっているレディネスやリソースを確認することによって，キャリアがつくられていくと考えられる。なお，コクラン（L. Cochran）も自身のキャリアを物語的（narrative）に捉えることを重視する考え方を示している（Cochran, 1997）。

③　実践にどう生かすか

　サビカスの理論は，スーパーの理論を発展させたものである。生涯を通してキャリアの在り方が変化していくというだけでなく，社会や文脈とのかかわりのなかで，個人がより能動的・主体的にキャリアをつくりあげていくという側面をサビカスは重視している。サビカスは，理論をキャリア・カウンセリングに適用することを想定しており，カウンセリング場面でクライエントがキャリアストーリーを語り，カウンセラーとの双方向的なやりとりによって，「物語的真実（narrative truth）」がつくられていくと考えている。このようなアプローチはカウンセリング場面以外でも適用することが可能であり，キャリア教育の実践にも生かすことができる。

　キャリアストーリーの作成を補助するワークやツールとして，例えば「ライフ・キャリア・アセスメント」「ライフ・ロール分析」「キャリア・スタイル・インタビュー」「未来のキャリア自叙伝」など（渡部，2015）も作成されてい

▷7　コクラン（L. Cochran）
コクランは，個人の「物語」には，キャリアに対する考え方や価値観，解決すべき課題，今後のプランなど，その人自身のキャリアに関する重要な事項が含まれていると考え，キャリアを物語的に捉えることを重視するナラティブ・アプローチを提唱している。

る。また，実際に小学校におけるキャリア教育では「2分の1成人式」が普及しているし，中学校や高等学校でも「将来の自分」「なりたい自分」を描く取組みがよく行われている。ここで重要なことは，将来を思い描く取組みを行うには，準備体操が必要だということである。サビカスは，過去を振り返ることは，人が現在に対処し，未来に向けた準備をすることを可能にするための適応行動であると指摘している。将来を考えるヒントは，現在を含むこれまでの自分のなかに埋め込まれている（川﨑，2010）ので，いきなり未来のことを考えるのではなく，その前に現在を含むこれまでの自分を振り返る取組みを行うことが望ましいと考えられる。

6　実践に向けて

1　キャリアをつくりあげる

　キャリア教育は，一人一人が自らのキャリアをつくりあげていくことを目指す教育であるとも言える。新学習指導要領ではガイダンスとカウンセリングの充実も明記され，中央教育審議会答申に示されたように「キャリア・パスポート（仮称）」（中央教育審議会，2016）も活用しながら，一人一人のキャリア発達を支援していくことが求められるであろう。「キャリア・パスポート[8]」は，サビカスが言うキャリアストーリーをつくり，記録するツールともみなすことができる。本章で述べてきたように，キャリアは「選ぶ」「決める」だけでなく，選んだものを「育てる」「つくりあげていく」という観点に立つことが重要である。主体的に進路を選択するには，「選ぶ」ための準備が必要であるが，進路選択のためのレディネスを高めることは「育てる」ことであり，キャリア教育の役割とも言える。また，進路やキャリアは選んで終わりではなく，選んだ進路を自ら「育てる」ことも重要である。つまり，「選ぶ」ために「育て」，「選んだ」ものを「育て」ていくことが，キャリアをつくりあげていくことにつながるのである。このような考え方に基づいて，キャリア教育の実践を進めていくことが期待される。そうすることによって，キャリア教育の視点に立った進路指導も実現が可能になると考えられる。

　なお，キャリア発達理論や構築理論は，マッチング理論を批判する形で登場したが，マッチング理論の基本的な考え方に誤りがあるわけではない。人と仕事との対応関係を厳密に考えすぎると，職業選択の幅を狭めてしまう可能性があることが問題なのであり，理論の適用の問題でもある。進路保証が大切なように，職業や進路を「選ぶ」「決める」ことは重要であり，これがなければ，選んだ進路やキャリアを「育てる」ことも「つくりあげる」こともできない。

▷8　キャリア・パスポート
児童生徒が，小学校から高等学校までのキャリア教育に関わる諸活動について，特別活動の学級活動及びホームルーム活動を中心として，各教科等と往還し，自らの学習状況やキャリア形成を見通したり振り返ったりしながら，自身の変容や成長を自己評価できるよう工夫されたポートフォリオのこと。2020年4月より全国すべての小学校，中学校，高等学校において実施することとされた。

生涯にわたる発達過程や文脈のなかでキャリアを選択するという認識が重要であり，その際にはマッチング理論の適用も有効である。したがって，マッチング理論と発達理論・構築理論は，必ずしも対立的なものではなく，両者を適切に適用することが重要である。

２ 学校から社会への移行

今日，多くの先進国は「学校から社会への移行（school-to-work）」をいかにスムーズに行うかという共通の課題を抱えている。しかし，課題は共通でも，その社会的・経済的背景や文化的背景には異なる面もある。日本では，いわゆる「日本型雇用システムの崩壊」にともなって，従来の企業に依存したキャリア形成から個人主導のキャリア形成の必要性が叫ばれており，一人一人が自らのキャリアに責任をもつことが問われる時代となっている。今後もこの傾向は続くと考えられるため，学校教育機関におけるキャリア教育の重要性を認識する必要があるだろう。ところで，本章で紹介した理論は，すべて欧米で生まれたものである。日本では，高等学校の卒業見込者の場合は学校求人や１人１社制，大学では一括採用など，日本に独自の仕組みがある。また，欧米の理論では選択の対象は職業であるが，日本では「就社」という言い方がされるように，職種別採用ではなく，ある意味，企業を選ぶという側面は否定できない。ホランドは，自身の理論は「われわれの文化圏」で成り立つと述べている。今後は，日本の仕組みに適合した独自の理論構築も必要かもしれないが，欧米の理論が日本社会に適用できないということではない。理論の趣旨をよく理解したうえで，日本の現状に合わせて適用することが重要であると考えられる。

Exercise

① マッチング理論は職業を「選ぶ」「決める」ための理論であり，これを批判する形で登場したキャリア発達理論や構築理論は職業やキャリアを「育てる」「つくりあげる」ための理論と言える。両者の立場は相互補完的なものか対立的なものか，検討してみよう。

② 本章で紹介した４つの理論は，キャリア教育や進路指導の実践にどのように生かすことができるか，検討してみよう。

③ 本章で紹介した４つの理論以外に，キャリア教育の実践を支える理論として，どのようなものがあるか。「次への一冊」などを参考に調べてみよう。

📖 次への一冊

渡辺三枝子編著『新版 キャリアの心理学──キャリア支援への発達的アプローチ』ナカニシヤ出版，2007年。

> キャリアに関する代表的な10名の理論を紹介している。理論提唱者の個人的・理論的背景を踏まえて主要概念を紹介し，キャリア・カウンセリングへの応用にも言及している。

岡田昌毅『働くひとの心理学──働くこと，キャリアを発達させること，そして生涯発達すること』ナカニシヤ出版，2013年。

> 3部構成で，第1部はキャリアに関する理論，第2部はキャリア発達を促す仕組みに関する実証的研究を紹介し，第3部では個人の発達のサポートに関する提言を行っている。

二村英幸『改訂増補版 個と組織を生かすキャリア発達の心理学──自律支援の人材マネジメント論』金子書房，2015年。

> キャリア発達の代表的な理論を紹介するとともに，キャリア・トランジション，キャリア・ストレス，ワーク・モチベーションなどのトピックを取り上げ，理論的に解説している。

下村英雄『キャリア教育の心理学──大人は，子どもと若者に何を伝えたいのか』東海教育研究所，2009年。

> 基礎編・実践編・発展編に分かれており，「キャリア」の意味，小学生にとって重要なこと，家庭内のルールなど，90のキーワードを取り上げ，心理学の観点から論考している。

溝上慎一・松下佳代編『高校・大学から仕事へのトランジション』ナカニシヤ出版，2014年。

> 学校から仕事へのトランジションという問題を取り上げ，トランジションと教育およびトランジションとアイデンティティという観点からトランジションの支援について論じている。

引用・参考文献

川﨑友嗣「大学でのキャリアデザイン──将来のヒントは現在と過去のなかにある」生駒俊樹編著『実践キャリアデザイン』ナカニシヤ出版，2010年，76〜87ページ。

川﨑友嗣「見合った適職，育てる適職」菅原良・松下慶太・木村拓也・渡部昌平・神崎秀嗣編著『キャリア形成支援の方法論と実際』東北大学出版会，2017年，281〜292ページ。

木村周『キャリアコンサルティング 理論と実際──カウンセリング，ガイダンス，コンサルティングの一体化を目指して〈四訂版〉』雇用問題研究会，2016年。

サビカス，M. L.，日本キャリア開発研究センター監訳『サビカス キャリア・カウンセリング理論──〈自己構成〉によるライフデザインアプローチ』福村出版，2015年（Savickas, M. L., *Career counseling*, American Psychological Association, 2011）。

下村英雄「最近のキャリア発達理論の動向からみた『決める』について」『キャリア教育研究』26，2008年，31〜44ページ。

中央教育審議会「科学技術教育の振興方策について（答申）」1957（昭和32）年11月11日。

中央教育審議会「幼稚園，小学校，中学校，高等学校及び特別支援学校の学習指導要領等の改善及び必要な方策等について（答申）」2016（平成28）年12月21日。

ホランド，J. L.，渡辺三枝子・松本純平・舘暁夫訳『職業選択の理論』雇用問題研究会，1990年（Holland, J. L., *Making vocational choices: A theory of vocational personalities and work environments*, 2nd ed., Prentice-Hall Inc., 1985）。

ホランド，J. L.，渡辺三枝子・松本純平・道谷里英訳『ホランドの職業選択理論——パーソナリティと働く環境』雇用問題研究会，2013年（Holland, J. L., *Making vocational choices: A theory of vocational personalities and work environments*, 3rd ed. Psychological Assessment, 1992）。

堀越弘「マーク・サビカス——キャリア構築理論」渡辺三枝子編著『新版 キャリアの心理学——キャリア支援への発達的アプローチ』ナカニシヤ出版，2007年，173〜197ページ。

宮内博編著『学校進路指導概論——ひとりひとりの価値観を尊重する』文雅堂銀行研究社，1992年。

文部科学省「キャリア教育の推進に関する総合的調査研究協力者会議報告書」2004年。

文部省 文部省訓令第20号「児童生徒ノ個性尊重及ビ職業指導ニ関スル件」1927年。

渡部昌平「質的キャリア・アセスメントとその応用」渡部昌平編著『社会構成主義キャリア・カウンセリングの理論と実際——ナラティブ，質的アセスメントの活用』福村出版，2015年，76〜121ページ。

渡辺三枝子「キャリアの心理学に不可欠の基本」渡辺三枝子編著『新版 キャリアの心理学——キャリア支援への発達的アプローチ』ナカニシヤ出版，2007年，1〜22ページ。

Cochran, L., *Career counseling: A narrative approach*, Sage Publications, 1997.

Ginzberg, E., Ginsburg, S. W., Axelrod, S. & Herma, J. L., *Occupational Choice: An approach to a general theory*, Columbia University Press, 1951.

Minor, C. W., "Career development theories and models", In H. D. Lea & Z. B. Leibowitz Eds., *Adult career development: Concepts, issues, and practice*, 2nd ed., AACD, 1992, pp. 17-41.

Nevill, D. D. & Super, D. E., *The values scale manual: Theory, application, and research*, Consulting Psychologists Press, 1986.

Osipow, S. H., "Convergence in theories of career choice and development: Review and prospect", *Journal of Vocational Behavior*, 36, 1990, pp. 122-131.

Parsons, F., *Choosing a Vocation*, Houghton-Mifflin, 1909.

Savickas, M. L., "Career adaptability: An integrative construct for life-span, life-space theory", *The Career Development*, 45, 1997, pp. 247-259.

Savickas, M. L., *Career Construction: A Developmental Theory of Vocational Behavior*, In D. Brown & Associates Eds., *Career Choice and Development*, Jossey-Bass Publishers, 2002.

Savickas, M. L., "The theory and practice of career-construction", In S. D. Brown & R. W. Lent Eds., *Career development and counseling: Putting theory and research to work*, John Wiley & Sons, 2005, pp. 42-70.

Super, D. E., *The Psychology of Careers*, Harper-Collins, 1957.

Super, D. E., "A life-span, life-space approach to career development", *Journal of Vocational Behavior*, 16, 1980, pp. 282–298.

Super, D. E., "A life-span, life-space approach to career development", In D. Brown & L. Brooks Eds., *Career Choice and Development: Applying Contemporary Theories to Practice*, 2nd ed., Jossey-Bass, 1990, pp. 197–261.

第7章
PDCA サイクルに基づくキャリア教育
実践の在り方

〈この章のポイント〉

　PDCA サイクルは，目標を達成するよう計画を立て（Plan），実行し（Do），その達成度を評価し（Check），評価結果に基づき改善する（Action）という，検証改善の枠組みである。本章では，PDCA サイクルに基づく実践について，なぜ必要なのか，どういうものであるのか，実践の際のポイントは何か，2020年からのキャリア教育のなかにどのように位置づいているのかについて学ぶ。

1　PDCA サイクルとは何か

　教育職員免許状を取ろうとすると，学ぶべきことがたくさん出てくる。そのため，この本で学んでいるみなさんのなかには，次のような，これまでを振り返って今後を考えた経験があるかもしれない。

　「そういえば，後期木曜1限にある，教職科目の『キャリア教育論』の先生，宿題と授業への参加態度に厳しいんだった。前期で取った先生の別の授業，がんばったのに，『良』しかくれなかったし。後期は『優』を取りたいから，予習と復習の時間を確保するために，登録する授業を少なめにしようか，どうしようか……」。

　ところで，本章の主題である PDCA サイクルを耳にしたことはあるだろうか。この本で初めて目の当たりにした人もなかにはいることだろう。

　PDCA サイクルとは，計画，実行，評価，改善の4つのステップを繰り返して，事業を改善していく枠組みのことを言う。この，計画，実行，評価，改善の英単語，Plan，Do，Check，Act の頭文字を取って，PDCA サイクルと呼ばれている。本を正せば，工業製品の品質管理の領域で生じた概念である。上記のモノローグに引きつけていうなら，前期にある先生の単位を取ろうと思い（Plan），がんばった（Do）が，良い成績が取れなかった（Check）ため，後期は良い成績を取るべく登録コマ数を減らす（Action），といったところだろうか。

　本題に戻すと，PDCA サイクルは，今日では，学校教育や教育施策等にも応用されるようになっている。学校教育になぞらえると，目指すべき児童生徒像を目標として定め，その目標に応じて全体計画や年間指導計画を立て（Plan），それらの計画に基づいて教育活動を実践し（Do），どこまで児童生徒

▷1　Act と Action
PDCA サイクルの A は，本来は Act の頭文字であり，国際的な規格類や文書等では Act となっているため，海外の文献を調べる際には注意すること。例えば，品質マネジメントシステムに関する国際規格 ISO9001 には PDCA サイクルが含まれており，A は Act とされている。日本における各種の文書等では Action とされることが多いため，本章も以降はすべて Action で統一する。

の成長・変容が進んだかを評価し（Check），その結果を踏まえて次年度の計画を改善していくこと（Action），と言えるだろう。

　学校教育においてPDCAサイクルを実践することの重要性は，随時指摘されてきた。例えば，教育振興基本計画（第1期，平成20〜24年）には，「今後5年間に総合的かつ計画的に取り組むべき施策」のくだりに，基本的考え方として次のように書かれている。

> これまで教育施策においては，目標を明確に設定し，成果を客観的に検証し，そこで明らかになった課題等をフィードバックし，新たな取組に反映させるPDCA（Plan-Do-Check-Action）サイクルの実践が必ずしも十分でなかった。今後は施策によって達成する成果（アウトカム）を指標とした評価方法へと改善を図っていく必要がある。
> （文部科学省，2008，9ページ）

　また，第2期（平成25〜29年度）の教育振興基本計画には，第1期の計画の総括と今後の方向性を述べた箇所で，教育課題が依然として指摘される要因，すなわち教育課題が解決しない原因として，次のことが記載されている。

> 「どのような成果を目指すのか」「どのような力の修得を目指すのか」といった明確な目標が設定され，その取組の成果について，データに基づく客観的な検証を行い，そこで明らかになった課題等をフィードバックし，新たな取組に反映させる検証改善サイクル（PDCAサイクル）が，教育行政，学校，学習者等の各レベルにおいて，必ずしも十分に機能していなかったこと。
> （文部科学省，2013，14ページ）

　PDCAサイクルが普及していないことを課題視している様子が見て取れるだろう。このように，学校の教育活動に関しても，事業を検証し，改善する枠組みであるPDCAサイクルは必須のものとして目されるようになってきている。

2　キャリア教育実践においてPDCAサイクルはなぜ必要なのか

▷2　中央教育審議会
中央教育審議会は，文部科学省組織令第75条に基づき，設置されている。同令第76条によって，次に掲げる事務をつかさどると定められている（一項のみ抜粋）。
一　文部科学大臣の諮問に応じて教育の振興及び生涯学習の推進を中核とした豊かな人間性を備えた創造的な人材の育成に関する重要事項を調査審議すること。

　前節でみたとおり，教育活動においてPDCAサイクルを実践することの重要性は繰り返し指摘されているが，キャリア教育も例外ではない。例えば，中央教育審議会によるキャリア教育に関する答申である，「今後の学校におけるキャリア教育・職業教育の在り方について」には次のように書かれている。

> キャリア教育の実践が，各機関の理念や目的，教育目標を達成し，より効果的な活動となるためには，各学校における到達目標とそれを具体化した教育プログラムの評価の項目を定め，その項目に基づいた評価を適切に行い，具体的な教育活動の改善につなげていくことが重要である。
> （中央教育審議会，2011，36ページ）

88

以上のように，各種の政策文書にも PDCA サイクルの必要性は訴えられてきているが，キャリア教育実践において PDCA サイクルが必要な理由は，政策文書で言われているからでは決してない。むしろ，キャリア教育実践そのものがもつ性質から，キャリア教育の質を継続的に高めていこうとしたときに，PDCA サイクルが必然的に求められる，と理解した方が適切である。

キャリア教育の性質に基づく，PDCA サイクルが必然的に求められる理由は，大きく次の３つに整理することができる。

一つ目は，キャリア教育が児童生徒の社会的・職業的自立を目指して行われるものである以上，児童生徒を取り巻く社会情勢等の変化に応じて，有効な取組み，望ましい取組みは常に変わりうるから，である。

二つ目は，キャリア教育にかかわるすべての者に成長・変容や発達があるため，である。例えば，キャリア教育を受ける児童生徒自身は，キャリア発達[3]を遂げる。児童生徒のキャリア発達の現状を前提として次の活動を行わねばならないキャリア教育では，PDCA サイクルは欠かせない枠組みとなる。教職員もキャリア教育実践について熟達するうえに，保護者・地域社会も変化していくため，現状を常に計画に組み入れ，改善を考える必要がある。

三つ目は，キャリア教育が特定の教科・時間でのみ行われるものではなく，学校の教育活動全体で進められるものであることから，事前に立てた計画に基づいて取り組まなければ意図的な教育活動として進めることが困難なため，である。

キャリア教育そのものの性質から生じるこれらの必然性に加え，PDCA サイクルに則ったキャリア教育が副次的な効果をもつ可能性が指摘されていることもまた，PDCA サイクルに基づく実践が求められている根拠の一つである。例えば，キャリア教育の計画がさまざまな点を考慮して立てられていると児童生徒の学習意欲の向上に影響する可能性が指摘されている（国立教育政策研究所生徒指導・進路指導研究センター，2013）。児童生徒の学習を促していくためにも，PDCA サイクルをただ回すのではなく，適切に回すことを目指したい。

▷3　キャリア発達
社会の中で自分の役割を果たしながら，自分らしい生き方を実現していく過程のこと（中央教育審議会，2011，17ページ）。

3　PDCA サイクルに基づくキャリア教育実践とはどのようなものか

PDCA サイクルが教育活動において必須のものと目されるようになってきていること，活動の性質に鑑みるとキャリア教育においても PDCA サイクルは重要であることを前節で確認した。次は，キャリア教育における PDCA サイクルはどのようなものであるかを知らねばならないが，キャリア教育における PDCA サイクルを理解できる文書は必ずしも多くない。

本節では，その数少ない事例の一つである，大阪府高槻市立第四中学校区の取組みを，当事者たちの手によってまとめられた書籍に基づき紹介する。以下は，高槻市立赤大路小学校・富田小学校・第四中学校編著（2015）の記述に拠っている。

　第四中学校区は，2つの小学校と1つの中学校からなる校区である。文部科学省の研究開発学校指定，そして高槻市の小中一貫教育研究指定を受けたことが，後に紹介する「いまとみらい科」の開発，および，その成果を基にした教科への応用の契機となった。この中学校区は，子どもたちの実態を次のように捉えていた（31ページ，一部抜粋）。

・人間関係をうまく築けずに傷ついたり，傷つけたりしている。
・学校で学んだことを自分の生活に活かしきれず，学ぶ意味を見いだせないでいる。
・困難に出会ったとき最後までやり抜くことが不得意である。
・学んだことや経験を根拠にして，自分で判断し，じりつ（自律・自立）して生きていくことが苦手である。

　この実態は，子どもたちと学校での学びの間に3つのずれが生じているからだと校区は捉えた（32ページ）。一つ目は，「内容のずれ」であり，学校での学習内容が子どもたちにとって学ぶ必然性を感じられないというものである。二つ目は，「学び方のずれ」であり，学習方法が効果的なものではないというものである。三つ目は，「気持ちのずれ」であり，自信がもてず，学ぶ意欲が低く，学習に主体的に取り組む態度が育っていないというものである。

　これらのずれを解決するために，教職員，保育所や幼稚園，地域住民を含む関係者が参加するワークショップを開催して議論し，子どもたちに「育みたい力」を4つ設定した。(1)じりつする力，(2)考える力，(3)見通す力，(4)つながる力，である。こうした力を基にした社会にかかわっていく力，校区の表現では「社会参画力」が，この校区に集う子どもたちに必要な力を表すキーワードとして設定された。そして，このような4つの力を身につけた子どもの姿，すなわち「今の課題に向き合い未来をよりよく生きる子ども」が「めざす子ども像」とされた。

　こうした目標を達成するために第四中学校区が，小学校から中学校の9年間を一連の流れとして捉え直し，開発したのが「いまとみらい科」である（表7-1）。「家庭（命）」「学校」「地域・社会」の3つのカテゴリーがあり，「家庭や学校など身近な社会を問い直す単元は，『今を考える』内容と『未来を考える』内容を組み合わせて構成」されており，「地域や社会を取り扱う場合，具体的な活動をもって参画する単元を『今』，未来を見据え発信していくことを主な活動とする単元を『未来』と位置づけて構成」されている（72ページ）。「学校」については「学校温度計をあげよう」がテーマとなり，第1学年から

表7-1 実生活「いまとみらい科」単元一覧表（平成24年度）

カテゴリー	家庭（命）	学校	地域・社会		チャレンジ基礎スキルアップ
「いま」と「みらい」の別	いま・みらい	いま・みらい	いま	みらい	
前期 1年（35時間）	12h ミラクル1年生になるために ◆すてきなじぶんだいはっけん 成長した自分を見つめて，おうちの人に発表	12h 学校温度計をあげよう① ◆わくわくスタート（新入生説明会）でつながろう 新入生に小学校の楽しさを伝える			11時間
2年（35時間）	12h おうちの温度計をあげよう〜たすけあうってすてきだね〜 ◆まかせてね！ おうちのしごと おうちの仕事の達人になり，役割を担う	12h 学校温度計をあげよう② ◆学校の仕事を体験しよう 学校の仕事を知り，ミニ職業体験をする			11時間
3年（70時間）		16h 学校温度計をあげよう③ ◆心の温度アップ大作戦!! 学校中に気持ちのよいあいさつを広げる	16h まちの温度計をあげよう① ◆まちの元気度アップ大作戦!! わがまちソングを作って，まちのよさをアピール	16h みらいのまちを考えよう① ◆地域の元気を引きつぐために わがまちソングを使って，まちのよさを広げる	22時間
4年（70時間）		16h 学校温度計をあげよう④ ◆とことん安心・安全な学校づくり!! みんなが安心・安全に過ごせる学校に	16h まちの温度計をあげよう② ◆まちの元気アップをプロデュース!! 地元名産「富田漬」を使って，まちを元気に	16h みらいのまちを考えよう② ◆まちの元気アップアクション!! まちづくりの達人に出会い，まちを元気にする会社を作る	22時間
中期 5年（70時間）		16h 学校温度計をあげよう⑤ ◆遠足改革プロジェクト 学校行事を自分たちで改革	16h まちの温度計をあげよう③ ◆フードアクション！ S級グルメでまちおこし 地元食材を使ったS級グルメ料理本を作成	16h みらいのまちを考えよう③ ◆フードアクションを高槻に広げよう 料理本を使って，自分たちなりのフードアクションをおこなう	22時間
6年（70時間）		16h 学校温度計をあげよう⑥ ◆つながる つなげる NEXT STAGE 中1ギャップと向き合う	16h まちの温度計をあげよう④ ◆安心・安全みんなを守る 避難訓練プロデュース 災害時に自分たちで動けるために	16h みらいのまちを考えよう④ ◆ホッと station 高槻 地域の安心・安全のためにできることを考える	22時間
7年（50時間）		16h 学校温度計をあげよう⑦ ◆Welcome 四中 ☆ 6年生の体験入学を企画	8h まちの温度計をあげよう⑤ ◆ハッピー ライフ プロジェクト 保育実習を通して，子育ての今を知る	16h みらいのまちを考えよう⑤ ◆未来のまちをシミュレーション 子どもたちの笑顔があふれるまちづくり	10時間
後期 8年（70時間）		16h 学校温度計をあげよう⑧ ◆「いまみフェスタ」を創ろう！ 小中が関わる「いまみフェスタ」を企画運営	16h まちの温度計をあげよう⑥ ◆夢 未来 成長 TON-AKA ウォーカー 今，社会が求める人材を知る	16h みらいのまちを考えよう⑥ ◆住みたいまち No.1 高槻 10年後の高槻マニフェストを考える	22時間
9年（70時間）		16h 学校温度計をあげよう⑨ ◆体育祭改革 異年齢交流を盛り込み，主体的に創る体育祭へ	16h まちの温度計をあげよう⑦ ◆ゆいわ〜く：『仕事』を体験！地域・社会とつながろう！ 仕事，働くことについて考える	16h みらいのまちを考えよう⑦ ◆ゆいあ〜す（明日）：10年後の社会を考える 職業体験から考えた社会の課題について提案	22時間

（家庭欄：各教科等で実施）

出所：高槻市立赤大路小学校・富田小学校・第四中学校（2015）。

第9学年まで一貫している。「地域・社会」については，「まちの温度計をあげよう」「みらいのまちを考えよう」がテーマとなり，第3学年から第9学年まで続く。

家庭において自分にもできることがあり，かつそれを実践すること，学校を自分たちの力でよいものにしていくこと，地域・社会においても学校よりも複雑な課題に取り組むことを通じて，先ほど紹介した校区の子どもたちの実態を乗り越えることが目指された。

また，「いまとみらい科」の学習について，特筆しておくべきなのは，「S-RPDCA サイクル」「ソロ-コミ-ソロ」「リアリティ」である（78～82ページ）。

「S-RPDCA サイクル」は，課題解決に向けた学習のサイクルである。「気持ちのずれ」，すなわち自信がもてず，学ぶ意欲が低く，学習に主体的に取り組む態度が育っていない子どもたちにとってまず学ぶべきは「学び方」そのものとの認識に立ち，課題を定め，取り組み，その結果を踏まえて改善していく PDCA サイクルを身につけることが目指された。とくに，課題と自己の関係性に関する内省である S（Standing）と，現状の徹底的な把握である R（Research）が意図的に付加されており，S（Standing）がサイクルのすべての段階に関連づけられていることに特徴がある。

「ソロ-コミ-ソロ」は，授業のなかで，一人で考える時間がまずあり，その後に複数人で考えを共有する時間を経て，再度一人で考えるという順序をたどる。自分一人で考えると突き当たってしまう限界を，クラスメイトがもつ違う考え方を参考に広げ，再度一人で考え，言語化し，自身の学びを明確化する。

「リアリティ」は，「内容のずれ」を埋めるべく，自分たちの生活の場である学校の課題と自分の関係性を問い，「いまとみらい科」の学習を通して地域社会へと参画する機会を得ることで，学ぶ意味をもたせることが目指された。

校区の取組みの成果は多方面に表れたが，重要なのは，校区がとった効果測定のアンケートで「いろいろなことについて一生懸命考えることができる」という質問に対する肯定的な回答が大きく増えた（2011年7月：59.9％→2014年7月：80.8％）ことであろう（160ページ）。学習スタイルを身につけ，自分たちの学校をよくすることや，地域・社会の複雑な課題にも9年間をかけて取り組む「いまとみらい科」の実践を通じて，「今の課題に向き合う」児童生徒が増え，「困難に出会ったとき最後までやり抜くことが不得意」な児童生徒が減っていったことは想像に難くない。

そして，第四中学校区は，「いまとみらい科」の成果を教科に拡張していくことを選んだ。「いまとみらい科」での「S-RPDCA サイクル」「ソロ-コミ-ソロ」「リアリティ」が各教科にも拡げられ，第四中学校区での学び全体で活用されることになった。

▷4　S-RPDCA
S-RPDCA は，第四中学校区が研究開発のなかで編み出した，PDCA サイクルの派生型である。第2期教育振興基本計画では，学習者のレベルでも PDCA サイクルが機能するよう求めていたことを思い出してほしい。

4 PDCAサイクルに基づくキャリア教育実践のポイントとは何か

PDCAサイクルがなぜ必要か，そして，実行するとどうなるかの一端を前節までで解説してきた。本節では，実行に移すうえで留意すべきポイントについて，とくに重要なもの4点について解説する。

1 目標，計画と評価を一致させる

キャリア教育の活動としてはPもDもCもAもそれぞれに重要なのは間違いないが，教育実践の質を継続的に高めていく営みとしてのPDCAサイクルにとってとくに重要なのは，計画と評価である。設定された目標や，目標を実現するための指導計画と無関係のことを評価することがないよう，それらが一致するようにしなければならない。

なぜ指導計画を立てるのか，といえば，目標と現状の間に乗り越えるべき差があるからである（図7-1）。目指す児童生徒の姿と，児童生徒の現在の様子の間に差がみられるからこそ，その差を埋めるべく指導を行う。そして，指導計画は，その差をどういった手順で埋めていくかを見通し，予定したものである。

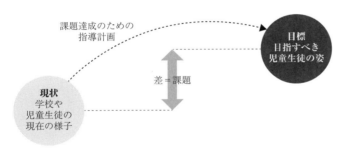

図7-1 目標と現状の差の関係
出所：国立教育政策研究所生徒指導・進路指導研究センター（2011）。

したがって，評価は，(1)設定した目標に到達したか，言い換えるなら，児童生徒は現在，目指した姿のとおりになっているか，(2)その児童生徒の成長・変容に一連の教育活動（≒指導計画とそれに基づく実践）はどのように影響を及ぼせたのか，という視点から行う必要がある。この点が一致しない場合，評価の結果を改善に活用できず，PDCAサイクルが回らない。PDCAサイクルを回しているはずなのに何も改善されないという落とし穴にはまってしまう。

重要な点なので再確認するが，結果を改善するために使うからこそ，目標と評価を具体的に設定することが必要となる。目標を具体的に設定する点につい

▷5 国立教育政策研究所生徒指導・進路指導研究センター（2015）は，評価のなかでも児童生徒の変容・成長にかかわるものを「見取り」，学校の教育活動に関するものを「点検」と，評価結果を改善に自覚的につなげるためにあえて切り分けて捉えることを提案している。

ては，繰り返し指摘されてきた。例えば，藤田晃之（2014）は，キャリア教育実践においてPDCAサイクルを回すうえでのポイントとして7つをあげている（表7-2）。ポイントの1と2で目標の具体性を訴えている。また，ポイント7の，結果を踏まえて改善を図る点も併せて確認しておきたい。

　目標，計画と評価を一致させる観点から，第四中学校区の例のように，教職員や関係者が集って目標を設定し，計画を立てることも意識したい。キャリア教育に取り組む関係者が揃い，目標について行動レベルで具体的に設定することができれば，評価結果についても合意が得やすくなることが期待できる。ひいては，目標達成について認識のずれが生じにくくなり，教職員や関係者との間で改善の方向性について共通認識を図ることができる。

表7-2　PDCAサイクルを回す際の7つのポイント

ポイント1	「行動レベル」の視点で子どもたちの現状を把握し，目標を設定する
	1-A　現状把握は形容詞や形容動詞等の「単語レベル」にとどめない
	1-B　目標とスローガンとを区別し，具体的な目標を設定する
ポイント2	教職員はもちろん保護者や地域の方々も納得できる現状把握と目標設定にする
ポイント3	現状把握と目標設定において「基礎的・汎用的能力」を活用する
ポイント4	評価指標を設定し，実践の成果（＝児童生徒の成長・変容）を評価する
ポイント5	包括的な評価を工夫する
ポイント6	教科等における評価との混同を避ける
ポイント7	評価結果を踏まえて計画や実践の改善を図る

出所：藤田（2014）。

［2］　計画の際に検討した取組みに優先順位をつける

　児童生徒に身につけさせたい力が具体的に記述できたとしよう。「キャリア教育の視点から教育活動を振り返る」（国立教育政策研究所生徒指導・進路指導研究センター，2012）と，自校の教育活動と身につけさせたい力のつながりがたくさんみえてくることだろう。これらの教育活動を整理し，計画としてまとめあげていくことになる。

　このときに大切なポイントは，各取組に優先順位をつけること，である。前年度までに実施した取組はもちろんのことだが，新たに取り組む可能性があるものも含めて，可能ならば一度，徹底的に検討しておきたい。

　計画段階で，優先順位をつける作業を行っておかないと，どの教育活動もキャリア教育にとって重要にみえてきて，やるべきことが膨大に書き込まれた計画になってしまう。「無理なく活用できる計画になっているか，検討する」（国立教育政策研究所生徒指導・進路指導研究センター，2012）ためにも，どの教育活動をキャリア教育の計画に位置づけていくかを意識的に判断していきたい。

　また，各取組の重要性に差がないと，改善も困難になる。ある取組に効果が

みられなかったとき，その取組にこだわって修正を図るか，異なる取組をキャリア教育の活動として位置づけるかどうかの判断がしがたい。リソースに限りがある以上，スクラップ・アンド・ビルドを可能にするためにも，計画段階でしっかりと各取組の優先順位について考えておくことが必要である。

3 学校卒業後の姿から逆算して学校卒業時点の成果を考える

　教育という営みは評価に馴染まない，という見方も確かに存在する。そして，人の在り方生き方にかかわる教育であるキャリア教育となると，学校を卒業した後になって初めて評価ができる，と考える立場もある。極端な例では「評価できるのは亡くなるとき」という意見まである。

　確かにそういった考えもありうるが，藤田（2014）も反論するように，だからといって評価しなくてよくなるわけではない。むしろ，人生の終わりになって行う評価は，今の教育活動の改善には役立たないことを考えれば，そのような評価を学校教育が考慮しなければならない必然性は極めて低い。児童生徒に教育を通じてかかわる機会を得たからには，その経験から学び，次にかかわる児童生徒によりよい教育を届けられるようにする必要がある。そのためにも，より有意味な評価をわれわれは考えねばならない。

　一つの考え方は，最終的な成果につながる，中間的な成果を想定することである（ハトリー，2004）。仮に，「身に付けさせたい力」が定まったが，その一つは学校を卒業した後に初めて発揮の機会があるものだったとしよう。しかし，たとえ発揮の機会が卒業後であったとしても，その力の基盤になる力で，学校在学時にも培うことができるものがあるはずである。それは，学校を卒業するまでに身につけてほしい力として設定することができる。

　そして，卒業までに身につけてほしい力を身につけさせることを到達目標として設定したとすれば，小学校であれば第5学年，もしくは中学校であれば第2学年が終わる頃までに，その目標を達成するための前段階に到達していなければならなくなるだろう。この，到達しておくべき前段階は，第5学年もしくは第2学年で行うキャリア教育の目標であると同時に，中間段階での成果になるはずだ。そして，この考え方を拡げていくと，第4学年もしくは第1学年で達成しておくべき段階，さらにその前の段階と，連綿と続く計画が出来上がる。

　このとき，学校の立場からは，学校を卒業するまでに身につけてほしい力は学校にとっての最終アウトカムであり，各学年で身につけてほしい力は中間アウトカムと考えることができる。そして，卒業後に発揮の機会を得る力をもし最終アウトカムとみたときは，学校を卒業するまでに身につけてほしい力を中間アウトカムと見立てることができる。

▷6　参考になるのは，ハトリー（2004）の「中間アウトカム」の概念である。「中間アウトカム」とは，「最終目標の達成につながることが期待されるアウトカムであるが，それ自体は最終目標ではないもの」をさす。例えば，「卒業時までに，ある基礎的・汎用的能力が任意の水準まで高められること」はアウトカムの一つだが，卒業後にその力を発揮できることが最終的なアウトカムとしたら，こちらは「中間アウトカム」に該当する。

キャリア教育が，社会的・職業的自立を目指して行われる活動である以上，将来において発揮される力を身につけるよう促していくことは避けて通れない。しかし，将来発揮される力から逆算していき，今，どのような力を身につけていればよいのかは，現時点でも考えることができる。将来を見越して，今，どのように児童生徒に対して働きかけていくか，という発想が重要である。

［4］ マイナスだけではなくプラスの評価・改善も想定する

評価というと，うまくいっていないところを指摘されること，そして，改善というと，そのうまくいっていないところだけを変えること，とイメージするかもしれない。しかし，それは，評価・改善を狭く捉えている。

もし，想定の範囲を超えてよい結果が得られれば，想定よりもうまくいった理由の分析が必要である。分析の結果によっては，次年度に予定していたいくつかの取組を変更（＝次年度の"計画"を"改善"）することになるかもしれない。前節で紹介した第四中学校区の事例でも，「いまとみらい科」での学習スタイルを各教科に展開していたことを思い出してほしい。

例えば，今いる児童生徒は，班を組んでプレゼンテーションすることを通じて人間関係形成・社会形成能力を大きく伸ばせる子どもたちであることがわかったとしよう。であれば，次年度は一人でプレゼンテーションに取り組ませる予定だったところを，引き続き班でプレゼンテーションさせるように変えることも考えられる。あるいは，目指すべき水準に十分に達したとしたら，逆に次年度のプレゼンテーションの機会を削減し，他の力を伸ばせる別の取組に差し替えることも考えうる。

このように，キャリア教育におけるPDCAサイクルでの評価・改善とは，広い意味をもっているということに留意したい。

5 2020年からのキャリア教育のなかにPDCAサイクルはどのように位置づいているか

2017（平成29）年3月に小学校学習指導要領および中学校学習指導要領が，続いて2018（平成30）年3月に高等学校学習指導要領が告示された。これらの新学習指導要領は2020年から順次実施されていくが，その総則には，キャリア教育の充実が明記されている（表7-3）。

第**7**章　PDCA サイクルに基づくキャリア教育実践の在り方

表7-3　新学習指導要領にみえるキャリア教育

小学校学習指導要領 第1章総則 第4，1(3)	中学校学習指導要領 第1章総則 第4，1(3)	高等学校学習指導要領 第1章総則 第5款，1(3)
児童が，学ぶことと自己の将来とのつながりを見通しながら，社会的・職業的自立に向けて必要な基盤となる資質・能力を身に付けていくことができるよう，特別活動を要としつつ各教科等の特質に応じて，キャリア教育の充実を図ること。	生徒が，学ぶことと自己の将来とのつながりを見通しながら，社会的・職業的自立に向けて必要な基盤となる資質・能力を身に付けていくことができるよう，特別活動を要としつつ各教科等の特質に応じて，キャリア教育の充実を図ること。その中で，生徒が自らの生き方を考え主体的に進路を選択することができるよう，学校の教育活動全体を通じ，組織的かつ計画的な進路指導を行うこと。	生徒が，学ぶことと自己の将来とのつながりを見通しながら，社会的・職業的自立に向けて必要な基盤となる資質・能力を身に付けていくことができるよう，特別活動を要としつつ各教科・科目等の特質に応じて，キャリア教育の充実を図ること。その中で，生徒が自己の在り方生き方を考え主体的に進路を選択することができるよう，学校の教育活動全体を通じ，組織的かつ計画的な進路指導を行うこと。

　このように，新学習指導要領ではキャリア教育に取り組んでいくことが求められているが，次のことも併せて求められている。1か所を除いて同様の表現なので，中学校学習指導要領，高等学校学習指導要領で表現が変わるところについては亀甲括弧（〔　〕）内に示して，引用する。

各学校においては，児童〔生徒〕や学校，地域の実態を適切に把握し，教育の目的や目標の実現に必要な教育の内容等を教科等横断的な視点で組み立てていくこと，教育課程の実施状況を評価してその改善を図っていくこと，教育課程の実施に必要な人的又は物的な体制を確保するとともにその改善を図っていくことなどを通して，教育課程に基づき組織的かつ計画的に各学校の教育活動の質の向上を図っていくこと（以下「カリキュラム・マネジメント」という。）に努めるものとする。
（小学校学習指導要領，中学校学習指導要領ともに第1章総則 第1，4，高等学校学習指導要領第1章総則 第1款，5）

　PDCA サイクルという表現は使われていないものの，ここで指摘されていることが，本章で解説してきた PDCA サイクルであることが明確に見て取れるだろう。このカリキュラム・マネジメントの定義には「教育課程の実施に必要な人的又は物的な体制を確保するとともにその改善を図」ることが明記されており，教育課程そのものだけではなく，実施体制も含んだ広範な要素がマネジメントの対象として考慮されなければならないことが示されている。

　いずれにせよ，2020年以降の（キャリア）教育にとって，PDCA サイクルは，その重要性が増すことはあっても減ることはないことに留意したい。

6　今後の学びに向けて

　本章冒頭の学生のモノローグのように，人は過去の実態から今後の行動を調整することがある。その結果，思わず PDCA サイクルが回ることもある。た

とえ学校や大学で学んでいたときにとくに PDCA サイクルを学ぶ機会がなかったとしても，職業生活を営みだした後に PDCA サイクルを回せるようになるのも，無意識のうちに PDCA サイクルを回した過去の経験が基盤になっているのであろう。

　しかしながら，本章をここまで読み進めてきたら，実は冒頭の学生の現状分析（＝予習と復習をしっかりやらないといけないけど時間が足りない）と対策（＝登録コマ数を少なめにする）は，悪くはないものの，最良の PDCA サイクルではないこともすでにわかっているはずである。

　教育職員免許状を取ろうとしている学生にとって，「『優』を取る」こと，ひいては単位を取ることは，前提であって最重要なことではない。そうした学生にとって重要なことは，教師になった後に必要な力を身につける，もしくは，その基盤となる力を身につけることである。もちろん「優」を取れるにこしたことはないが，力を身につけた結果として取れるのが望ましい。

　ところで，教師になった後に必要な力だが，これから教師を目指す者にとっては，教師となったのちにキャリア教育を行う際に PDCA サイクルを回せることがその一つとして望まれているようである。

　では，将来，学校教育のなかで PDCA サイクルの枠組みに則ってキャリア教育に取り組めるようになるためには，大学を卒業するまでに何ができるようになっていないといけないのであろうか，または何ができるようになっていると望ましいのであろうか。

　その答えを示すことはあえてしないが，本章の記述を手がかりに，それぞれに考え，実践に移してみてほしい。

Exercise

①　27歳頃（教職に就き5年後くらい）までにあなたがなりたい教師とは，どのようなことができる教師かを具体的に定めたうえで（＝最終アウトカム），そうなるためには大学卒業までにどのようなことができるようになっているべきか（＝中間アウトカム）を，行動レベルで詳述してみよう。

② 　①で記述した中間アウトカムを目標とし，これを達成するための計画を策定してみよう。また，その計画を達成できたかはどのような指標で評価できるかも併せて設定し，これに従って PDCA サイクルを回してみよう。

第7章　PDCAサイクルに基づくキャリア教育実践の在り方

📖次への一冊

藤田晃之『キャリア教育基礎論——正しい理解と実践のために』実業之日本社，2014年。
　　文部科学省の教科調査官，生徒指導調査官を務め，行政の立場からキャリア教育の
　　推進・充実に献身してきた著者による書籍は，基礎論の名に違わず，キャリア教育
　　の基礎・基本を理解するのに最適な一冊である。

高槻市立赤大路小学校・富田小学校・第四中学校編著，藤田晃之監修『ゼロからはじめ
　　る小中一貫キャリア教育——大阪府高槻市立第四中学校区「ゆめみらい学園」の軌
　　跡』実業之日本社，2015年。
　　本文でも紹介した，高槻市第四中学校区の実践をまとめた書籍である。監修を，上
　　述の『キャリア教育基礎論』を著した藤田晃之教授が行っており，『基礎論』と併
　　せて読むと，キャリア教育の理解が進む一冊となっている。

国立教育政策研究所生徒指導・進路指導研究センター「小・中・高等学校における基礎
　　的・汎用的能力の育成のために『学校の特色を生かして実践するキャリア教育』」
　　2011年。
　　国立教育政策研究所が学校向けに作成したキャリア教育における PDCA サイクルの
　　解説資料である。全国の公立学校に配布されており，この資料を参考に PDCA サイ
　　クルを回している学校もあることから，教職に就く前に予習しておくのがよい一冊
　　である。併せて，同センターによる『子供たちの「見取り」と教育活動の「点検」
　　～キャリア教育を一歩進める評価』も読んでおきたい。

ハトリー，ハリー・P.，上野宏・上野真城子訳『政策評価入門——結果重視の業績測定』
　　東洋経済新報社，2004年。
　　タイトルは「政策評価」となっているが，内容は Performance Measurement，つ
　　まり，業績を測定することを扱っている。アウトカムを重視する考え方は，キャリ
　　ア教育における PDCA を理解していくうえでも有益であろう。若干難しいが，挑戦
　　する価値が大いにある一冊である。

引用・参考文献

国立教育政策研究所生徒指導・進路指導研究センター「小・中・高等学校における基礎
　　的・汎用的能力の育成のために『学校の特色を生かして実践するキャリア教育』」
　　2011年。

国立教育政策研究所生徒指導・進路指導研究センター『キャリア教育をデザインする
　　「今ある教育活動を生かしたキャリア教育」——小・中・高等学校における年間指導
　　計画作成のために』2012年。

国立教育政策研究所生徒指導・進路指導研究センター『キャリア教育・進路指導に関す
　　る総合的実態調査第一次報告書』2013年。

国立教育政策研究所生徒指導・進路指導研究センター「『キャリア教育・進路指導に関
　　する総合的実態調査』パンフレット　子供たちの「見取り」と教育活動の「点検」～
　　キャリア教育を一歩進める評価」2015年。

高槻市立赤大路小学校・富田小学校・第四中学校編著，藤田晃之監修『ゼロからはじめ
　　る小中一貫キャリア教育——大阪府高槻市立第四中学校区「ゆめみらい学園」の軌

跡』実業之日本社，2015年。

中央教育審議会「今後の学校におけるキャリア教育・職業教育の在り方について（答申）」2011（平成23）年1月31日。

ハトリー，ハリー・P.，上野宏・上野真城子訳『政策評価入門——結果重視の業績測定』東洋経済新報社，2004年。

藤田晃之『キャリア教育基礎論——正しい理解と実践のために』実業之日本社，2014年。

文部科学省「教育振興基本計画」2008年。

文部科学省「第2期教育振興基本計画」2013年。

第8章
小学校におけるキャリア教育
実践の在り方

〈この章のポイント〉

　小学校におけるキャリア教育は，その発達段階（進路の探索・選択にかかる基盤形成の時期）と低・中・高学年ごとのキャリア発達課題を見据えたうえで，校内にキャリア教育推進のための組織を設置し，キャリア教育の実施計画を作成し，全校体制で取り組むことが何よりも肝要である。本章では，キャリア発達課題の理解とキャリア教育推進のための組織や全体計画，年間指導計画の内容について理解するとともに，実際の優れた実践事例からその具体的内容について学ぶ。

1　小学校におけるキャリア教育

1　小学校におけるキャリア教育の意義と必要性

　1999（平成11）年の中央教育審議会答申「初等中等教育と高等教育との接続の改善について」において「キャリア教育」という用語が文部科学行政関連の報告書等で初めて登場した（本書第4章を参照）。その答申のなかで「学校教育と職業生活との接続」を改善していくためには，「小学校段階から」発達段階に応じてキャリア教育を実施していく必要性があると提言された。

　それまでの「進路指導」とのみ呼称されてきた時代においては，小学校段階はまったく対象外であったといっても過言ではない。しかし，「キャリア教育」となってからは，小学校段階も重要な対象となった。

　その後，およそ60年ぶりに改正された教育基本法（2006（平成18）年）では，第2条（教育の目標）第2号において「個人の価値を尊重して，その能力を伸ばし，創造性を培い，自主及び自律の精神を養うとともに，職業及び生活との関連を重視し，勤労を重んずる態度を養うこと」と規定された。また，第5条（義務教育）第2項では「義務教育として行われる普通教育は，各個人の有する能力を伸ばしつつ社会において自立的に生きる基礎を培い，また，国家及び社会の形成者として必要とされる基本的な資質を養うことを目的として行われるものとする」と定められた。

▷1　教育基本法
日本国憲法に基づいて，日本の教育の目的や理念，教育の実施等を定めた法律。

　さらに，翌2007（平成19）年には，学校教育法第21条（義務教育の目標）第1号で「学校内外における社会的活動を促進し，自主，自律及び協同の精神，規

▷2　学校教育法
教育基本法に基づいて，学校制度の基本を定めた法律。

範意識，公正な判断力並びに公共の精神に基づき主体的に社会の形成に参画し，その発展に寄与する態度を養うこと」，第4号「家族と家庭の役割，生活に必要な衣，食，住，情報，産業その他の事項について基礎的な理解と技能を養うこと」，第10号「職業についての基礎的な知識と技能，勤労を重んずる態度及び個性に応じて将来の進路を選択する能力を養うこと」が定められ，これらは小学校段階から体系的なキャリア教育を推進するうえでの法的根拠となっている。

　小学校の新学習指導要領においては，教育活動全体を通して行うキャリア教育にかかわる内容は，これまで以上にかなり充実したものとなっている。

　例えば，新設された部分だけを取り上げれば，「第1章　総則　第4　児童の発達の支援　1　児童の発達を支える指導の充実」には次のように明記された。

> (3)　児童が，学ぶことと自己の将来とのつながりを見通しながら，社会的・職業的自立に向けて必要な基盤となる資質・能力を身に付けていくことができるよう，特別活動を要としつつ各教科等の特質に応じて，キャリア教育の充実を図ること。

　また，「第6章　特別活動　第2　各活動・学校行事の目標及び内容〔学級活動〕2　内容」においては，新しく次のように記述されている。

> (3)　一人一人のキャリア形成と自己実現
> ア　現在や将来に希望や目標をもって生きる意欲や態度の形成
> 　　学級や学校での生活づくりに主体的に関わり，自己を生かそうとするとともに，希望や目標をもち，その実現に向けて日常の生活をよりよくしようとすること。
> イ　社会参画意識の醸成や働くことの意義の理解
> 　　清掃などの当番活動や係活動等の自己の役割を自覚して協働することの意義を理解し，社会の一員として役割を果たすために必要となることについて主体的に考えて行動すること。
> ウ　主体的な学習態度の形成と学校図書館等の活用
> 　　学ぶことの意義や現在及び将来の学習と自己実現とのつながりを考えたり，自主的に学習する場としての学校図書館等を活用したりしながら，学習の見通しを立て，振り返ること。

▷3　醸　成
気分や雰囲気を醸し出したり，機運をつくりだしたりすること。

　このように，小学校段階におけるキャリア教育を実践する必要性が高まってきたことによって，中学校以上の段階におけるキャリア教育の充実がさらに求められる。

［2］　小学校におけるキャリア発達段階と課題

① キャリア教育の目標

　国立教育政策研究所生徒指導研究センター（2002）の「児童生徒の職業観・

勤労観を育む教育の推進について」のなかに示された「職業観・勤労観を育む学習プログラムの枠組み（例）」に基づいて，文部科学省（2011）の「小学校キャリア教育の手引き〈改訂版〉」（以下，「手引き」）では，表8−1のように，キャリア教育の段階と目標を提示している。

表8−1　小学校におけるキャリア教育の段階と目標

段階	進路の探索・選択にかかる基盤形成の時期
目標	・自己及び他者への積極的関心の形成・発展 ・身のまわりの仕事や環境への関心・意欲の向上 ・夢や希望，憧れる自己イメージの獲得 ・勤労を重んじ目標に向かって努力する態度の育成

　小学校のキャリア発達段階は，「進路の探索・選択にかかる基盤形成の時期」である。ここで重要なのは，直接将来の進路を探索したり，選択したりすることではなく，将来それが達成できるようにするための「基盤を形成する時期」が小学校段階ということである。

　小学校におけるキャリア発達課題としては，「手引き」（111，127，147ページ）によれば表8−2のとおりである。

表8−2　小学校段階のキャリア発達課題

第1学年〜第2学年	第3学年〜第4学年	第5学年〜第6学年
(1)小学校生活に適応する。 (2)身の回りの事象への関心を高める。 (3)自分の好きなことを見つけて，のびのびと活動する。	(1)友だちと協力して活動する中でかかわりを深める。 (2)自分の持ち味を発揮し，役割を自覚する。	(1)自分の役割や責任を果たし，役立つ喜びを体得する。 (2)集団の中で自己を生かす。 (3)社会と自己のかかわりから，自らの夢や希望をふくらませる。

②　第1学年〜第2学年

(1)小学校生活に適応する

　新しい生活に適応するためには，第一に新しい人間関係をつくることが重要である。そのためには，例えば，友だちや周りの方々に「あいさつ」ができること，返事をきちんと正しく返せること，自分の意見や気持ちを相手に伝えること，「ありがとう」や「ごめんなさい」を素直に言えること，決められた時間や約束を守ること，友だちと協力して活動し仲良くできることなどが大切である。

(2)身の回りの事象への関心を高める

　この時期は好奇心が大いにあり，いろいろなことを試みたくなる頃である。したがって，本人が関心をもった事象（事柄）については極力否定せず，むしろその関心を高めるように，肯定的な周囲からの援助が必要である。また，学級集団のなかで係活動に取り組んだり，家庭のなかで仕事を分担したりすることによって，自分の役割の大切さを知ることができる。

(3)自分の好きなことを見つけて，のびのびと活動する

前記(2)と関連するが，本人が関心をもち「好きだ」と思う事象（事柄）が見つかったならば，それを周囲が肯定し，さらに継続して取り組めるよう励ますことが重要である。それらの活動によって，自分に自信をもたせたり，自分の大切なものに気づかせたりすることが大切である。

③　第3学年〜第4学年

(1)友だちと協力して活動する中でかかわりを深める

第3学年〜第4学年段階では，友だちと一緒になって集団で活動する場面が多くみられるようになる。ここでは，子どもたちが友だちをつくって集団で取り組む活動を大事にしたい。この集団活動を通して，例えば，友だちの気持ちや考えを理解し，協力して取り組む意欲を育てたい。同時に，集団のなかでの決まりをつくってそれを守る姿勢の重要性を認識させ，実行させることも重要である。

(2)自分の持ち味を発揮し，役割を自覚する

上記の集団活動などを通して，自分の持ち味，換言すれば，強み，長所，利点という自己の肯定的な側面がみえてくる場合が多い。それを発見するだけでなく，多様な機会にそれを生かしていこうとする意欲と態度を育てる。また，活動のなかで各自が担っている役割というものを認識させながら，最後までそれをやり通そうとする姿勢を育みたい。

④　第5学年〜第6学年

(1)自分の役割や責任を果たし，役立つ喜びを体得する

第5学年〜第6学年段階では，学校においてさまざまな学校行事や委員会活動などで，自分自身が中心となって活動する場面が多くなる。したがって，そのなかで自分がどのような役割を担っているかを明確に理解し，それを最後まで成し遂げる責任があるという認識をもたせたい。それを遂行することによって，子どもたちは人の役に立つ経験と喜びを得ることができる。

(2)集団の中で自己を生かす

第3学年〜第4学年の段階においても取り組んできた集団活動をさらに推し進めるなかで，自己の持ち味（強み）を集団のために役立てるにはどうしたらよいのか，といった生かし方（役立て方）をまず考えることが重要である。次に，実際にそれを集団活動のなかで実践してみることによって，自己理解もさらに深まると考えられる。

(3)社会と自己のかかわりから，自らの夢や希望をふくらませる

児童はさまざまな体験活動を経験しながら，社会のなかで果たす自己の役割は何か，あるいは将来自分はどのように生きていくべきなのかなど，生き方を考えはじめることが多い。したがって，その問題意識を大切にし，教師も一緒になって前向きにそれに取り組みながら，児童の夢や希望をふくらませ，積極

的に生きていく姿勢を育むことが重要である。

3 小学校におけるキャリア教育の全体像

小学校におけるキャリア教育の全体像を図式化したものが図8-1である。

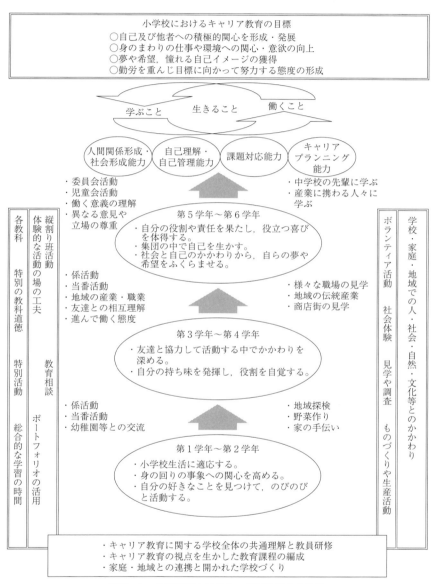

図8-1　小学校におけるキャリア教育の全体像
出所：文部科学省（2006, 29ページ）より一部改変。

2 キャリア教育実践上の組織と計画
——カリキュラム・マネジメントの視点から

1 キャリア教育推進のための推進組織と管理職の役割

① 組織づくりと管理職の役割

　キャリア教育は学校のすべての教育活動を通して推進されなければならないということは前述のとおりである。その前提に立つならば，まずは管理職，とくに校長がキャリア教育の意義や重要性を十分に理解したうえで，そのリーダーシップのもとキャリア教育を学校のなかで推進していくための組織（例：「キャリア教育推進委員会」）を設置することが必要であろう。

　また，キャリア教育推進のためには学校内だけの取組みにとどまらず，学校外の地域や家庭，関係諸機関との連携は必要不可欠である。このことから，学校を代表する校長のキャリア教育推進に向ける意欲や情熱，取組み姿勢は，学校外への影響が非常に大きい。したがって，キャリア教育推進に果たす校長の役割が何よりも重要であると言える。

② 推進組織体制

　キャリア教育はすべての教師が十分にその意義や内容を理解したうえで実施されるべきである。それを踏まえて実際にキャリア教育を推進していくうえでは，例えば「キャリア教育推進委員会」（図8-2参照）を立ち上げて，委員会を定期的に開催し，進捗状況の確認を行いながら，問題点の抽出と対応策の検討も重ねることが肝要である。

2 キャリア教育の実施計画

　キャリア教育は，学校の教育活動全体を通して実施されるため，諸活動間の関連を位置づけた全体計画（全体構想図）を作成し，それを基に年間指導計画を立案していくことが望ましい。

① キャリア教育全体計画

　ここでは，一例として広島県世羅町立甲山小学校の全体計画を紹介したい（図8-3）。「学校教育目標」から「学校経営目標」を策定し，それらに基づいて立てられた「キャリア教育指導目標」を中心に，「キャリア教育学年指導目標」，さらには「各領域における指導内容」とともに，「キャリア教育実践のための基盤」を掲げている。

　具体的にみると，「キャリア教育指導目標」は「よりよい人間関係を築きながら，自らのよさに気づき，夢と希望のある生活や将来を創り出していこうと

第8章 小学校におけるキャリア教育実践の在り方

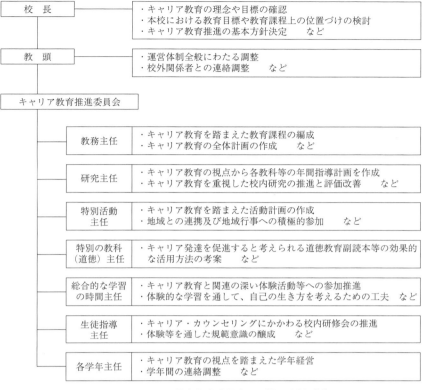

図8-2 キャリア教育推進委員会の組織と役割（例）
出所：亀井・鹿島（2006），文部科学省（2006, 2011, 2018）を参考に作成。

する意欲・態度の育成」としている。また，「キャリア教育学年指導目標」は，第1学年〜第2学年では「いっぱいつくろう友だちを」，第3学年〜第4学年では「しっかり知ろう自分のことを」，第5学年〜第6学年では「未来に向かって持とうよ夢を」である。さらには，「各領域における指導内容」の「特別活動」における「学級活動」をみると，「学級の一員として役割分担し活動させる」とある。小学校のキャリア教育においては，身の回りの仕事について一定の役割を担わせ，それを遂行させることが重要であり，この点をここではとくに強調しておきたい。

② キャリア教育年間指導計画

ここでは，兵庫県姫路市立四郷（しごう）小学校第4学年のキャリア教育年間指導計画を取り上げたい（図8-4）。

四郷小学校第4学年の重点的な指導内容をみると，1学期においては，「友達の願いや思いに関心を寄せ，考えや気持ちを理解しようとする」（人間関係形成・社会形成能力），そして2学期においては「友達と協力して学習や活動に取り組む」（人間関係形成・社会形成能力）とあり，両学期ともに「人間関係形成・

107

めざす子ども像	学 校 教 育 目 標	関係法規等

学 校 教 育 目 標

共に学び　進んで挑戦　思いやりいっぱい　甲山っ子

めざす子ども像

①課題に対して，自分で考え，進んで発表し伝えられる子ども
②いつでもどこでも元気よく，大きな声であいさつができる子ども
③自分の目標をもち，粘り強く取り組み自己を高めようとする子ども
④周りの人を大切にし，集団の一員であることを自覚できる子ども

関係法規等

日本国憲法
教育基本法
学校教育法
学習指導要領
キャリア教育の推進に関する総合的調査研究協力者会議報告書
小学校キャリア教育推進の手引
キャリア教育等推進プラン
広島県総合計画元気挑戦プラン

学 校 経 営 目 標

重点施策1　算数科において，「児童同士が意見をつなぎ合い，深い学びのできる授業」を行い，確かな学力をつける。
　（1）自分の考えをしっかりもたせる工夫
　（2）学習者基点の深い学びをめざした授業づくりを行う。
重点施策2　ICT機器を効果的に活用し，児童の学ぶ意欲を喚起しながら主体的な学びを実現する。
　（1）基礎・基本の学力の向上
　（2）情報化優良校の認定をめざした取り組みを推進する。
　（3）特別な支援の必要な児童に対する配慮の充実
　（4）教職員の授業力向上のためにICT機器の活用方法について研修を行う。
重点施策3　体力テストにおいて自分のめあてをもたせ，年間を通した体作りに取り組ませる。また，食育指導を継続して行い，家庭と連携する中で，たくましく健やかな体を育てる。
　（1）新体力テストの取組の改善
　（2）柔軟性・投力の向上
　（3）基本的生活習慣の確立
　（4）食育の推進
重点施策4　小中連携を充実させ，あこがれをつなぎながら規律のある学校をつくる。
　（1）縦割り班の活用
　（2）あいさつ運動の充実
　（3）MUGON 3の取組
重点施策5　家庭や地域との連携を進め，信頼される特色ある学校をつくる。
　（1）保護者連携
　（2）特色ある学校づくりの推進

児童の実態

おとなしく真面目であり，指示されたらその通りに行動することはできる。
上級生は下級生に対して思いやりのある声かけをすることができる。
声が小さく自分に対して自信のなさが見受けられ，消極的な生活態度になっている。

保護者の願い

○学力・徳育・体力を身に付けてほしい。
○健康で安全な学校生活を送ってほしい。

キャリア教育の目標

〔第1章総則　第4　2　(5)〕
「各教科等の指導に当たっては，児童が学習課題や活動を選択したり，自らの将来について考えたりする機会を設けるなど工夫すること。」
①家庭，学校，地域の一員としての役割を果たすことによって，自分のよさや得意分野に気づき，日々の生活の中でそれらを生かそうとする意欲を持たせ，態度を養う。
②将来への夢や希望をふくらませながら，生活と職業との関係を考え，職業に対する基本的な知識・理解を得る。

キ ャ リ ア 教 育 指 導 目 標

「よりよい人間関係を築きながら，自らのよさに気づき，夢と希望のある生活や将来を創り出していこうとする意欲・態度の育成」
①日々の生活の中で，自分のよさや得意分野に気づき，それらを生かそうとする意欲・態度をもつ。
②将来への夢や希望をふくらませながら，生活と職業との関係を考え，職業に対する基本的な知識・理解を得る。
③卒業後の中学校生活における新しい環境や人間関係についての理解や心構えをもつ。
【平成29年度重点目標】
①教科，道徳，総合的な学習の時間，特別活動等との関連を図ったキャリア教育の推進
②人間関係形成能力の育成に重点を置いたキャリア教育の推進
③社会的体験学習の実施と事前・事後指導の充実

キ ャ リ ア 教 育 学 年 指 導 目 標

低 学 年	中 学 年	高 学 年
いっぱいつくろう友だちを	しっかり知ろう自分のことを	未来に向かって持とうよ夢を
・友だちと仲良く遊び，助け合う気持ちを育てる。 ・自己の役割や身の回りの仕事に対し，意欲的に関わろうとする態度を養う。	・自分のよさや自分の伸びを見つけることによって，自己肯定感を育てる。 ・友だちと協力して，様々な体験的活動を行おうとする態度を育てる。	・将来のことを考え，あこがれの気持ちを育てる。 ・自分の長所・短所に気づき，自分らしさを発揮させ将来への夢や希望を実現しようとする態度を育てる。

各 領 域 に お け る 指 導 内 容

各 教 科	道 徳(1)	特 別 活 動			総合的な学習の時間	その他の教育活動
		学級活動	学校行事	児童会活動		
○授業で，「わかる・できる」（成就感・満足感）を感じさせる。 ○各教科に即した基礎・基本を確実に身に付けさせる。 ○必要に応じて，情報を取捨選択し，効果的に発信させる。 ○自己を肯定的にとらえ，その能力を伸長させようとする態度を身に付けさせる。	○自他のよさや個性を理解し，共に向上しようとする態度を養う。 ○コミュニケーションを図り，人間関係を築きながら，自己の成長を果たさせる。 ○係や当番の仕事に取り組み，働くことの大切さを分からせる。 ○働くことの意義を理解し，社会に奉仕する喜びを知って公共のために役立つ実践意欲を培う。 ○選択の意味や，判断・決定の過程には責任が伴うことを理解する。	○学級の一員として役割分担し活動させる。 ○基本的生活習慣など，日常生活を営むために必要な行動の仕方を身に付けさせる。 ○係や当番の仕事に取り組み，働くことの大切さを分からせる。 ○健全な生活態度を身に付けさせる。（保健安全・図書館利用・学校給食） ○話し合い活動を通して，自主的に諸問題を解決する態度を養う。	○体験的な活動を行うことによって全校及び学年集団への所属感を深める。 ○学校で学ぶことと社会生活，職業生活との関連や，今しなければならないことなどを，理解することができる。 ○日常の学習成果の総合的な発表を図って，学校生活の充実と発展に資するようにする。 ○集団行動における，望ましい態度や協力してよりよい学校生活を築こうとする態度を育てる。	○学校生活の充実と向上を目指し，異学年集団による活動を充実させる。 ○職業等に関する情報を収集・検索することと共に生き方を考えることができる。 ○学校生活における諸問題を解決する活動や学校内の仕事を分担することによって，自主性と社会性を身に付けさせる。 ○児童一人一人の学校生活に対する願いを，具現化させる。	○話し合いなどに積極的に参加し，自分と異なる意見も理解しようとする。 ○気づいたこと，分かったことを個人，グループでまとめたことを発表する。 ○学び方やものの考え方を身に付け問題の解決や探究活動に主体的創造的に取り組む態度を育て，自己の生き方を考えることができるようにする。 ○ボランティア活動などの社会体験，見学や調査，発表や討論，物作りや生産活動などの体験的な学習を通して，自ら課題を見つけ，学び，考え，主体的に判断しよりよく問題を解決する資質や能力を育てる。	○クラブ活動では，学年を超え，共通の目的の元で個性の伸長を図りながら，自発的な集団活動をさせる。 ○保護者，幼・小・中・高等学校，地域社会との連携や交流をし，地域ぐるみの教育を進める。 ○社会教育施設や地域の施設を活用し，体験的活動を充実させる。

キ ャ リ ア 教 育 実 践 の た め の 基 盤

・生活指導の機能を生かした基本的生活習慣の定着を図る。	・学級経営の充実を図る。	・教職員の協働体制の確立と校内研修の充実を図る。	・懇談会の充実及びPTAとの連携の充実を図る。	・地域の教育力を生かした行事の開催や職場体験の充実を図る。	・幼・小・中・高等学校と連携し，キャリア教育の充実を図る。

図8-3　世羅町立甲山小学校のキャリア教育全体計画（平成29年度）

注(1)：「特別の教科　道徳」。
出所：「平成29年度世羅町立甲山小学校　キャリア教育全体計画」。

第**8**章　小学校におけるキャリア教育実践の在り方

学期	月	重点的な指導内容		キャリア発達を促す 年間を通じた指導・支援場面
		各教科	道徳・特別活動・総合的な学習の時間	
1学期	4		【道徳】 見えない名札	【日常生活】 ・毎月の生活目標（あいさつ・廊下の歩き方・持ち物の管理・掃除・チャイム着席・身だしなみ　など） ・話し方名人，聞き方名人 ・言葉活動の充実 ・終わりの会での「友達のいいところ」交流 【当番活動】 ・日番 ・給食当番 ・清掃当番 【係活動・班活動】 ・係活動 ・代表委員会 ・クラブ活動
	5	【国語】 走れ	【特別活動】 ふれあい農園事業（田植え体験）	
	6		【総合的な学習】 姫路特別支援学校との交流	
	7	・友達の願いや思いに関心を寄せ，考えや気持ちを理解しようとする。（人間関係形成・社会形成能力）		
2学期	9		【特別活動】 ・保幼小中一貫運動会・体育大会	
	10	【国語】 ごんぎつね	【特別活動】 ふれあい農園事業（稲刈り体験） 【道徳】 同じ仲間だから	
	11			
	12			
		・友達と協力して学習や活動に取り組む。（人間関係形成・社会形成能力）		
3学期	1		【総合的な学習】 2分の1成人式をしよう 【学級会活動】 話し合い活動	
	2	【国語】 報告します　みんなの生活	【総合的な学習】 2分の1成人式をしよう	
	3	【国語】 言葉のタイムカプセルを残そう 【社会】 世界とつながるわたしたちの県	【道徳】 うれしく思えた日から	
		・色々な職業や生き方があることに気づき，将来の夢や希望を持つ。（課題対応能力）		

図8-4　兵庫県姫路市立四郷小学校第4学年のキャリア教育年間指導計画（平成29年度）
出所：「兵庫県姫路市立四郷小学校第4学年のキャリア教育年間指導計画」。

社会形成能力」の育成に重点を置いていることがわかる。

　また，3学期の重点的な指導内容は，「色々な職業や生き方があることに気づき，将来の夢や希望を持つ」（課題対応能力）とあり，1月から2月にかけて「2分の1成人式」が計画されている。これは，10年後（成人）の自分を見据えて「今を考える」という視点を子どもたちにもたせるという意味で，重要な取組みと言えよう。

　さらには，「キャリア発達を促す年間を通じた指導・支援場面」として，「当番活動」（日番，給食当番，清掃当番）と「係活動・班活動」（係活動，代表委員会，クラブ活動）をあげている。前述のように，これらもキャリア教育の一環として日常的に重視したい活動である。

3　小学校におけるキャリア教育の好実践事例

▷4　ここでは，「平成27年度キャリア教育優良教育委員会，学校及びPTA団体等の推薦調書」を参考に一部改変した。

1　新潟県胎内市立中条小学校 ◁4

　中条小学校では，「目指す子ども像」として，「自ら課題を追究し，ふるさと胎内への思いを高める子」を設定し，郷土愛を軸としたキャリア教育を教育活動の中核に据えた。

① 取組みの概要

　(1)　各種計画の立案
　①キャリア教育全体計画及びキャリア教育プログラム
　　キャリア教育の全体計画の立案に際し，「郷土への愛着」の視点をはじめとして，「つばさっ子プラン」（中条小学校キャリア教育プログラム）の改善により，各学年が取り組む内容を明確にし，系統的に取り組む体制を整えた。
　②総合的な学習の時間全体計画
　　「体験活動と言語活動を適切に組み込んだ探究的な学習過程の組織」「連続性・発展性をもたせ，地域の方々と協働的に学ぶ単元配列」等を柱に総合の全体計画を立案した。また，総合で育てたい力を「基礎的・汎用的能力」と結び付けて，明確化と具体化を図った。
　(2)　「ふるさとへの思いを高め，自ら課題を追究する子ども」を育てる総合の充実
　①地域のよさにたっぷりと触れ，地域の課題を自分事として捉えるための2段階の単元構成
　　児童が地域のよさや問題状況に触れたり，かかわったりしながら，地域の課題解決に児童が参画できるようにするために，総合的な学習の時間を2段階の単元構成とした。具体的には，第1単元を地域の「ひと・もの・こと」にたっぷりと触れ，地域のよさや問題状況をとらえる単元「ふれる・かかわる」（30時間程度）。そして，第2単元は，第1単元の学びを踏まえ地域の一員として地域の課題に「働き掛ける」（40時間）単元とし，児童が探究的に課題解決に取り組める学習過程を組織した。
　②探究的な学習過程の組織と課題意識を高める体験活動と言語活動の充実

第8章　小学校におけるキャリア教育実践の在り方

　　各単元において探究的な学習過程を構築し，各学習過程において児童の拡散した意識を収束し，課題を焦点付けるように体験活動と言語活動を組織した。児童自ら課題意識を高め，地域の諸課題を自分事の課題として捉え，主体的に課題解決を図れるようにした。
　　(3)　関係機関との連携
①地域の方と協働的に課題を解決する体制づくり
　　教務主任，総合主任及びキャリア教育主任が窓口となり，地元企業や地域活性化に取り組んでいる団体等に働き掛け，地域の課題解決に向けた児童の参画可能性について話し合い，協力を要請した。
②胎内市教育委員会との連携
　　胎内市教育委員会では，平成20年度から「ふるさとを学び，ふるさとをつくる」教育を推進し，全小学校の5年生を対象として「ふるさと体験学習」を実施してきた。そして，キャリア教育推進協議会を設置し，小・中・高等学校及び地域，産業界からの参加を得て，キャリア教育に対する成果と課題について協議し，各学校でのキャリア教育の一層の充実のために取り組んでいる。

② 成果と課題

　まず第5学年のアンケート調査の結果，「胎内市を好き」「胎内市のよさについて詳しく言える」と回答する児童は，95％以上であった。また，「わたしのふるさとの自慢は，胎内市の自然，文化，歴史とともに，胎内市の活性化に尽力してくれる人たち」と多くの児童が作文等で記述している。
　次に，地域の方々と協働的に課題解決に取り組むことによって，地域の課題を児童が自分事として捉え，意欲的，主体的に追究活動に取り組む姿がみられた。
　最後に，小学校で培った力を中学校にいかにつなげて，伸ばしていくかが課題となる。つまり，小・中学校が連携して9年間を見据えた系統的なキャリア教育を構築していくことが必要である。

2 　徳島県鳴門市立撫養小学校の事例 ◁5

▷5　ここでは，「第10回キャリア教育優良教育委員会，学校及びPTA団体等文部科学大臣表彰受賞団体における推薦理由」を参考に一部改変した。

　撫養小学校では，身近な人々とコミュニケーションを図り，学び合うなかで自己肯定感をもち夢や希望の実現に向かって意欲をもって努力し続ける児童の育成を目標に掲げ，6年間を見通したキャリア教育全体計画のもと，キャリア教育推進委員会を組織し，系統的なキャリア教育を実践している。

① 具体的な取組み

(1)全校で取り組む「3L活動」
　みんなを笑顔でつなげる取組である3L活動「Love（豊かな心），Lead（自主性），Learn（確かな学力）」では，毎朝行う挨拶運動や清掃活動で規範意識を高めるとともに，行事や集会などで児童の自主的・自発的な発想や行動を重視した活動を行っている。

111

(2)第6学年「大好き撫養ドリームプラン」

　6年生のキャリア教育の中心的な取組として，校区内にある大道商店街や鳴門市役所，鳴門商工会議所と連携し，商店街の調査等から学んだことを通して児童が独自の商品を企画・開発し，大道商店街「百円商店街」で出店・販売体験を実施した。

(3)第6学年「職場見学・体験活動」

　地域の多様な職業モデル・人生モデルとの出会いや体験活動を通して将来の自己の生き方について考えられるように，鳴門わかめの茎取り体験，介護・福祉施設での職場見学・交流体験，工業技術センターでのLED製品の製作体験などに取り組んだ。

(4)発達段階に応じたキャリア教育

①　第1学年では，幼稚園との交流を図り，人とつながる喜びや大切さに気づき，子どもたちが主体的にかかわることができるように指導した。

②　第2学年では，「おみせたんけん」を実施し，子どもたちが地域のよさや地場産業を知り，郷土愛をもつことができるように指導した。

③　第3学年では，「まちのすてきさがし」において，子どもたちが働く喜びや苦労，そして感謝の大切さが体得できるように指導した。

④　第4学年では，「あったかほっとプロジェクト」を実施することによって，子どもたちが自他の個性や適性に気づき，自分に自信をもって生活改善に取り組むことができるように指導した。

⑤　第5学年では，「究極の6年生をめざして」において，子どもたちが，幼小連携や地域学習に取り組み，自分なりの夢や目標をもつことができるように指導した。

②　成　果

　取組みの成果としては，地域を理解することで地域を大切に思う気持ちや態度を醸成することができたとともに，場に応じたあいさつやコミュニケーション力の向上につなげることができた。また商店街で働く方々との交流により，将来，地域の発展に貢献したいという気持ちを高めることができたとともに，商店街での出店・販売体験を通して，何事にもチャレンジすることの大切さを学ぶことができた。

Exercise

①　なぜ小学校でキャリア教育を実践する必要があるのか。その理由を考えてみよう。

②　小学校においてキャリア教育を実践するうえで，留意しなければならないことは何か。その留意すべきポイントを考えてみよう。

📖次への一冊

藤田晃之『キャリア教育基礎論——正しい理解と実践のために』実業之日本社，2014年。

近年の日本におけるキャリア教育の全体的な動向や成果等について，網羅的かつ詳細に各種データ等も踏まえながら論述している。本章との関連で言えば，担任が果たす重要な役割に注目し，小学校の実践の在り方についてふれている。

日本キャリア教育学会編『キャリア教育概説』東洋館出版社，2008年。

2007年当時の日本キャリア教育学会の総力をあげて編集・執筆した著作物である。キャリア教育に関する諸理論だけでなく，小学校から高等学校・大学までの実践例なども取り上げながら，評価や諸外国の動向についてもふれている。

渡辺三枝子『キャリア教育』東京書籍，2008年。

キャリア教育の概念をはじめ，小学校段階から中学校段階のキャリア教育の特徴やポイントを解説するとともに，キャリア教育の実践から「自立できる子どもの育て方」を紹介している。

下村英雄『キャリア教育の心理学──大人は，子どもと若者に何を伝えたいのか』東海教育研究所，2009年。

キャリア教育を心理学的な観点から論述している。本書は，基礎編，実践編，および発展編から構成され，各編30の項目（トピック）について解説する形式で，キャリア教育とは何なのかを掘り下げている。

引用・参考文献

亀井浩明・鹿嶋研之助編著『小中学校のキャリア教育実践プログラム』ぎょうせい，2006年。

国立教育政策研究所生徒指導研究センター「児童生徒の職業観・勤労観を育む教育の推進について」2002年。

中央教育審議会「初等中等教育と高等教育との接続の改善について（答申）」1999（平成11）年。

徳島県鳴門市立撫養小学校「第10回キャリア教育優良教育委員会，学校及び PTA 団体等　文部科学大臣表彰受賞団体における推薦理由」。(http://www.mext.go.jp/b_menu/houdou/28/11/__icsFiles/afieldfile/2016/11/30/1379975_002.pdf（2017年 5 月31日閲覧))

新潟県胎内市立中条小学校「平成27年度キャリア教育優良教育委員会，学校及び PTA 団体等の推薦調書」。(http://www.mext.go.jp/b_menu/houdou/27/11/__icsFiles/afieldfile/2015/11/10/1362824_02_6.pdf（2017年 5 月31日閲覧))

兵庫県姫路市立四郷小学校第 4 学年のキャリア教育年間指導計画。(http://www.himeji-hyg.ed.jp/shigo-e/index.cfm/1,119366,c,html/119366/20170509-182138.pdf（2017年 5 月31日閲覧))

平成29年度世羅町甲山小学校　キャリア教育全体計画 (http://www.edu.town.sera.hiroshima.jp/kouzan-es/html/%E3%82%AD%E3%83%A3%E3%83%AA%E3%82%A2%E6%95%99%E8%82%B2%E5%85%A8%E4%BD%93%E8%A8%88%E7%94%BB%EF%BC%A829.pdf（2017年 5 月31日閲覧))

文部科学省「小学校・中学校・高等学校　キャリア教育推進の手引──児童生徒一人一人の勤労観，職業観を育てるために」2006年。

文部科学省「小学校キャリア教育の手引き〈改訂版〉」2011年。

文部科学省『小学校学習指導要領（平成29年告示）』東洋館出版社，2018年。

第9章
中学校におけるキャリア教育
実践の在り方

〈この章のポイント〉
　中学校でのキャリア教育実践のための準備と方策について概説する。
　従来の中学校進路指導とキャリア教育との関係性を明確にし，学習指導要領におけるキャリア教育の位置付けを理解することができる。また，中学校教育におけるキャリア教育が目指す方向を理解し，学校の組織体制づくり，計画立案，学校教育全体を通じて行うキャリア教育の方法等について具体的に提案する。さらに，教育現場の実践事例を紹介することで，具体的な学習活動のイメージを摑み，取組みに生かすことができるようにする。

1　中学校におけるキャリア教育の意義

［1］　教育理念の具現化

　教育基本法の改正2006（平成18）年をはじめとする教育三法の改正により，戦後教育の見直しと教育立国としての教育の目的および目標が再確認された。揺らぐことのない全人的教育の原理を柱に，AIの進歩を背景とするデジタル社会，グローバル社会に生きるわが国の社会形成者育成を展望した新たな教育が進められてきた。

　教育基本法第1条における教育の目的の「教育は，人格の完成を目指し」にはじまる文言には，教育の使命として子どもの可能性を引き出し，その発達の支援と展望を目指すことを意図した全人的教育の理念が謳われている。完成された人格に絶対的達成点はなく，非現実的な抽象的概念により人格の完成を目指すことを掲げている。しかし，このことは，教育する側の理想と実践の姿勢に教育の原理を問う理念的目的である。

　また，教育の目標として，第2条で具体的指標が掲げられた。新設された第2条第1号をもって，知・徳・体の教育の統合を前提とした人格形成の基盤となる価値観形成と実践力養成の具体的視点が明示されている。特記すべきは，第2号に「個人の価値を尊重して，その能力を伸ばし，創造性を培い，自主及び自律の精神を養うとともに，職業及び生活との関連を重視し，勤労を重んずる態度を養うこと」があげられていることである。これは，キャリア教育に直

▷1　教育三法の改正
学校教育法等の改正，地方教育行政の組織及び運営に関する法律の改正，教育職員及び教育公務員特例法の改正。

▷2　全人的教育
人間がもつ諸資質を全面的かつ調和的に育成しようとする教育。知識・技能教育に偏することなく，感性・特性なども重視して，人間性を調和的，全面的に発達させることを目標とする教育。

接反映させられる内容である。

　従来，学校現場に表出してきたさまざまな問題への対応策とともに，わが国の教育理念に立ち返り，知・徳・体の全人的教育を新たな視点から総合的，開発的に推進しようとするのが，キャリア教育であると言える。キャリア教育が，わが国の教育理念を踏襲した学校教育の具現化に向けたストラテジーとしての役割を担っているとも捉えられる。キャリア教育の具体的な取組みとしては，教育課程の再編成，教材・指導法の工夫，生徒理解，キャリア・カウンセリングの充実，異校種間・保護者・地域との連携等と多岐にわたる。しかし，問題が山積する学校現場の現況を鑑みると，学校だからこそできる，学校でしかできない積極的，開発的，統合的な視点に立った教育指針，創意と工夫に満ちた教育の構築こそが必要であろう。キャリア教育は，これまで学力偏重にあった学校教育の弊害と課題への対応として，また，リアリティある教育による実践的資質・能力育成を目指す方策として，今後の学校教育の可能性を広げることが期待される。

2　教育課程の編成

　各学校におけるキャリア教育に取り組む意義の一つに「③キャリア教育は，子どもたちのキャリア発達を支援する観点に立って，各領域の関連する諸活動を体系化し計画的，組織的に実施することができるよう，各学校が教育課程編成の在り方を見直していくことである」が掲げられている（文部科学省，2006）。

　教育課程の編成は，「生きる力」の育成という教育の目標が教育課程の編成により具現化され，よりよい社会と幸福な人生を切り拓くために必要な資質・能力が生徒一人一人に育まれるようにすることを目指している。

> 教育課程編成（手順の一例）
> (1)教育課程の編成に対する学校の基本方針を明確にする。
> (2)教育課程の編成・実施のための組織と日程を決める。
> (3)教育課程の編成のための事前の研究や調査をする。
> (4)学校の教育目標など教育課程の編成の基本となる事項を決める。
> (5)教育課程を編成する。
> (6)教育課程を評価し改善する。
> 　　　　　　　　　　　　　　　　　　　　　　　　　　（文部科学省，2018a）

2　キャリア教育計画

1　学校の教育目標とキャリア教育テーマの設定

　キャリア教育を実践するためには，学校教育目標に基づき，テーマを設定す

▷3　各学校におけるキャリア教育に取り組む意義
①キャリア教育は，一人一人のキャリア発達や個としての自立を促す視点から，従来の教育の在り方を幅広く見直し，改革していくための理念と方向性を示すものである。
②キャリア教育は，キャリアが子どもたちの発達段階やその発達課題の達成と深くかかわりながら段階を追って発達していくことを踏まえ，子どもたちの全人的な成長・発達を促す視点に立った取組を積極的に進めることである。
③本文参照。

ることが求められる。学校教育目標は，学校の教育方針を明確にし，学校教育の目的や目標および教育課程の考え方の基準を踏まえたうえで，各学校の特色や実態を把握し，多面的な配慮を通して当面する教育課題の解決を目指し設定することが望まれる。教育課程を編成する際には，主に以下の点を踏まえて実施するとよい。

> ▷4 教育課程の考え方
> コンテンツ重視かコンピテンシー重視かという議論がなされるが，これらは相互に関連し合うものであり，資質・能力育成には総合的な視点が必要となる。

> ア 事前の研究や調査の結果を検討し，学校教育の目的や目標に照らして，それぞれの学校や生徒が直面している教育課題を明確にする。
> イ 学校教育の目的や目標を調和的に達成するため，各学校の教育課題に応じて，学校の教育目標など教育課程の編成の基本となる事項を設定する。
> ウ 編成に当たって，特に留意すべき点を明確にする。　　　（文部科学省，2018a）

また，とくにキャリア教育を進めるにあたっては，以下の点に配慮した教育課程編成を実施したい。

> (1)学校の教育目標の有効な達成を図るため，重点を置くべきキャリア教育の指導内容を明確にする。
> (2)学校の教育活動全体を通じて行うキャリア教育に関する指導について，適切な指導がなされるよう配慮する。
> (3)キャリア発達の基盤となる資質・能力や現代的な諸課題に対応して求められる資質・能力など，学校として，教科等横断的な視点で育成を目指す資質・能力を明確にし，その育成に向けた指導がなされるよう配慮する。
> (4)各教科，道徳科，総合的な学習の時間及び特別活動について，各教科等間の指導内容相互の関連を図る。　　　　　　　　　　　　　　　（文部科学省，2018a）

2 全体計画と年間指導計画の作成

各学校においては，生徒や地域の実態に応じて学校ごとに焦点化・重点化して，全体計画を作成することが望まれる。

〈全体計画に盛り込むべき項目の例〉

> ①必須の要件として記すべきことがら
> ・各学校において定めるキャリア教育の目標　・教育内容と方法
> ・育成すべき能力や態度〈基礎的・汎用的能力〉　・各教科等との関連
> ②基本的な内容や方針等を概括的に示すことがら
> ・学習活動　　・指導体制　　・学習の評価
> ③その他，各学校が全体計画を示す上で必要と考えることがら
> ・学校の教育目標　・当該年度の重点目標　・地域の実態と願い　・生徒の実態
> ・教職員の願い　・保護者の願い　・校区小学校との連携
> 　　　　　　　　　　　　　　　　　　　（文部科学省，2011，61ページ）

〈年間指導計画作成の手順〉

①各学校の生徒の学年等に応じた能力や態度の目標を決定する。
②キャリア教育の全体計画で設定したそれぞれの能力や態度の目標に基づき，各学校
　の年間行事予定，学年別の年間指導計画に記載する内容を検討する。
③各教科，道徳，総合的な学習の時間，特別活動及び学級や学年の取組等を相互に関
　連付けた指導計画を作成する。
④それぞれの能力や態度の到達目標に応じた評価の視点を設定し，明確化する。

（文部科学省，2011，69ページ）

3 組織体制づくりと運営

　キャリア教育を実施するためには，まず，校長のリーダーシップの下，キャリア教育の教育的意義について，教師の共通理解を図らなければならない。中学校においては，教科担任制であることから，まず校長が教育課程における位置づけについての考えを全教職員に示し，「キャリア教育推進委員会」等の校内組織を整備する必要がある。そして，全教職員は，連携，協力によって協働し，キャリア教育の指導計画を作成し，組織を機能させることが求められる。また，家庭，地域，各種団体，さらに教育関係機関，外部の人材による支援を要請するとともに，推進に必要な施設・設備等予算的な支援が得られるよう働きかけていかなければならない。

　中学校において，とくに留意しなければならないのは，これまでの進路指導の体制とキャリア教育の体制との関連の整理である。それぞれの体制を独立させ関連づけたり両者を統合した新たな体制を整えたり，各学校の特色や実態に即したキャリア教育の推進体制を運営していくことが大切である。

3　中学生の発達段階とキャリア教育

1 発達の段階とキャリア発達課題

　学校現場にみられる不登校生徒や別室登校生徒の学業不振，人間関係の問題，学校，学級，授業不適応等からは，学習に意義を見出せない子どもたちの実態や人間関係形成能力，社会形成能力の低下などの要因が報告されている。それは，同時に現代の子どもたちのキャリア発達の未熟さであるとも考えられる。また，入学，転入学，進級時の不適応の増加への対応策は，いずれの校種においても重要な教育課題の一つであると言える。近年，成長過程にある子どもたちは，学習環境や集団生活の適応に必要な資質・能力の育成を可能とする環境に恵まれず，体験不足が背景となり変化に対する心理的負担に耐えること

のできない状態にあることが考えられる。そのため，個々の生徒の発達の特性
と教育活動の内容や特質を考慮し，適宜ガイダンスや個別指導，カウンセリン
グ等を活用し支援にあたることが求められる。そこで，小・中・高等学校を見
通し，実践の充実を図るため，キャリア教育の中核となる特別活動の役割を一
層明確にすることが望まれる。また，生徒一人一人のキャリア発達の過程を可
視化できるようにし，生徒の自己理解・自己管理能力を促すことや将来の学び
を計画し生き方への関心や意欲につなげるための支援を目的とする，「キャリ
ア・パスポート[5]」の活用が検討されている。例えば，中学生の発達段階では，
キャリア教育の目標および発達課題として以下があげられ，計画性と系統性に
配慮した学校間連携が推進されている。

〈中学校におけるキャリア教育の目標〉

> 現実的探索と暫定的選択の時期
> ○肯定的自己理解と自己有用感の獲得
> ○興味・関心に基づく勤労観・職業観の育成
> ○進路計画の立案と暫定的選択
> ○生き方や進路に関する現実的探索

〈中学校の発達課題〉

第1学年	第2学年	第3学年
①自己の良さや個性が分かる。②自己と他者の違いに気付き，尊重しようとする。③集団の一員としての役割を理解し果たそうとする。④将来に対する漠然とした夢やあこがれを抱く。	①自己の言動が，他者に及ぼす影響について理解する。②社会の一員としての自覚が芽生えるとともに社会や大人を客観的にとらえる。③将来への夢を達成する上で現実の問題に直面し，模索する。	①自己と他者の個性を尊重し，人間関係を円滑に進める。②社会の一員としての義務と責任を理解する。③将来設計を達成するための困難を理解し，それを克服する努力に向かう。

中学校のキャリア教育の目標を踏まえ，発達課題を達成させるためには，小
学校の目標や発達課題からの連続性と接続時の留意点に考慮し支援にあたらな
ければならない。また，高等学校の目標や発達課題への接続を想定し，ときに
発展的な支援を工夫することも大切である（文部科学省，2011）。

2 系統的進路指導とキャリア教育

これまで，体系化された進路指導の実践は，中学校を中心に進められてき
た。「学校における進路指導は，個人資料，職業・学校情報，啓発的経験およ
び相談を通じて，生徒が自ら，将来の進路の選択，計画をし，就職または進学
して，さらにその後の生活によりよく適応し，進歩する能力を伸長するよう

▷5 キャリア・パスポート
旅券という本来の意味を超えて，学びの履歴を積み重ねていくことにより，過去の履歴を振り返ったり，将来の学びの予定を考え，積み重ねていくことを支援する仕組みをさすものである。文部科学省は，「児童生徒が，小学校から高等学校までのキャリア教育に関わる諸活動について，特別活動の学級活動及びホームルーム活動を中心として，各教科等と往還し，自らの学習状況やキャリア形成を見通したり振り返ったりしながら，自身の変容や成長を自己評価できるよう工夫されたポートフォリオのこと」と定義している。2020年4月より全国すべての小学校，中学校，高等学校において実施することとされた。

▷6　進路指導の基本的性格
(1)進路指導は，生徒自らの生き方についての指導・援助である。
(2)進路指導は，個々の生徒の職業的発達を促進する教育活動である。
(3)進路指導は，一人ひとりの生徒を大切にし，その可能性を伸長する教育活動である。
(4)進路指導は，生徒の入学当初から毎学年，計画的，組織的，系統的に行われる教育活動である。
(5)進路指導は，家庭・地域社会・関係諸機関との連携，協力が特に必要とされる教育活動である。

に，教師が教育の一環として，組織的，継続的に援助する過程である」と定義され，「将来の生活における職業的自己実現に必要な能力や態度を育成する」（文部省，1974）という広い理念を意味するものであるという解説が加えられている。また，以後の改訂では，進路指導の基本的性格について明確な解説が示されている。進路指導の教育理念に基づき，多くの中学校では，特別活動（学級活動）や総合的な学習の時間等を活用した進路学習や職場体験を通した取組み等が展開されてきた。しかし，進路指導の問題点として，生徒自らの個性，能力，適性に対する自己理解が十分ではないために適切な進路選択になっていないこと，そのため卒業後の社会・職業への移行期に不適応が起こること，多様な職業についての知識や理解が乏しく進路選択先に偏重が生じていること等があげられる。中学校では，進路指導が単なる卒業期の就職や進学の準備・斡旋指導としての出口指導ではなく，生涯を見通したキャリア・ガイダンスの役割を担うものとして実践されてきた。また，進路指導は，その目標を「在り方生き方」指導という総括的表現をもって実践されてきたことから，キャリア教育には，従来の進路指導のねらいが包含されていると考えられる。

3　小学校，中学校，高等学校との連携

　小学校から中学校への接続段階では，不登校生が急激に増加する。高等学校においても第1学年時の学業不適応による不登校が異校種への接続の初年度に増加する。高等学校への高い進学率は，全入制，義務教育化が話題に上るまでに至っているが，その一方では，学校の授業を十分に理解できない生徒，課題を抱え学校生活に意義を見出せず将来に不安を感じている生徒の増加傾向を生み出し，その一部の生徒は適応できないまま中途退学に至っている。近年の高等教育機関進学のユニバーサル化にともない，学生の個性，能力・適性，進路希望が複雑多様化し，個々の対応に困難な状況が発生しているとも言える。高校生の中途退学の事由としては，(1)もともと高校生活に熱意がない，(2)授業に興味がわかない，(3)人間関係がうまく保てない，(4)学校の雰囲気が合わない等があげられる。これらの事由等から，中学校での進路指導における学校種間の接続時のさまざまな問題への対応策として，小・中・高等学校の12年間を通じた系統的なキャリア発達支援が考えられる。連続する子どもの緩やかな発達を考慮した接続への準備と受け入れの支援を充実させ，学年間，異校種間の連携と協力を密にした計画的，系統的な対応が急務である。その具体策としては，児童生徒一人一人の理解と支援のための異学年，異校種間での情報の共有をはじめとする異学年交流や体験活動，学区内の同校種間連携，児童会・生徒会交流，学校間交流訪問，部活動体験，授業体験，体験・ボランティア活動の共同化等が考えられる。いずれにおいても学校種間の連携を活性化するためには，

▷7　中学校における異校種間連携の準備要件
○生徒のキャリア発達を支援する観点の理解と共有
○教育課程編成の見直しによる各教科，領域の諸活動の体系化
○小学校，高等学校との連携を意図した組織づくりと計画の立案
○異校種間連携に対する教員の意識，指導力向上のための研修会
○効果的な連携のための校内体制整備

一貫した継続的・発展的取組みの視点が重要である。また，学校種間連携のポイントとしては，異校種間相互の取組みの理解を深める機会と場の設定と実施，生徒の学習・活動の記録を引き継ぐ連携システムの構築による検証，評価，および改善と PDCA サイクルの視点をもって取り組むことが大切である。[48]

4　カリキュラム・マネジメントとキャリア教育

1　教育内容と学習活動の整理

　キャリア教育の中核として位置づけられる進路指導では，中学校第1学年から第3学年までの進路学習の内容が意図的・系統的に設置されている。学ぶ意義や働く意義，職業の世界，自己分析，将来設計，進路選択等，生徒の「自己理解」「自己啓発」「自己実現」のための一連の学習を通して，キャリア発達を支援するものである。

　中学校のキャリア教育において，啓発的体験活動の一つとして位置づけられている職場体験は，ねらいとする資質・能力や態度の育成を具現化するための重要な学習活動である。進路指導の先進的研究の一環として職場体験が中学校で実践されたのは，今から30年以上前に遡る。進路指導の体系化を目指し生徒の啓発的体験学習として，職場見学や職業人講話，現在の高等学校体験入学，Open School の前身となる高等学校訪問は，ときを同じくして取り組まれていた。以後，職場体験は，徐々に成果の認知度が高まり，現在は，全国の90％以上の中学校で実施されている。

　中学校の職場体験が，進路指導に有効な教育活動として普及した経緯がある一方で，近年は，職場体験の形骸化が指摘されている。体験活動は，キャリア教育において，基礎的・汎用的能力育成の具体的場面であるという点でその有効性は高いが，効果的な体験活動を実施するためには，いくつかの条件を満たす必要がある。日常の生活体験や勤労生産体験，集団宿泊体験など多様な形態があるなかで，現実には体験活動の教育的意義を前提として，いかに効果的に体験活動とキャリア教育を結びつけるかが重要である。そして，体験活動の効果を充足させるためには，その事前・事後の学習との相互補完的な関連を意図することが必要である。[49]それは，生徒の意欲の質的相違や変容の格差を，ねらいとする水準まで引き上げ，深めるための創意と工夫ある学習を体験活動を生かしたキャリア教育のなかで意図的・計画的に組み込んでいくということである。

　例えば，「勤労観」「職業観」は，単に清掃ボランティアを実施したからといって育成されるというものではない。体験活動のもつ特性の作用により効果

▷8　その他の連携の視点
○生徒の発達段階の理解
○各教科の学習内容の理解と連携
○体験活動の内容や到達度の認識と連携
○学校行事等の連携
○生徒会活動の連携
○教育課程外活動の連携
○保護者間連携
○教育関係諸機関との連携
○地域，社会との連携
○各学校間の教員の意思形成

▷9　カリキュラム・マネジメントの側面
①各教科等の教育内容を相互の関係で捉え，学校教育目標を踏まえた教科等横断的な視点で，その目標の達成に必要な教育の内容を組織的に配列していくこと。
②教育内容の質の向上に向けて，子どもたちの姿や地域の現状等に関する調査や各種データ等に基づき，教育課程を編成し，実施し，評価して改善を図る一連のPDCA サイクルを確立すること。
③教育内容と，教育活動に必要な人的・物的資源等を地域等の外部の資源も含めて活用しながら効率的に組み合わせること。

▷10 ワーク・ライフ・バランス
「仕事と生活の調和」と訳され，内閣府の定義では，「国民一人ひとりがやりがいや充実感を感じながら働き，仕事上の責任を果たすとともに，家庭や地域生活などにおいても，子育て期，中高年期といった人生の各段階に応じて多様な生き方が選択・実現できる社会」とされる。

▷11 一人一人のキャリア発達と自己実現
ア　社会生活，職業生活との接続を踏まえた主体的な学習態度の形成と学校図書館等の活用
現在及び将来の学習と自己実現とのつながりを考えたり，自主的に学習する場としての学校図書館等を活用したりしながら，学ぶことと働くことの意義を意識して学習の見通しを立て，振り返ること。
イ　社会参画意識の醸成や勤労観・職業観の形成
社会の一員としての自覚や責任を持ち，社会生活を営む上で必要なマナーやルール，働くことや社会に貢献することについて考えて行動すること。
ウ　主体的な進路の選択と将来設計
目標をもって，生き方や進路に関する適切な情報を収集・整理し，自己の個性や興味・関心と照らして考えること。
学習指導要領［平成29年改訂］の特別活動の学級活動の内容の一つとして設置された。

につながる場合もあれば，一方では，体験活動への負の感情や価値観を育成することにもなりかねないことを想定した事前指導を準備して臨むことが大切である。また，現代社会においては，ライフスタイルの多様化，複雑化にともない，「職業観」と「勤労観」の明確化や労働と余暇，仕事と趣味がクロスオーバーし自他ともに棲み分けるには困難な状況がある。

そのため学校教育では，社会背景や生徒の家庭環境等にも考慮した取組みが求められる。さらに，生涯教育においても偏重した職業観によって引き起こされるさまざまな弊害の回避やワーク・ライフ・バランス[10]を検討する視点等も必要となるであろう。

2　領域でつなぐキャリア教育

教育改革の重要な方策の一つに，教育課程編成の見直し改善の推進があげられる。とくに，学校教育における各教科，領域間の関連を考慮するカリキュラム・マネジメントの側面を重視した教育活動計画の作成が提案されている。学校教育において，基礎基本の知識，技能の習得と併せて重視しなければならないのが，領域における学習である。それらにより，課題探究の方途習得，知識理解の機能的体験，価値観についての思考経験等を通して，自己や集団のよりよい「生き方」につながる学習が展開される。すなわち，各教科や領域の学習内容との関連や連続性を考慮することによる相乗効果が期待されるということである。

例えば，「特別の教科道徳」においては，生徒の勤労，職業にまつわる道徳的思考経験を活用することが考えられる。生徒の道徳的価値の発見→自覚（職場体験の意義への気づき）→価値観の変容→実践意欲→実践（職場体験活動）という意識のつながりを意図的に設定するのである。その際，道徳的価値の自覚につながる生徒の思考過程を前提とした言語活動を重視することが求められる。キャリア教育の実践では，生徒の思考経験により得られる体験活動の意義の理解や意欲につながると考えられるからである。

また，総合的な学習の時間は，課題解決学習，探究活動を通して，在り方生き方に生かすことのできる実務的資質・能力育成に有効に働く。さらに，特別活動は，学校の教育活動全体を通じて行うキャリア教育の要となる学級活動でのキャリア発達の促進を中心に，集団の人間関係構築により自治能力を高め，自己を集団や社会のなかで生かすための資質・能力育成を目指す。とくに，学級活動の内容に「一人一人のキャリア発達と自己実現[11]」が設置されたことにより，キャリア教育の位置づけがこれまで以上に明確化された。全人的教育を目指すわが国の教育の目的を考慮すれば，学校教育における領域の教育的意義の理解と指導は不可欠であり，各教科は，私たちが存在するこの一つの世界を学

第**9**章　中学校におけるキャリア教育実践の在り方

ぶうえでの合理的，効率的教育を目指すための便宜的分類上の枠組みである。学びのバランスが考慮された教育課程で，意図的に関連を図りながらそれぞれが統合されることにより，自己のよりよい生き方につながる資質・能力育成を実現することが，キャリア教育の目指す重要課題なのである。

5　コミュニティ・スクールとキャリア教育

1　地域の教育資源を生かすキャリア教育

わが国においては，地域再生，地域活性化と称して行政，地域住民，関係諸機関等の協力体制が機動している。わが国は，古代からの固有の歴史と文化に支えられてきた伝統文化遺産を有し，地域住民に保護されてきた歴史的経緯と精神文化が息づいている。各地方地域の伝統文化遺産の継承は，自然発生的に連帯感を創出し集団，社会のなかで個の役割が認識されつつ生活が営まれてきた。歴史的背景に内包されている価値は，教育における強みである。学校教育における家庭，地域社会の教育資源の積極的活用は，子どもたちの資質・能力育成に有効に働くばかりでなく，人格の完成を目指す教育の礎をコミュニティ全体で築いていこうとする地域住民の意思形成につなげていくうえで，今後の学校教育に求められている課題の一つでもある。また，地域の特色ある生産，製造にかかわる「もの・ひと・こと」は，独自性ある学校教育の創造を支える有効な教育材となる。キャリア教育においては，地域の教育資源の理解とともに，課題解決のための調査・探究活動や体験活動に積極的に活用することが望まれる。教育活動を実践するにあたっては，事前の調査や打ち合わせ等，地域の教育資源にかかわる多様な人材の協力を得ることが必要不可欠である。それらが，組織化，システム化され継続的に機能することにより，コミュニティ・スクールとしての発展も期待される。

2　家庭との連携

第3期教育振興基本計画では，「家庭・地域の教育力向上，学校との連携・協働の推進」が目標の一つに掲げられている。これは，学校，家庭，地域の連携推進の一層の充実と教育力の向上を目指すものである。

学校教育を実践するにあたっては，保護者が責任を負うべき内容（日常生活における躾，価値観形成等）の理解を深め，ともに推進していくことが求められる。学校の諸活動における協力と連携は，家庭の教育力を増幅し地域の教育力を高めることになる。教育は，学校，保護者，地域社会の連携において，それぞれの役割を担う人々の協働の姿そのものから反映されると考えられる。積極

▷12　コミュニティ・スクール
「地域運営学校」といわれ，2004年の改正教育行政組織法によって導入された学校制度。

▷13　**教育振興基本計画**
平成20年に設置され，中央教育審議会において策定され，閣議で決定する。第3期教育振興基本計画について（答申）平成30年3月8日。

123

的な家庭との連携は，保護者の学校に対する関心を高め，学校だけでは提供できない生きた教材や教育効果をもたらす。個々の生徒の意思を尊重しつつ，保護者との連携を図り，社会的な自立に向けて必要な支援を行うことが大切である。また，家庭，地域連携においては，PTA が情報発信の重要な担い手となる。PTA は，保護者と教職員からなる組織であるが，ともするとどちらかが請負的役割として分離分業に終始してしまいがちである。また，ときには立場上の見解の相違から相互理解できず意思統一を図れないという問題が表出する。教師は，生徒の学習活動の目的やねらい，活動内容を入念に説明することが大切である。そして，活動の理論背景をわかりやすく保護者に伝え，情報交換できる機会や場を意図的に設けることが望まれる。保護者の理解と協力を得るための広報活動，説明会や保護者研修会，ホームページの活用等により，学校は積極的な情報発受信源としての稼働システムの整備とコミュニケーション・ステージを用意することが大切である。

3　地域，社会との連携

中央教育審議会（2016）の審議内容を要約すると「学校が社会や地域とのつながりを意識する中で，社会の中の学校であるためには，教育課程もまた社会とのつながりを大切にする必要がある。学校が教育基盤を整えるにあたり，教育課程を介して社会や世界との接点を持つことが，これからの時代においてより一層重要となる」と述べ，「社会に開かれた教育課程[14]」を重視している。

保護者への発信に併せて，地域の行政機関，教育関係機関，公共施設，団体への発信は必須である。

例えば，子どもにとって啓発的体験活動となる職場体験活動等においては，受け入れの場の大半が民間事業所である。そのため，教育活動のねらいや意義の理解を得るために，職場体験活動に至るまでの学習内容や経緯等について，丁寧に伝えていくことが大切である。また，学校の情報を効率的に地域へ発信することや交流の方法を柔軟に考えることは，今後の学校経営における重要な課題の一つとなる。情報の循環と学校教育支援組織をシステム化していくことが，コミュニティ教育力向上の鍵となるだろう。

6　中学校におけるキャリア・カウンセリング

1　生徒理解と開発的生徒指導

「学校は社会の縮図」といわれるように，生徒は，個々の人格を備え，育てられる環境もまた個別的，相対的であり，多様な生育歴をもつ生徒たちがやが

▷14　社会に開かれた教育課程
①社会や世界の状況を幅広く視野に入れ，よりよい学校教育を通じてよりよい社会を創るという目標を持ち，教育課程を介してその目標を社会と共有していくこと。
②これからの社会を創り出していく子供たちが，社会や世界に向き合い関わり合い，自らの人生を切り拓いていくために求められる資質・能力とは何かを，教育課程において明確化し育んでいくこと。
③教育課程の実施に当たって，地域の人的・物的資源を活用したり，放課後や土曜日等を活用した社会教育との連携を図ったりし，学校教育を学校内に閉じずに，その目指すところを社会と共有・連携しながら実現させること（中央教育審議会答申，2016）

て社会の形成者として育っていく。「生徒指導提要」[15]では,「生徒指導とは,一人一人の児童生徒の人格を尊重し,個性の伸長を図りながら,社会的資質や行動力を高めることを目指して行われる教育活動のことです」と定義している。また,「生徒指導が,教育課程の内外において一人一人の児童生徒の健全な成長を促し,児童生徒自ら現在及び将来における自己実現を図っていくための自己指導能力の育成を目指すという生徒指導の積極的な意義を踏まえ,学校の教育活動全体を通じ,その一層の充実を図っていくことが必要です」(文部科学省,2010)とある。これらは,従来中学校で取り組まれてきた進路指導とキャリア教育の理念に通底する内容である。キャリア教育は,社会形成者として社会的・職業的自立に必要な基盤となる能力育成をねらうものであり,わが国の教育理念の根幹である人格の完成を目指す全人的教育に契合する。このことから,キャリア教育は,積極的で開発的な生徒指導の側面を有していると言える。

2 キャリア発達支援と進路指導

　キャリア教育においては,ガイダンス機能の充実を目指すとともに,生徒一人一人の個別的指導としてカウンセリングが活用される。キャリア・カウンセリングでは,生徒全員が対象であり,生徒の主体的な進路選択に必要な資質・能力を高め,自主的な態度の伸長を支援・援助するねらいがある。とくに,小学校から中学校への接続段階では,緊張と不安のスタートから,人間関係,学習,部活動等の新たな環境に適応できず,心身にさまざまな問題が表出する。また,第二次性徴を迎える時期では,思春期特有の悩みや不安を抱えている生徒は少なくない。さらに,生徒の多くは,人生において初めての進路選択と向き合うことになる。心身の急激な成長とともに生徒がどのように自己と向き合い,自己の個性,能力,適性等について理解できるかが,重要なキャリア発達課題となる。キャリア・カウンセリングは,進路選択だけの相談活動ではなく,教育相談としての側面を兼ねるものであり,生徒一人一人が抱えている問題や課題について将来に目を向けさせながら解決を目指しつつ,キャリア発達支援に生かしていかなければならない。そして,生徒自らが,自己を見つめ自己の生き方についての自覚を深めるとともに,将来の社会的・職業的自立を図る資質・能力育成と伸長を期して実施するものであるという十分な理解が求められる。

3 キャリア情報の収集と活用

　中学校での進路情報収集は,それ自体が目的なのではなく,進路選択への関心を深めたり,進路の可能性を広げたり,職業や進路との関係を吟味したりす

▷15 「生徒指導提要」
文部科学省が,平成22年3月に発表した。生徒指導に焦点化した解説書。
以下,同書中のコラム「生徒指導と進路指導」より引用する。
「進路指導は,生徒が自ら,将来の進路選択・計画を行い,就職又は進学をして,さらには将来の進路を適切に選択・決定していくための能力をはぐくむため,学校全体として組織的・体系的に取り組む教育活動である。近年では,キャリア教育の推進の中に位置付けられ,キャリア発達を促す指導と進路決定のための指導が系統的に展開され,幅広い能力の形成を目指している。
こうした進路指導と,児童生徒の社会生活における必要な資質や能力をはぐくむという生徒指導は,人格の形成に係る究極的な目的において共通しており,個別具体的な進路指導としての取組は生徒指導面における大きな役割を果たすなど,密接な関係にある(以下省略)」。

ることがねらいである。大切なのは，個々の生徒が必要な情報を取捨選択し，進路決定の際にいかに有効に活用するかということである。

近年は，図書館教育の重視により進路情報誌等の図書類が豊富になり，情報環境の整備も充実されてきている。また，マス・メディアによるコマーシャルフィルムやメッセージ，ポスター等，多様な情報発信が展開されており，以前にも増して情報収集の方法や機会が保障されている。情報がもつ意味や価値，情報の影の部分を読み取り分析するリテラシーが同時に求められるということである。生徒にとって，有効な進路情報収集のためには，一人一人の個性・能力・適性，環境等，生徒理解を深めることが必要であり，生徒の実態を考慮して収集する進路情報の内容を吟味することが求められる。そのためには，生徒の自己理解を促す学習を意図的に設定し，自己分析シートや進路適性検査等を活用した学習，他者からみた自分を知る機会を活用すること等が効果的である。

7　実践事例

1　ゲストティーチャーを活用した地域連携の実践事例
（大阪府門真市立はすはな中学校）

本実践は，資質・能力育成の視点から，以下の4つを「総合的な学習の時間」の活動の柱に据え，地域・社会の教育資源を活用した教育実践を展開している。

> (1)「自ら課題を見つけ，自ら学び，自ら考え，主体的に判断し，よりよく解決する資質や能力を育成する」活動
> (2)「学び方やものの見方・考え方を身に付ける」活動
> (3)「問題解決や探究活動に主体的，創造的，協働的に取り組む態度を育てる」活動
> (4)「自己の生き方を考え，仕事ができるようにする」活動

〈実践のポイント〉

> ・職場体験を多様な視点で幅広く見直し道徳性を育むキャリア教育へと改革している。
> ・生徒が現実と向き合い，将来に向けての考えを深めることを指導の中核としている。
> ・学びの主体は生徒自身であり，教師はあくまでもよきアドバイザー，コーディネーターという立場で取り組んでいる。
> ・地域人材や外部人材をゲストとし，主体的に生き方を学ぶ機会と場を設置している。
> ・ゲストの活用場面を意図的に計画し，テーマに沿って各教科，領域をつなげている。

表9-1は，資質・能力育成の4つの柱と学習内容に関連するゲストティーチャー（GT）を整理した計画の一部である。資質・能力育成を意図し，ねらいにふさわしいゲストを活用した一連の学習活動は，生徒の職業に対する理解の

▷16　効果的な進路情報収集のための基本原則
①目的やねらい，問題意識を明確にする
②主体的に探索する
③繰り返し継続的に取り組む
④情報を評価し，蓄積，整理，保管する
⑤柔軟に広い視野で収集する
⑥多様なツールを活用する
⑦情報モラルを含むメディアリテラシーを身につける

▷17　進路情報の収集内容
①人生や社会における職業や仕事の役割に関すること
②職業や仕事の特色に関すること
③職業や仕事の価値観に関すること
④学ぶ機会と制度，職業や仕事の資格取得に関すること
⑤進路発達と進路決定に関すること
⑥地域の関連機関，専門職組織や団体に関すること

深化や意識の向上につながっている。また，地域ゲストの生徒理解や学校への協力や支援意識の高揚が推察される。体験活動や多様な人々とのかかわりからは，知識の伝達だけではなく，生徒の主体的・対話的な学びが生まれ，職業や生き方に対する興味関心を高め，深い学びとなることが期待できる実践である。

表9-1　ゲストティーチャー（GT）の活用実践例

第1学年	第2学年	第3学年
問題解決や探究活動に主体的，創造的，協働的に取り組む態度を育てる活動		
・「はすはな中紹介新聞」作り ・職業調べによるポスター作り ・文化祭 　GT：民族講師等	・門真市への提言「将来門真で生き生き生活するために」グループ活動 ・インタビュー 　GT：市教委，市職員 ・よのなか科の実践 　GTの授業　副市長，教育長，議員，他校教員	・「住みよい街，門真を創る」 ・GT：啓発グッズ作り指導 ・門真に緑を（駅前プランター設置　電鉄会社でのプレゼンテーション） ・門真市民話絵本・門真の歴史カレンダーの作成

２　カリキュラム・マネジメントを意図した授業実践（石川県白山市立美川中学校）

　キャリア教育の要となる特別活動（学級活動）の内容(3)「一人一人のキャリア形成と自己実現」の学習を中核に据え，各教科，領域との関連を意図した学習計画の一例である。

　「働く意義」を地域の多様な人材活用，社会形成，社会構造に焦点化したグループ活動から学び，道徳教材を通して道徳的心情を育成する等，各教科，領域の一連の学習活動によって深い学びへの発展を試みた実践であると言える（図9-1参照）。

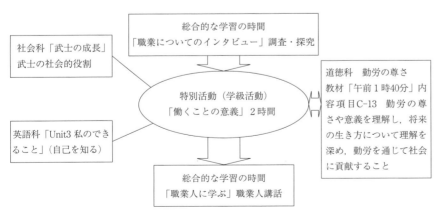

図9-1　カリキュラム・マネジメントの視点を生かした学習プログラム例

以下は学習計画に基づき，学習内容の関連を意図して設定された課題および評価等の計画である。

〈学級活動・学習活動の流れと評価の視点〉

段階	学習活動 主な発問と予想される生徒の思考	指導（○）と評価の視点（●） 指導上の配慮事項
事前指導Ⅰ	**課題**　ペットボトルが手元に届くまでにどのような職業が関わっているのか。 ○関わっている職業を種類別に分ける。 ・材料の生産者，商品開発研究者，検査技師，デザイナー，CM制作，機械製造業，エンジニア，倉庫保管業，輸送業，運転手，自動車製造業，販売者，原油輸送業　等 ○これらの職業が1つでも欠けていたらどうなるか。	○1つの商品が手元に届くまでに，色々な職業や人が関わっていることに気づかせる。 ○グループを飲料製造会社として，契約が必要な職業について話し合わせる。 ●様々な職業や仕事に関心を持って考え，意欲的に学習に取り組んでいるか ○考えた職業を付箋に書き，模造紙に整理していく。 （学級活動）
指導Ⅱ	**課題**　職業特色シートから自分に向いている職業を探してみよう。 ○自分に向いている職業の特色を選ぶ。 ○どんな職業が向いているだろうか。	○職業分野項目シートについて説明し，学習活動に見通しを持たせる。 ○職業特色シートから自分に合っているものを○△×で判断させる。　（朝自習）
本時	**課題**　人はなぜ働くのだろう。 ○何のために人は働いているのか。 生活のため，お金，自分の能力を生かす，家族のため，社会のため。	○ブレーンストーミングをさせる。 ○各グループの意見を全体で分類する。 ●意欲的に話し合いに参加し，働く意義についての考えが深まったか （学級活動）

Exercise

① 　中学生の効果的なキャリア学習の内容について，話し合ってみよう。

② 　職場体験を実施する際の事前や事後指導には，どのような準備が必要か，話し合ってみよう。

③ 　中学校の進路指導，キャリア教育の課題と対策について考えてみよう。

📖次への一冊

文部科学省『中学校キャリア教育の手引き』教育出版，2011年。
　　中学校におけるキャリア教育の指導内容，指導方法をまとめた手引き書。キャリア教育の定義，キャリア教育の必要性と意義，年間指導計画の作成等。

文部科学省　国立教育政策研究所生徒指導・進路指導研究センター『キャリア教育のススメ──小学校・中学校・高等学校における系統的なキャリア教育の推進のために』

東京書籍，2010年。

　小学校・中学校・高等学校のキャリア教育推進のための指導資料であり，各学校間の連携を含めた組織的・系統的なキャリア教育の充実のための一冊。

引用・参考文献

国立教育政策研究所生徒指導・進路指導研究センター「自分と社会をつなぎ，未来を拓くキャリア教育——中学校におけるキャリア教育推進のために」2009年。

中央教育審議会「今後の学校におけるキャリア教育・職業教育の在り方について（答申）」2011（平成23）年1月31日。

中央教育審議会「幼稚園，小学校，中学校，高等学校及び特別支援学校の学習指導要領等改善及び必要な方策等について（答申）」2016（平成28）年12月21日。

日本キャリア教育学会『キャリア・カウンセリングハンドブック——生涯にわたるキャリア発達支援』中部日本教育分科会，2001年。

日本キャリア教育学会編『キャリア教育概説』東洋館出版社，2008年。

文部科学省「中学校職場体験ガイド」2005年。

文部科学省「小学校・中学校・高等学校　キャリア教育推進の手引——児童生徒一人一人の勤労観，職業観を育てるために」2006年。

文部科学省「生徒指導提要」2010年。

文部科学省『中学校キャリア教育の手引き』教育出版，2011年。

文部科学省『中学校学習指導要領（平成29年告示）解説 総則編』東山書房，2018年a。

文部科学省『中学校学習指導要領（平成29年告示）解説 特別活動編』東山書房，2018年b。

文部科学省 国立教育政策研究所生徒指導・進路指導研究センター『キャリア教育のススメ——小学校・中学校・高等学校における系統的なキャリア教育の推進のために』東京書籍，2010年。

文部省『中学校・高等学校進路指導の手引——中学校学級担任編』日本職業指導協会，1974年。

第10章
高等学校におけるキャリア教育
実践の在り方

〈この章のポイント〉

　本章では，まず，高等学校におけるキャリア教育の意義と現状，高等学校段階における生徒のキャリア発達を確認し，高等学校に求められているキャリア教育について，カリキュラム・マネジメントの観点から学ぶ。そのうえで，高等学校，とくに普通科における優れた事例を通して，実践内容とともにその背景にも目を向けながら，高等学校におけるキャリア教育の在り方を考える。

1　高等学校におけるキャリア教育の意義と現状

　高等学校における教育目標は，学校教育法第51条第1号「義務教育として行われる普通教育の成果を更に発展拡充させて，豊かな人間性，創造性及び健やかな身体を養い，国家及び社会の形成者として必要な資質を養うこと」，同第2号「社会において果たさなければならない使命の自覚に基づき，個性に応じて将来の進路を決定させ，一般的な教養を高め，専門的な知識，技術及び技能を習得させること」，同第3号「個性の確立に努めるとともに，社会について，広く深い理解と健全な批判力を養い，社会の発展に寄与する態度を養うこと」と規定されている。

　高等学校段階におけるキャリア教育は，小学校段階や中学校段階に比べて，現実的な職業や上級学校への進学の選択と密着しているため，その時々の社会背景も踏まえながら展開していくことが求められる。グローバル化の進展，知識基盤社会の到来，就業構造・雇用慣行の変化等，高校生を取り巻く環境が大きく変化している現状を踏まえ，生徒一人一人の個性や中学校段階までに培った能力や態度をさらに伸長させるとともに，学校から社会・職業への移行準備として専門性の基礎を育成することが重要である。

2　高等学校段階における生徒のキャリア発達

　「高等学校は，中学校における教育の基礎の上に，心身の発達及び進路に応じて，高度な普通教育及び専門教育を施すことを目的とする」（学校教育法第50条）。高等学校段階は，中学校までの段階と比べて生徒の自我形成が進み，自

己の将来に対する自己実現の欲求も高まる時期である。また，所属する集団が
より多様に広がるなかで，さまざまな役割を担い，円滑な人間関係の構築が求
められる一方で，自信の喪失，ストレス耐性の不足，社会性の未熟さといった
課題が浮かび上がる生徒も少なくない。

　キャリア教育は，一人一人のキャリアが多様な側面をもちながら段階を追っ
て発達していくことを改めて深く認識し，子どもたちがそれぞれの発達の段階
に応じ，自分自身と働くこととを適切に関連づけ，それぞれの発達の段階にお
ける発達課題を解決できるよう取組みを展開するところに特質がある（文部科
学省，2012）。高等学校段階におけるキャリア発達は，「小学校・中学校・高等
学校　キャリア教育推進の手引」（文部科学省，2006）にあるように，現実的探
索・試行と社会的移行準備の時期であり，「自己理解の深化と自己受容」「選択
基準としての勤労観・職業観の確立」「将来設計の立案と社会的移行の準備」
「進路の現実吟味と試行的参加」がとくに重要な課題となる。

　高等学校段階におけるキャリア発達の特徴を「入学から在学期間半ば頃ま
で」と「在学期間半ば頃から卒業を間近にする頃まで」に区分して例示したも
のが表10-1，学年ごとに例示したものが表10-2である。

　高等学校においてキャリア教育を展開するには，表10-1や表10-2で例示
されているような高校生のキャリア発達課題の特徴を意識し，各学校および各
学年における目標設定や計画策定をすすめ，系統的な指導につなげていく必要
がある。その際には，小学校段階，中学校段階のキャリア発達課題にも目を向
けておくことが望ましく，学校種間の連携・協力も期待されている。

▷1　表10-1に例示され
ている特徴は，さまざまな
調査研究等の成果を踏まえ
て整理されたものである
が，学校が立地する地域の
状況，学科や設置形態の特
色，生徒の実態などによ
り，実状とのずれが生じる
ことはありうる。高等学校
段階のキャリア発達の「標
準」として固定的に捉える
のではなく，キャリア発達
の視点から高校生を理解
し，目標設定や計画策定を
行う際の「参考」として活
用すべきものである。

表10-1　高等学校段階におけるキャリア発達の特徴例

入学から在学期間半ば頃まで	在学期間半ば頃から卒業を間近にする頃まで
・新しい環境に適応するとともに他者との望ましい人間関係を構築する。	・他者の価値観や個性を理解し，自分との差異を見つめつつ受容する。
・新たな環境の中で自らの役割を自覚し，積極的に役割を果たす。	・卒業後の進路について多面的・多角的に情報を集め，検討する。
・学習活動を通して自らの勤労観，職業観について価値観形成を図る。	・自分の能力・適性を的確に判断し，自らの将来設計に基づいて，高校卒業後の進路について決定する。
・様々な情報を収集し，それに基づいて自分の将来について暫定的に決定する。	・進路実現のために今取り組むべき課題は何かを考え，実行に移す。
・進路希望を実現するための諸条件や課題を理解し，検討する。	・理想と現実との葛藤や経験等を通し，様々な困惑を克服するスキルを身に付ける。
・将来設計を立案し，今取り組むべき学習や活動を理解し実行に移す。	

出所：文部科学省（2012）。

表10-2 高等学校段階における学年ごとのキャリア発達課題

第1学年	第2学年	第3学年
・新しい環境に適応するとともに他者との望ましい人間関係を構築する。 ・学習活動を通して自己の能力適性を理解する。 ・さまざまな情報を収集し進路選択の幅を拡げる。	・他者の価値観や個性を肯定的に認め，受容する。 ・学習活動を通して勤労観・職業観を育成する。 ・自己の職業的な能力適性を理解し将来設計を図る。 ・進路実現に向けた課題を理解し，検討する。	・自己の能力適性を的確に判断し，卒業後の進路について具体的な目標と課題を定め実行に移す。 ・理想と現実の葛藤を通して困惑を克服するスキルを身につける。

出所：国立教育政策研究所生徒指導研究センター（2010）を基に作成。

3 カリキュラム・マネジメントの観点からみた高等学校のキャリア教育

1 学校教育全体による意図的・計画的なキャリア教育への期待

　新学習指導要領では，主に集団の場面で必要な指導や援助を行う「ガイダンス」と，個々の生徒の多様な実態を踏まえ，一人一人が抱える課題に個別に対応した指導を行う「カウンセリング」により，生徒のキャリア発達を支援することの重要性が示されている。このことからもわかるように，キャリア教育には，教師一人一人の主体的な取組みとともに，学校教育全体によるカリキュラム・マネジメントの観点からの意図的・計画的な取組みが期待されている。

　以下では，高等学校におけるキャリア教育の意義や課題について，カリキュラム・マネジメントの観点から，PDCAサイクル（「計画（Plan）」「実行（Do）」「評価（Check）・改善（Action）」）に沿ってみていく（本書第7章も参照）。

2 計画（Plan）

　中央教育審議会答申「今後の学校におけるキャリア教育・職業教育の在り方について」（2011（平成23）年1月31日）において，「高等学校（特に普通科）におけるキャリア教育の推進方策」で示されている「社会的・職業的自立に向けて必要な基盤となる能力や態度を育成する」「キャリアを積み上げていく上で必要な知識等を，教科・科目等を通じて理解させる」「体験的な学習の機会」を設ける，「生徒が自らの価値観，とりわけ勤労観・職業観を形成・確立できるようにする」といった視点が，各学校におけるキャリア教育を計画する際には必要である。

　キャリア教育は，全教職員の共通理解のもと，学年や分掌を超えた全体運営

組織・体制を整え，学校全体で展開していくことが望まれる。各学校における全体計画の策定にあたっては，高等学校段階のキャリア発達の特徴に加え，各学校が立地する地域の状況や生徒の実態にも十分配慮したうえで，特定の活動や指導方法に限定せず，さまざまな学校教育活動を通じて体系的に行われるようにすることが重要である。

例えば『高等学校キャリア教育の手引き』（文部科学省，2012）では，全体計画に盛り込むべき項目について，表10－3のように例示している。

表10－3　全体計画に盛り込むべき項目

①必須の要件として記すべき事柄	②基本的な内容や方針等を概括的に示す事柄	③その他，各学校が全体計画を示す上で必要と考えられる事柄
・各学校において定めるキャリア教育の目標 ・教育内容と方法 ・育成すべき能力や態度 ・各教科等との関連	・学習活動 ・指導体制 ・学習の評価	・学校の教育目標 ・該当年度の重点目標 ・地域の実態と願い ・生徒の実態 ・教職員の願い ・保護者の願い ・通学区小中学校等との連携 ・近隣高等学校との連携

出所：文部科学省（2012）。

では実際に，高等学校ではキャリア教育の全体計画をいかに策定しているのだろうか。国立教育政策研究所が2012（平成24）年度に実施した「キャリア教育・進路指導に関する総合的実態調査[2]」によれば（国立教育政策研究所生徒指導・進路指導研究センター，2013a），キャリア教育の全体計画がある高等学校はおよそ7割であり，具体的に記している内容は「キャリア教育の全体目標（81.8％）」「学校全体で身に付けさせたい能力や態度（基礎的・汎用的能力との関係）（77.3％）」「学校課題や重点目標（75.8％）」「各学年の重点目標（75.0％）」などが目立っている。その一方で「キャリア教育の成果に関する評価計画（キャリア教育アンケートやポートフォリオ等）（20.7％）」「保護者や地域の実態・願い（29.1％）」などには十分に目が向けられていない。高等学校では，現状把握や評価計画を盛り込んだ全体計画が担任の指導を促すことも指摘されており（国立教育政策研究所生徒指導・進路指導研究センター，2013b），今後は，こうした視点も取り入れた全体計画の策定が期待される。

また，全体計画を具現化するためには，年間指導計画を策定することが重要である。新学習指導要領においては，「特別活動を要としつつ各教科等の特質に応じて，キャリア教育の充実を図ること」と明記されている。年間指導計画を策定する際にも，各教科・科目等における取組みを相互に関連づけ，より深い学びへと導くような取組みを意識し，全教職員の共通理解の下で進めていく

▷2　「キャリア教育・進路指導に関する総合的実態調査」
キャリア教育や進路指導に関する実態を把握するとともに，それらに関する在校生および卒業生の意識等も明らかにし，前回までの調査との変容と，今後の各学校におけるキャリア教育・進路指導の改善・充実を図るための基礎資料を得ることを目的として，7年に一度，実施している。高等学校に関しては，公立高等学校1000校を対象とし，各校の管理職，第3学年のホームルーム担任およびその生徒およびその保護者，卒業後1年目の卒業生に回答を求めている。

ことが望まれる。

「キャリア教育・進路指導に関する総合的実態調査」によれば（国立教育政策研究所生徒指導・進路指導研究センター，2013a），キャリア教育の年間指導計画がある高等学校はおよそ8割であり，具体的に含まれる内容は「キャリア教育にかかわる体験的な学習（89.8％）」「総合的な学習の時間におけるキャリア教育（82.9％）」「学級活動・ホームルーム活動におけるキャリア教育（79.8％）」が際立つ一方で，「各教科におけるキャリア教育（32.0％）」には十分に目が向けられていない。今後は，社会的・職業的自立に向けて必要な基盤となるような「基礎的・汎用的能力」の育成に，各教科がどのように貢献できるのかを検討し，年間指導計画にも積極的に取り入れていくことが求められる。

3 実行（Do）

続いて，高等学校段階のキャリア教育実践について，「各教科等における実践」「学校外連携による実践（インターンシップ等）」「卒業後のリスク対応に向けた実践」に着目してみていく。

① 各教科等における実践

中央教育審議会答申「今後の学校におけるキャリア教育・職業教育の在り方について」（2011（平成23）年1月31日）において指摘されているように，キャリア教育は現在の学校教育を見直す理念を示すものであり，その活動は特定の新しい教育活動をさすものではなく，学校教育全体の活動を通じて体系的に行われる必要がある。

したがって，キャリア教育を効果的に展開するには，各学校で日常的に取り組んでいる各教科・科目等でも取り組むことが不可欠である。各教科，総合的な学習の時間および特別活動が，「基礎的・汎用的能力」の育成にどのように貢献できるのかを検討し，取組みを実践に移すためには，まず学習指導要領に示される各教科・科目等とキャリア教育との関連性について理解し，各教科・科目等の特質と単元や題材などの内容を生かした指導案の作成や教材の創意工夫が求められる。

しかし「キャリア教育・進路指導に関する総合的実態調査」によれば（国立教育政策研究所生徒指導・進路指導研究センター，2013a），「教員は指導案の作成や教材の工夫に努めている」高等学校は3割に満たないのが現状であり，十分に行われているとは言いがたい。

② 学校外連携による実践（インターンシップ等）

社会的に自立するためには，学校内での取組みだけでなく，学校外との連携も重要である。生活時間の多くを占める家庭との連携はもちろんのこと，地域社会，企業，職能団体や労働組合等の関係機関，NPOといったさまざまな学

▷3 キャリア教育の視点は，各教科の学びに対しても有益である。日常の学習や生活は，自己の進路や将来設計に関心・意欲をもつことにより大きな影響を受ける。そのため，キャリア教育の視点を取り入れることにより，各教科においても「なぜ勉強しなくてはならないのか」「今の学習が将来どのように役立つのか」などについての発見や自覚につながり，学習意欲の向上も期待されている。

校外の資源や人材との連携により，新たな社会に対する生徒の視野を広げ，関心を引き出すことが期待できる。高等学校段階においては，卒業時に社会人・職業人としての自立を期待される年齢に達することを意識し，自身の将来について，生徒自らが考え，自らの意思で選択させることがとりわけ重要であり，自己の判断力を高め，価値観を深めるためにも，学校外連携の効果が期待されている。

なかでも，インターンシップ等の体験的な活動に対する期待は大きい。「キャリア教育・進路指導に関する総合的実態調査」によれば（国立教育政策研究所生徒指導・進路指導研究センター，2013a），「職場体験・就業体験（インターンシップ）を有意義な学習だと思う」卒業生は82.0％に及び，自分の将来の生き方や進路について考えるために，高等学校在学中に実施してほしかった体験活動として「職場体験・就業体験（インターンシップ）」をあげた卒業生も4割を超えるなど，卒業生からの期待も寄せられている。「高等学校キャリア教育の手引き」（文部科学省，2012）にもあるように，インターンシップは，将来進む可能性がある仕事や職業に関連する活動を試行的に体験し，それを手がかりに社会・職業への移行準備を行うことが中心的な課題となるが，卒業後に進学を希望する生徒に対しても「大学の向こうにある社会」を意識させ，自己の将来について考えさせる意義は大きいだろう。

しかし，高等学校，とくに普通科において，インターンシップへの取組みが十分ではないことは多々指摘されており[4]，インターンシップコーディネーター[5]を配置するなど，その対応が喫緊の課題となっている。中学校での職場体験活動はすでに一般化しているが，今後は，地域の中学校での活動にも目を向けつつ，高校生のキャリア発達課題や実状に応じた「高等学校ならではのインターンシップ」への取組みが求められる。

インターンシップをより効果的なものとするには，体験的な活動を単独でイベント的に行うのではなく，キャリア教育の全体的な流れのなかに位置づけ，その事前・事後の指導と系統的に行うことが重要である。「キャリア教育・進路指導に関する総合的実態調査」によれば（国立教育政策研究所生徒指導・進路指導研究センター，2013b），インターンシップの事前・事後指導を十分に行っている担任のほうが，生徒が自己の生き方や進路を真剣に考え，キャリア教育に関する学習を含めて学習全般に対する意欲が向上していると感じている。活動内容をインターンシップの受け入れ先任せにするのではなく，その目的や期待する効果等を両者で共有し，その目的のために事前・事後指導にもしっかりとあたることが望まれる。

③　卒業後のリスク対応に向けた実践

近年，高等学校段階のキャリア教育には，卒業後の離職や失業などのリスク

▷4　例えば「キャリア教育・進路指導に関する総合的実態調査」によれば（国立教育政策研究所生徒指導・進路指導研究センター，2013a），「職場体験・就業体験（インターンシップ）」にあてる時間が「第1学年で0日」の高等学校は71.0％，「第2学年で0日」の高等学校は39.2％，「第3学年で0日」の高等学校は76.5％であった。

▷5　インターンシップコーディネーター　インターンシップにおいて学校と企業等を仲介する者。

第10章　高等学校におけるキャリア教育実践の在り方

に向けた学習・指導も期待されている。しかし，その実践は十分になされていないのが現状である。「キャリア教育・進路指導に関する総合的実態調査」によれば（国立教育政策研究所生徒指導・進路指導研究センター，2013b），「就職後の離職・失業など，将来起こり得る人生上の諸リスクへの対応」を期待する第3学年は23.1％，卒業生は26.1％に及び，希望する指導の上位にあげられているが，およそ半数の高等学校では，全学年において企画・実施をしていないという。

　社会背景や雇用環境が変容していく状況でも，社会的・職業的に自立するためには，起こりうるリスクを含めた社会的認識をもち，対処方策を適切に検討することが重要である。そのためには，労働に関する法律や制度の学習を充実させるとともに，地域の事業所との交流や，就労支援機関や労働相談機関などについての理解を深めるなど，学校外のさまざまな人材や機関と連携する取組みも期待される。

［4］　評価（Check）・改善（Action）

　各学校におけるキャリア教育をより効果的なものへと発展させていくには，全体計画や年間指導計画を明確に設定したうえで，適切な評価を行い，改善につなげていくことが重要である。

　『高等学校キャリア教育の手引き』（文部科学省，2012）では，キャリア教育の評価の留意点として，以下の点をあげている。

- ・各教科，総合的な学習の時間，特別活動の目標やねらい，また，各教科等の評価規準にキャリア教育の視点を盛り込むこと。
- ・人間としての在り方生き方の探求や，豊かな自己形成に関する視点を盛り込むこと。
- ・進路指導の評価にキャリア教育の視点や内容を取り入れること。

　しかし，高等学校においてキャリア教育の評価が十分に行われているとは言いがたい。「キャリア教育・進路指導に関する総合的実態調査」によれば（国立教育政策研究所生徒指導・進路指導研究センター，2013a），93.4％の高等学校が「評価を行うことが今後重要となる」と考えているものの，キャリア教育の計画を立てるうえで「取組の改善につながる評価を実施すること」を重視した高等学校は16.6％にすぎない。また，74.4％の担任が「評価が重要になる」と感じながらも，31.0％の担任は「評価の方法がわからずに悩んでいる」という。

　キャリア教育の核心であり，多くの高等学校で注力している進路指導では，卒業後の進学・就職状況などの客観的な指標に基づいて評価を行ってきた。しかしキャリア教育の評価には，「生徒の成長や変容といった学習状況に関する評価」を定性的な観点からも行うとともに，「教育活動としてのキャリア教育全体の評価」に基づき，計画や実践の改善につなげることも求められている。

137

「生徒の成長や変容といった学習状況に関する評価」を行う際には，ポートフォリオ等を活用しながら，生徒一人一人が自己の活動記録を蓄積し，彼らの長所や活動による変容などをフィードバックすることにより，生徒自身の省察を促進し，自らの成長を実感させることができる。高等学校段階では，自らの将来を現実的に考える契機にもなりうる。

「教育活動としてのキャリア教育全体の評価」を行う際には，「どのような取り組みをどれだけ実践したか」といったアウトプット評価だけでなく，目的に照らし合わせて「どのような成果がみられたか」といったアウトカム評価も行うことにより，教育活動やその計画の質の改善につなげることができる。こうした視点からキャリア教育を評価することは，学校評価における自己評価および学校関係者評価の一環としても意義がある。その際には，組織の視点，指導計画の視点，連携の視点など，多面的な視点からの検証が必要である。

4　高等学校におけるキャリア教育実践の事例

［1］　普通科高等学校に期待されるキャリア教育

高等学校においては，表10-4で示したように，普通科，専門学科，総合学科といった学科の特色や課題に配慮して，キャリア教育を展開していく必要がある。本節では，高等学校，とくにその多くを占める普通科におけるキャリア教育について，実践事例を通して考えていく。

表10-4　学科別のキャリア教育の課題とねらい

	課　題	キャリア教育のねらい
普通科	約8割の生徒が大学や専門学校などの高等教育機関に進学するが，目的意識が明確でないまま進学する者が少なくない。 　一方，就職希望者の就職状況は厳しい。進学の意義の明確化や将来の職業生活に向けた基礎的知識・技能に関する学習機会の充実を図る必要がある。	進学希望者が多い学校では，大学などの進学先や先の社会を意識させ，将来の職業分野との関連を考察させる授業の工夫をする。 　就職希望者が多い学校では，将来の職業生活に向けて学習できる教育課程を編成し，就業体験など啓発的体験をともなう取組みの充実を図る。
専門学科	卒業生の就職希望者の割合は4割程度に減少し，大学や専門学校などへの進学者の割合が増加傾向にある。職業の多様化や求められる知識・技能の高度化に対応した職業生活の充実と大学進学も視野に入れた将来設計に向けた指導が必要である。	基礎科目から専門科目まで学習の流れとキャリア教育を関連づけた体験学習や地域企業での実習など，地域・社会との連携を図った実践的な教育活動に取り組む。 　外部講師などを積極的に活用し，最先端の知識・技能を習得する機会を設ける。

138

| 総合学科 | 生徒の主体的な科目選択による学習や進路意識を高める学習機会が他学科に比べて多い一方，生徒の実態として目的意識・進路意識が低く主体的な科目選択を行うことが難しい学校も多い。卒業後の進路選択を視野に入れた科目の選択能力の向上や長期的視点からのキャリア・プランニング能力の育成が課題である。 | 「産業社会と人間」の学習による動機づけをもとにした3年間の学習計画を作成して取り組む。
多様な必履修教科・科目や選択教科・科目を通じてさまざまな知識・技能を養う。
総合的な学習の時間などを活用して，問題解決や探究活動に主体的，創造的，共同的に取り組む態度を養う。 |

出所：今西（2016），文部科学省（2012）を基に作成。

『高等学校キャリア教育の手引き』（文部科学省，2012）では，普通科におけるキャリア教育の課題として，「将来を展望させ，そのために必要な能力や態度を身に付けさせる指導，とりわけ，進学する意義を明確にすることや将来の職業生活に向けた基礎的な知識・技能に関する学習の機会の設定・充実」をあげ，卒業後の進路希望に応じて，キャリア教育推進のポイントを次のように示している。

・進学希望者が多い普通科においては，「大学の向こうにある社会」を意識させ，学校の学習内容と将来の職業分野との関連を考察させるような授業展開を図る。

・就職希望者が多い普通科においては，職業科目の履修の機会を確保するとともに，できるだけ早い段階からある程度まとまった単位数を配当するなど，将来の職業生活に向けて体系的・系統的に学習できるような教育課程を編成し，就業体験など啓発的な体験を伴う取組を充実させる。

以下では，進学希望者が多い高等学校，就職希望者が多い高等学校，それぞれの優れた実践事例を取り上げる。実践の「内容」だけでなく，学校が立地する地域の状況や生徒の実態などの「背景」や先生方の想いも参考にしてほしい。

2　神奈川県立大磯高等学校[46]

① 大磯高等学校の取組み

大磯高等学校は，神奈川県南部の湘南地域に位置する県内有数の進学校である（図10-1参照）。

「まじめ」「素直」「他を大切にする」「教員との関係が良好（教員を信頼している）」といった生徒の気質と進学指導をリンクさせながら，バランスのよいキャリア教育を多方面からのアプローチにより実現させている。

「学力・体力・気力を充実させ，自主的精神を養い，心身ともに健康で情操

▷6　詳細については，大磯高等学校ホームページ等も参照していただきたい。

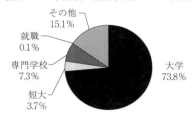

図10−1　卒業後の進路（平成25〜27年度）
その他 15.1%
就職 0.1%
専門学校 7.3%
短大 3.7%
大学 73.8%

「豊かな人間形成に努める」ことを教育方針とし，その具体として「基礎学力の充実をはかる」「学校生活を通して自主性を養い，社会生活の基礎を身につけ，実践力ある人物を養成する」「集団の中における個人のあり方を自覚し，相互信頼と協調の心を養う」「適切な進路指導につとめ，個人の可能性を十分伸ばす」を掲げている。

教育課程もそれに対応して，第1学年では必修科目を中心に「基礎学力の充実」，第2学年では「学習の深化による進路実現に必要な学力の充実」，第3学年ではコースに分かれて「進路希望の達成」を目指して編成されている。

「キャリア教育を推進して，生徒一人ひとりが将来の生き方などについて主体的に考える力を養う」ことを学校教育計画の一つに掲げているように，キャリア教育にはとくに力を入れている。総合的な学習の時間を生徒にもその目的が伝わるように「じぶんM・A・P」と称して上手く活用しながら，次のようなキャリア開発プログラムを校内の諸グループ主催で全学的に展開している。

② 大学との連携授業

大学との連携授業を取り入れ，大学模擬講座や大学訪問等を校内の進路支援グループ主催で行っている。

大学模擬講座では，高等学校の教室にて15大学18講座（平成28年度）が第1学年を対象に実施し，生徒は2つの講座に参加することができる。複数の講座への参加を可能にすることで，生徒の視野を広げることにも役立っている。

大学訪問では，第2学年を対象に7つのコース（平成28年度）を設け，生徒は自らが選んだコースで都県内の1つあるいは2つの大学のキャンパスを訪問している。訪問先では，生徒の要望に応じて，入試課職員による説明，ボランティア学生によるキャンパスツアー，学食体験等を行うが，入試本番を意識して「現地集合」とすることにより，自主性や緊張感ももたせるようにしている。

連携先の確保や開拓，多様化が課題となっているが，大学の広報や入試担当者，教員等へのアプローチを重ねて対応している。

③ 未来の夢講座

世代間交流やキャリア教育の充実を図り，自主的活動姿勢と心豊かな人間性を育むことを目的として，校内の研究開発グループ主催で「未来の夢講座」を実施している。第22回となる2016（平成28）年度は，進路・文化理解・地域連携等を目的とした多種多様な39講座が開講されている。講座への参加自体は1日あるいは半日だが，その事前学習（諸注意や学びの打ち合わせ等）に2コマ，事後学習（講座グループごとに報告をまとめ，第1・第2学年クラス回覧の後，図書室にて閲覧可能とする）に4コマを使い，単発のイベントに終わらないように工

夫をしている。

④ じぶん M・A・P ノート

図10-2 「じぶん M・A・P」ノート

前述の取組みを含め，総合的な学習の時間での活動や配布資料等は，学年ごとの「じぶん M・A・P」ノートに各自で記録や感想を残すことにしている（図10-2参照）。このノートには，ワークシートがあらかじめ印刷されており，学校としての達成目標やそれぞれの活動で着眼してほしいポイント等を示すとともに，ポートフォリオとしても十分機能している。

これらの取組みとともに，4年制大学への進学を希望する生徒が大多数であるという実状を踏まえ，その実現のために進学指導にも力を入れている。夏期講習や土曜講座の工夫や改善のみならず，模擬試験や進路希望調査，国公立大学を含めた難関大学や中堅大学への志願や受験に関するデータ分析を行い，それを学校全体で共有し，活用するための方策を工夫している。「高い目標を持たせ，達成させる」ために「データを活用」を充実させ，「説得力ある指導」ができることを目指している。

こうしたキャリア教育の評価は，校内評価だけでなく外部の意見も含めて，年度ごとに「学校評価実施報告書」として公表されている。「学校目標」「取り組みの内容」「課題・改善の方法等」を併せて示すことにより，高等学校としての PDCA を可視化し，校内外で共有できるようになっている。

3 岩手県立前沢高等学校[7]

① 前沢高等学校の取組み

前沢高等学校は，岩手県の内陸南部に位置する伝統校である。第1学年2学級編成と小規模ながら，卒業後の進路希望が多岐にわたる生徒に対して，多様で個別的な指導を行っている。

就職志望者に対しては，これまでの蓄積により体系化されている指導を展開し，就職指導支援員やハローワーク，県南広域支援局と連携しながら，例年100％近くの内定率を得ている。進学希望者の多くは AO・推薦入試等に挑戦するため，生徒の個性や可能性を伸ばすチャンスや工夫等，3年間を見通した指導を展開している。

「キャリア教育の推進」を重点目標として掲げており，「進路指導の充実」「学力の向上」「生徒指導の充実」「家庭・地域との連携」「職員の充実」を5つの柱としている。「生徒が自己の在り方・生き方を考え，主体的に進路を選択し，社会人・職業人として自立するための能力（総合生活力・人生設計力）」を学校全体で計画的・組織的に育むことを目標とし，キャリア教育推進委員会（進路指導課）が企画・運営にあたっている。とはいえ，教務課では総合的な学

▷7 詳細については，前沢高等学校ホームページ等も参照していただきたい。

習の時間の策定や講演会を企画し，生徒指導課では規範意識の醸成等にあたるなど，キャリア教育推進委員会（進路指導課）のみならず全学で展開している。

第1学年では「キャリア基礎の形成（自己理解・進路研究）」，第2学年では「キャリア学習の深化（体験・志望理由の明確化）」，第3学年では「キャリア学習の結実（進路目標の実現）」を目標として掲げるなど，キャリア教育の体系化も明確であり，「日常生活をとおしたキャリア教育：生徒指導の徹底」「日常的なキャリア教育：学習習慣の確立・表現力の育成」「非日常的なキャリア教育：講話・講演会・就業体験」の積み上がり指導を行っている。

明るく素直だが，受動的な姿勢やルールの遵守等に課題のある生徒も少なからずみられると教師は感じており，「生徒をこのまま卒業させてよいのか」といった課題意識のもとで，次のようなキャリア教育を展開している。

② インターンシップ

本格的に取り組むようになってから3年余りだが，インターンシップには非常に力を入れている。第1学年の後半から事前学習を行い，勤労観・職業観の醸成を図り社会人としての心構えを身につけさせ，第2学年の夏季休業中の3日間を使って，希望する業種を中心に，原則，1人1事業所で行っている。1人1事業所とするのは，中学校までの職場体験とは違い，一社員として，一人一人が責任をもって役に立つことを目的としているためである。

図10-3 卒業後の進路（平成27年度）

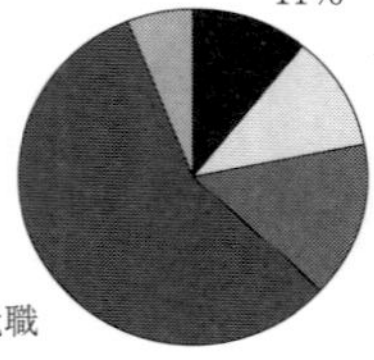

県外就職 6%
大学 11%
短大 11%
専門学校等 15%
県内就職 57%

就職希望者が半数以上いることもあり（図10-3参照），将来を真剣に考える「きっかけ」になっている。また，インターンシップにより生徒の適応基準が形成されており，就職希望者は早期に就職先を決定している。

インターンシップ先での生徒の姿勢は学校の指導への評価にもつながっている。巡回先の企業では教師を歓迎してくれるケースが多く，学校にとって大きなエールとなっている。

③ キャリア（進路）行事

さまざまな社会見聞を広め，生徒が自分自身を見つめ直すために，多様な機会や経験を意図的につくっている（表10-5参照）。

ほか，各教科においても，新聞学習会（国語科），金融セミナー（地歴公民

表10-5 前沢高等学校のキャリア（進路）行事（平成27年度）

講演会・演奏会	「地球のステージ」全学年対象（5月）
出張講義	山形大学による講義。第1・2学年対象（7月）
キャリア講演会	地元企業による講義。全学年対象（8月）
学校・企業見学会	第1・2学年対象（10月）
学問・職業体験学習会	第1学年対象（11月）
前沢牛学	第1学年対象（総合的な学習の時間）

科），年金セミナー（地歴公民科）等を実施している。

　生徒自身でもこれらの取組みの成果を可視化できるよう，「進路ファイル」を3年間使用している。各種模試結果・自己理解調査・成績表綴じ込みページを設けるとともに，インターンシップやオープンキャンパス計画・報告，面接指導シート等も取り込んでいる。

④　「前高スタンダード」「前高チャレンジングリスト」

　生徒がタフなキャリア意識をもって卒業できるように，「総合生活力」を身につけさせるような「鍛える」指導も行っている。

　その一例として，「前高スタンダード」を生徒会執行部が作成し，遵守の徹底をしている。ほかにも，達成度チェックリストとして「前高チャレンジングリスト」を作成し，学年を通して「できていない→できる」へ転換することだけでなく，「自分ができていないこと」を意識させ，揺らぎの機会を与えることにより，自己を振り返らせ，自己理解と成長をつなげるようにしている。

　こうしたキャリア教育の評価は，生徒・保護者・教職員のそれぞれを対象とした「学校評価調査」を通して毎年度チェックし，学校評議員会でも意見をいただきながら，次年度の改善につなげている。

5　高等学校におけるキャリア教育の展望

　これまでみてきたように，高等学校でキャリア教育を展開するにあたっては，高校生のキャリア発達の特徴や実態，卒業後の進路希望，学校の設置形態や学科，立地する地域の状況などに対応して，教科や科目等を通じて知識理解を促すとともに，体験的学習等を通じて，社会的・職業的自立のために必要な基盤となる能力や態度を育成していくことがとりわけ重要である。

　さらに現実場面に照らし合わせていえば，卒業時に社会人・職業人としての自立を期待される年齢に達することを意識し，最終年次の生徒が自分なりの職業観をもって次なる進路に一歩踏み出せるよう，進路指導とも連動しながら進めていくことが望まれる。

　そのためにも，今後は，高校生のキャリア発達段階や彼らを取り巻く社会環境に応じた「縦」の連携をより一層活性化し，持続させる必要があるだろう。新学習指導要領で示されているように，（アカデミック・）インターンシップなどの体験活動や，生徒が活動を記録し蓄積する教材等（キャリア・パスポート（仮称））を活用し，中学校との接続や，高等学校卒業以降の教育や職業との接続をより円滑に進めることが求められる。

　さらに言えば，さまざまな教育力を生かす「横」の連携として，家庭との連携・協力も不可欠である。進学を希望する生徒が多い高等学校では，「勤労

▷8　「縦」の連携
学年間・学校種間の緊密な協力や円滑な接続。

▷9　「横」の連携
学校と家庭や地域・社会，企業，就労支援諸機関，職能団体や労働組合等の関係機関，NPO等との協力や協同。

143

観・職業観」「就業体験（インターンシップ）」などを前面に打ち出すだけのキャリア教育では，家庭の理解は表面的なものにとどまり，十分な連携・協力は難しいだろう。大磯高等学校では，進学を希望する生徒が多い実態を踏まえ，進学指導をうまく取り入れることにより，家庭の関心や理解を高めながら，実のあるキャリア教育プログラムを展開している。

　他方，就職を希望する生徒が多い高等学校，とくに普通科では，他学科に比べて厳しい就職状況に直面することが多いにもかかわらず，自己の将来に対する意識が低く，目的意識が不明確な生徒も少なくない。前沢高等学校では，インターンシップを軸としたキャリア教育を展開し，家庭や地域社会との連携・協力の下，生徒一人一人のキャリア形成に必要な実践的な知識の習得や，適性理解，将来設計，勤労観・職業観の形成を促し，就職先の決定につなげている。

Exercise

① 　各学科の特色に応じて，生徒の「基礎的・汎用的能力」を育成するために，どのような視点や取組みが考えられますか。
② 　各教科等から一つ選び，その教科等を通したキャリア教育実践についての「基本的な考え方」を述べ，「実践例」をあげてみよう。
③ 　中学校における職場体験との相違を考慮しながら，高等学校におけるインターンシップの目的をあげてみよう。

📖次への一冊

文部科学省『高等学校キャリア教育の手引き』教育出版，2012年。
　高等学校のキャリア教育の指導内容や方法に関する手引き。各教科等における実践例も記載。〈Exercise〉に取り組む際にも活用していただきたい。
文部科学省　国立教育政策研究所生徒指導・進路指導研究センター『キャリア発達にかかわる諸能力の育成に関する調査研究報告書——もう一歩先へ，キャリア教育を極める』実業之日本社，2014年。
　「キャリア発達にかかわる諸能力の育成に関する調査研究報告書」の内容に加え，そのポイントをまとめた２種の支援資料を掲載。
文部科学省　国立教育政策研究所生徒指導・進路指導研究センター編『変わる！　キャリア教育——小・中・高等学校までの一貫した推進のために』ミネルヴァ書房，2016年。
　「キャリア教育・進路指導に関する総合的実態調査　第一次報告書（概要版）」の内容に加え，そのポイントをまとめた３種の支援資料を掲載。

日本キャリア教育学会編『新版 キャリア教育概説』東洋館出版社，2020年。
　　心理学・教育学・社会学・経済学・経営学など多様な学問分野を背景に，「キャリ
　　ア教育」の歴史や理論を踏まえてまとめられている概説書。

引用・参考文献

今西一仁「高等学校におけるキャリア教育の意義とねらい」小泉令三・古川雅文・西山
　　久子編著『キーワード　キャリア教育——生涯にわたる生き方教育の理解と実践』北
　　大路書房，2016年，113～124ページ。
国立教育政策研究所生徒指導研究センター「キャリア教育は生徒に何ができるのだろ
　　う？——自分を社会に生かし，自立を目指すキャリア教育　高等学校におけるキャリ
　　ア教育推進のために」パンフレット，2010年。
国立教育政策研究所生徒指導・進路指導研究センター「キャリア教育・進路指導に関す
　　る総合的実態調査　第一次報告書」2013年 a。
国立教育政策研究所生徒指導・進路指導研究センター「キャリア教育・進路指導に関す
　　る総合的実態調査　第二次報告書」2013年 b。
中央教育審議会「今後の学校におけるキャリア教育・職業教育の在り方について（答
　　申）」2011（平成23）年 1 月31日。
文部科学省「小学校・中学校・高等学校　キャリア教育推進の手引——児童生徒一人一
　　人の勤労観，職業観を育てるために」2006年。
文部科学省『高等学校キャリア教育の手引き』教育出版，2012年。

第11章
一人一人のキャリア発達を支援する
キャリア教育実践の在り方

〈この章のポイント〉
　キャリア発達を促すキャリア教育は，発達段階に沿った計画的・継続的な学習プログラムを基盤に，個別対応を重視したキャリア・カウンセリングを活用し，子どもと教師の日常的な人間関係を基礎にした適切なコミュニケーションを通して，一人一人のキャリア発達を支援する。キャリア発達の支援には，集団を通して指導や援助を行うガイダンスに加えて，一人一人に個別に対応するカウンセリングが必要であり，自らの体験を意識化し，その内容を言語化して表現するよう支援するためのカウンセリングの機能を充実させることが求められる。本章では，キャリア教育実践に必要なキャリア発達を促すキャリア・カウンセリングについて理解したうえで，カウンセリングの基盤となる適切なコミュニケーションの方法について学ぶ。

1　キャリア教育におけるキャリア発達の視点

1　キャリア教育とキャリア発達

　キャリア教育は，社会的・職業的自立に向けて，「キャリア発達を促す教育」であり，進路選択や就職決定というキャリアの選択・決定にかかわる指導や援助とは異なり，キャリア発達を促すという視点を重視する。

　スーパー（Super, 1980）は，キャリアを「生涯発達において変化する多様な役割の統合とその連鎖」として捉えたが，日本のキャリア教育におけるキャリアの考え方も，スーパーの提案した「役割」という概念が基礎になっている。

　中央教育審議会（2011）の「今後の学校におけるキャリア教育・職業教育の在り方について（答申）」においては，この「役割」という概念を中心にして，自分の役割を果たして活動すること，つまり「働くこと」を通して，人や社会にかかわることになり，そのかかわり方の違いが「自分らしい生き方」となっていくと述べている。つまり「働くこと」とは自分の役割を果たして活動することであり，「働くこと」を通して個人は他者や社会とのかかわりをもつことになり，そのかかわり方における個人差がその人らしい生き方となっていくという。そして，キャリアは子ども・若者の発達の段階や発達課題の達成と深くかかわりながら段階を追って発達していくものであることを示唆したうえで，

147

社会のなかで自分の役割を果たしながら，自分らしい生き方を実現していく過程を「キャリア発達」としている。

2 キャリア発達を促す能力を育むキャリア教育のプログラムと個別対応

　社会のなかで自分の役割を果たしながら，自分らしい生き方を実現していく過程，すなわちキャリア発達を促す能力が「必要な基盤となる能力や態度」であり，その育成をキャリア教育が中核的に担うものとして「基礎的・汎用的能力」が提示されている。キャリア教育は，発達段階に沿った計画的・継続的な学習プログラムを基盤に，集団の場面における指導を通して，一人一人のキャリアを形成するために必要な能力や態度の育成を図るとともに，一人一人のキャリア発達を踏まえて，一人一人の課題に個別に対応した援助を行うキャリア・カウンセリングを活用する。キャリア教育には，この２つの働きかけが必要であり，一人一人のキャリア発達を促すキャリア・カウンセリングは非常に重要な役割を果たしている。

2　キャリア教育におけるキャリア・カウンセリング

1　カウンセリングとは何か

　日本におけるカウンセリングは，青少年の問題行動や学校不適応への対応を図るスクールカウンセラー[1]の活動によって普及したという経緯があるほか，精神障害や心身症，心理的な問題や不適応行動などへの援助や予防，その研究を目的とする臨床心理学の分野でも，心理療法[2]とほぼ同義的にカウンセリングという言葉を使用してきたため，カウンセリングは「心の病」の治療や「心の傷」の癒しを図るための技法として認識されることが多かった。

　しかしながら，カウンセリングという実践を支える心理学的基盤にはカウンセリング心理学がある。American Psychological Association（1981）によれば，カウンセリング心理学に基づくカウンセリングについて，「カウンセリング・サイコロジストは，個人が一生涯にわたる発達的過程を通して効果的に機能するのを援助することを目的とする。そして，その援助活動の実践にあたり，成長と適応という個人の積極的側面にとくに強調点を置き，かつ，発達的見地に立つ」と述べ，カウンセリングは病理や不適応ではなく，成長と適応という積極的側面を強調する。

　そして，「具体的な援助活動の内容は，人々が個人生活および社会生活に必要な技能を身につけたりそれを改善したりすること，この変動する社会に適応

▷1　スクールカウンセラー
幼児・児童・生徒・学生の学校不適応や問題行動などの対応にあたり，専門的な心理学的知識や援助技能をもって，心理相談業務等に従事する専門職がスクールカウンセラー（SC）と呼ばれ，臨床心理士のほか，学校心理士，臨床発達心理士，ガイダンスカウンセラー等の資格を有して活動している。なお，スクールカウンセリングのほか，学校心理学に基づく学校カウンセリング，教師の担う学校教育相談などの概念がある。

▷2　心理療法
心理療法（psychotherapy）とは，訓練を受けた専門家（臨床心理士など）によって，心理的諸問題を抱える患者（またはクライエント）の認知・感情・行動に働きかけ，問題行動や症状の消去や軽減を図るアプローチであり，特定の理論モデル（精神分析療法，認知行動療法，家族療法など）に沿って，個人または集団を対象に実施される。なお，臨床心理学では心理療法，精神医学では精神療法の呼称が用いられ，サイコセラピーと表現されることもある。

する力，環境的変化に対処する力や態度を向上させること，さまざまな問題解決能力や意思決定能力を発達させることなどを目指すものである」（American Psychological Association, 1981）と記述しているように，カウンセリングは生活に必要な技能や，環境や社会の変化に対処し適応する力，問題解決能力や意思決定能力の発達を促す援助活動である。

　すなわち，カウンセリングは，人がよりよく生きるための援助であり，自己理解や情報収集，計画の実行，選択肢の検討などを促して問題解決や意思決定を図り，その過程を通して，問題解決能力や意思決定能力を発達させる活動であると言える。また，個人が主体的に問題解決や意思決定を図ることができるようにするために，指示や助言を一方的に与えたり，問題解決の方策や意思決定の方向性を教示するよりも，積極的傾聴や受容的態度，共感的理解を基本にしてかかわることが強調される。

2 　キャリア教育におけるキャリア・カウンセリング

　キャリア教育が推進されていくなかで，個別対応としてのキャリア・カウンセリングは極めて重要な役割をもつ活動として認識されてきた。

　文部科学省（2004）の「キャリア教育の推進に関する総合的調査研究協力者会議報告書」では，「学校におけるキャリア・カウンセリングは，子どもたち一人一人の生き方や進路，教科・科目等の選択に関する悩みや迷いなどを受け止め，自己の可能性や適性についての自覚を深めさせたり，適切な情報を提供したりしながら，子どもたちが自らの意志と責任で進路を選択することができるようにするための，個別またはグループ別に行う指導援助である」と説明され，「自らの意志と責任で進路を選択する」という進路選択の側面が強調されていた。また，「キャリア発達を支援するためには，個別の指導・援助を適切に行うことが大切であり，特に，中学校，高等学校の段階では，一人一人に対するきめ細かな指導・援助を行うキャリア・カウンセリングの充実は極めて重要である」と述べられているように，進路選択の場面に直面する中学校や高等学校の段階において，その充実を図ることが重要であると提案された。

　このようにみると，キャリア・カウンセリングとは，中学生や高校生が直面する進学や就職という進路選択の場面において，一人一人の生徒の悩みや迷いなどを受け止め，自己理解を深めたり，進路理解を促したりしながら，個別に指導・援助するために行われる進路指導の進路相談であり，キャリアの選択・決定を促すカウンセリングであると考えられるかもしれない。さらに，進学や就職という進路選択の場面に直面することがほとんどない小学生を対象にしたキャリア・カウンセリングは視野に入りにくい。

　しかしながら，キャリア発達を支援するために行われる個別の指導・援助と

▷3　積極的傾聴
積極的傾聴（active listening）は，カウンセリングの過程においてクライエントの発言の内容を理解し，その感情を共感的に感じとろうとして，傾聴することを基本とするが，そのような姿勢を積極的にとることによって，クライエントの自己表現や自己開示が促される。相手の話を聴くことは一見すると受身のようにみえるが，意図的な働きかけであるという意味を強調している。

▷4　受容的態度
カウンセリングの場面でクライエントが表現する内容や態度等に対して，批判的あるいは審判的な評価や判断を下すことなく，それらをカウンセラーが温かく，許容的に受け止めようとすることである。具体的には，カウンセラーによる受容的な姿勢や表情，うなずきやあいづち，クライエントが語った言葉の伝え返し等によってカウンセリングを効果的に進展させようとする具体的な技術としての簡単な受容（simple acceptance）のほか，カウンセラーがもつべき人間的な態度として重視される「無条件の肯定的関心（unconditional positive regard）」とほぼ同義で用いられることもある。

▷5　共感的理解
来談者中心療法において，無条件の肯定的関心や自己一致（純粋性）と並んで提示された最も重要な概念であり，クライエントの経験をあたかも自分自身が経験しているかのように，クライエントの視点に立ち，クライエントを内側から理解しようとすることである。

また，クライエントの感情に共感しながら積極的傾聴を進めていくと，クライエントがまだうまく言語化できないでいる内容や感情を，カウンセラーが適切な言葉や表現で言い表してみる「明確化」がしやすくなる。

してのカウンセリング，すなわちキャリア発達を促すキャリア・カウンセリングに目を向け，進路選択の場面に遭遇する中学生や高校生だけではなく，小学校段階，あるいはそれ以前の幼児期の発達段階から必要とされるのが，キャリア教育においてキャリア発達を促すためのキャリア・カウンセリングである。

一方，中央教育審議会（2011）では，「児童生徒の個別支援のためには，キャリア・カウンセリングも有効である。このようなカウンセリングは，専門人材を学校へ配置することが考えられるが，日々児童生徒に接している教職員が，カウンセリングに関する知識やスキル及びその基盤となる生徒と円滑にコミュニケーションをとるための方法を修得することが重要であり，そのための研修の充実が望まれる」と記された。

ここでは，キャリア教育における個別支援のためのキャリア・カウンセリングの有効性が強調され，その担い手は教師であること，教師はカウンセリングに関する知識やスキルのほか，カウンセリングの基礎となる適切なコミュニケーションの方法を修得することが必要であると指摘されることになった。

３　キャリア・カウンセリングに対する認識のずれ

キャリア・カウンセリングが，進路指導における進路選択のための進路相談であるという偏った認識が根強いことが判明した調査結果がある。国立教育政策研究所生徒指導・進路指導研究センター（2013）による「キャリア教育・進路指導に関する総合的実態調査　第一次報告書（概要版）」によれば，学校調査において「年間指導計画」があると回答した小学校のうち，「キャリア・カウンセリングが含まれている」と回答した小学校は5.7％であり，中学校では55.9％，高等学校では61.6％であることに比較して極端に低いという実態が明らかになった。また，小学校の担任調査において，「キャリア・カウンセリングを実施している」と回答した教師は4.7％と極めて低く，学級のキャリア教育について「困ったり悩んだりしていること」については，学級担任の37.4％が「キャリア・カウンセリングの内容・方法がわからない」をあげていた。

これらの結果を受けて，同報告書（2013）では，小学校ではキャリア・カウンセリングが「卒業直後の進路決定のための相談」と限定的に受け止められ，その大切さが十分に認識されていない可能性が推測されるとしている。また，キャリア・カウンセリングは，「対話」を通した個別の支援であること，言語的なコミュニケーションを手段として，キャリア教育の目標の達成に向けた働きかけを行うところに特徴があること，小学校においてもキャリア・カウンセリングは必要であると述べ，「一人一人のキャリア発達を促す視点から小学校の教育活動を見直し，指導計画の一環にキャリア・カウンセリングを位置付けることによって，個に応じた実践の拡充に結び付けられるようにすることが重

第11章　一人一人のキャリア発達を支援するキャリア教育実践の在り方

要である」と指摘している。

　また，国立教育政策研究所生徒指導・進路指導研究センター（2014）「データが示す　キャリア教育が促す『学習意欲』」では，「キャリア・カウンセリング（対話）を通した個別の支援」という表現があるほか，「上手なコミュニケーションを通して児童生徒の主体性に働きかけることは，キャリア・カウンセリングを活用したキャリア教育です」という記述があり，キャリア・カウンセリングの本質を「対話」や「上手なコミュニケーション」といった言葉によって適切に指摘している。さらに，「特に面談の時間を設けなくても，例えば児童生徒との日常的な対話の中でも，キャリア・カウンセリングは行うことができます。キャリア・カウンセリング（対話）を活用し，個別の支援を充実させていくという視点が大切です」と提案している。

　ここで注目しておきたいのは，キャリア・カウンセリングを活用したキャリア教育の事例として紹介された，ある小学校での取組みである。小学校第1学年の「朝顔の水やり」の際に，教師が児童のキャリア発達を意識して，「みんな，どんな花を咲かせたい？」「そのためには，何が必要かな？」と意図的に働きかけた結果，児童が先を見通すこと，行動に目的意識と責任感をもって，主体的に朝顔の水やりができるようになったという。日常的な教師の「声かけ」や「言葉かけ」によって，児童の将来展望や目的意識，責任感や主体性が育まれ，それがキャリア発達を促していくことにつながるというよい例である。

　この事例によって，キャリア教育におけるキャリア・カウンセリングの意味がようやくわかったという教師の声をよく聞く。また，キャリア・カウンセリングは進路の選択や決定のための個別相談ではなく，教師と子どもとの日常的な人間関係を基礎にした適切なコミュニケーションであり，子どもの発達段階に応じた教師の「声かけ」や「言葉かけ」によってキャリア発達を促す能力や態度を育成する活動であることが理解できると思われる。

3　キャリア発達を促す適切なコミュニケーション

［1］　カウンセリングの基盤となる人間関係

　カウンセリングは，人がよりよく生きるための援助として，積極的傾聴や受容的態度，共感的理解を基本にしてかかわる活動である。つまり，「聴く」「受け止める」という働きかけを通して，自己理解や情報収集，計画の実行，選択肢の検討などを促し，問題解決能力や意思決定能力を発達させる。そのようなコミュニケーションの前提となるのが，安心感と信頼感を基礎にしたあたたかい人間関係である。この「ラポール」と呼ばれる人間関係が防衛を緩和し，自

己表現や自己開示を促すことになる。

　児童生徒の個別支援のためには，教師がカウンセリングに関する知識やスキル，さらにその基盤となる児童生徒と適切なコミュニケーションをとるための方法を修得することが重要である。

　その基本的な方法として，「聴く」「受け止める」の２つのかかわりを体験的に理解することを目的に，筆者が活用している「対話のパターン」という体験的課題がある。ワークショップの進め方は表11-1に記載したが，自らのコミュニケーション・スキルを点検するための視点として，「気をつけたい態度」と「気をつけたい言葉」を提案したい。

表11-1　ワークショップ「対話のパターン」のすすめ方

① ワークシートの配布
　参加者には「対話のパターン」と題したワークシートを配布しておく。ワークシートには，Aさんの第１発言がすでに記入してあるが，この発言に対する応答を考えるワークショップであろうと予測することができるため，不安や緊張を和らげる効果がある。

対話のパターン
Aさん（　　　　　　　　　　　　　）　　　Bさん（　　　　　　　　　　　　　）
Aさん（　これまでも自分なりにがんばってきたんだけど…，試験に合格できるかなぁ…
B　1（ A　1（
B　2（ A　2（
（省略）
B　6（ A　6（
Aさんの気持ち

　＊　「対話のパターン」のワークシート　（一部省略）

② ２人１組のペア作り
　参加者には２人１組のペアになってもらう。お互いに初対面でも，顔見知り程度の関係であってもよいが，普段から親密な関係にある場合や，仕事上の上下関係にある場合には，なるべくペアになることは避けた方がよい。

③ ウォーミングアップ
　初対面同士のペアが多い場合や，緊張感が感じられる場合には，２人でジャンケンをして，ジャンケンで勝った人から１分間の自己紹介をする。その後，交代してジャンケンで負けた人が自己紹介をする。ジャンケンをすること自体がワークショップに入るためのウォーミングアップ（アイスブレーキング）になり，お互いに１分程度の限られた時間でコミュニケーションを図っておくことが，

第11章　一人一人のキャリア発達を支援するキャリア教育実践の在り方

後の振り返りや分かち合い（シェアリング）を促すことにつながる。

④　役割分担

　2人でジャンケンをして役割を決める。ジャンケンに勝った人がAさん，負けた人がBさんとなる旨を伝える。Aさんには「対話のパターン」のワークシートを提供してもらい，ワークシートの1段目に設けた空欄に，Aさんの氏名またはイニシャルを記入してもらう。そして，そのシートをBさんに渡して，Bさんにも氏名またはイニシャルを記入してもらう。

⑤　役割認識

　Aさんにはロールプレイの要領で，1週間後に高校入試を控えた中学3年生の役割を演じてもらう。志望する高等学校を決め，出願書類を提出し，高校入試まであと1週間という時点で，志望校に合格できるかどうか不安になり，「これまでも自分なりにがんばってきたんだけど…，試験に合格できるかなぁ…」という発言をしたとする。

　また，一方のBさんは，中学3年生のAさんの学級担任の役割を演じてもらう。学級担任であるB先生は，Aさんのこれまでのことや志望校，Aさんが置かれた状況も理解していることとする。

⑥　ワークシートへの記入　1（B先生）

　Bさん（B先生）には「さて，この生徒に対して，どのような言葉をかけますか？」と教示して，学級担任としてAさんにかける言葉を考えて，B1の欄に記入してもらう。時間は1分間とし，よく考えて記入するように促す。その後，B1の発言が記入されたシートを，Aさんに手渡す。

⑦　ワークシートへの記入　2（Aさん）

　Aさんには，「さて，最初のAさんの発言に対して，担任のB先生はB1の言葉をかけてくれました。そこでAさんとして，どのように感じ，どのように考え，またどのような言葉を発するでしょうか。B先生のB1の発言に対するAさんの発言を，A1の欄に記入してください」と教示して，1分間の時間を設けて，A1への記入を促す。また，その間を見計らって，「もし，返す言葉が見つからなかった場合には，……と点を打って，『何も言えない』『返す言葉がない』ということを表現してみてください」と伝える。そして，A1の発言が記入されたシートを，B先生に手渡す。

⑧　ワークシートへの記入　3（B先生）

　B先生には，「担任教師としてのB1の発言に対して，AさんからはA1に記された発言が返ってきました。そこで，担任教師として，Aさんにはどのような言葉をかけるでしょうか。自分がかけるであろうと思われる言葉を，B2に記入してください」と教示して，1分間の時間をとり，B2の欄に応答を記入してもらう。そして，B2の発言が記入されたシートを，Aさんに手渡す。

⑨　ワークシートへの記入　4（交互に記入）

　再び1分間の時間をとってA2を記入してもらうが，その後は1分ずつ区切って記入するのではなく，4分間を設定して，自由に進めることとする。それぞれが記入できたら相手に渡すという方法で，2人の対話をさらに進めてほしい旨を伝える。4分経過すれば，記入の途中であっても，そこで終了とする。

⑩　「Aさんの気持ち」の記入

　Aさんにワークシートを渡して，Aさんとしての最後の発言に注目してもらう。Aさんには，「Aさんとしての最後の発言を，どんな気持ちや感情をもって発していたかを想像してみてください」と教示して，ワークシートの最後の欄に，最後の発言にまつわる感情を記入してもらう。例えば，B先生と話をして「安心した」「がんばろうという気持ちになった」という肯定的な感情のほか，「心配な気持ちのまま」「ますます不安になった」とか，「B先生に話したことを後悔しはじめている」などという否定的な心の動きについても，ありのままに表現するように促す。

　ここまでで，「対話のパターン」のワークシートへの記入は終了となる。

⑪　交互に声に出して読む

　記入されたワークシートの記述を，Aさんから順に声に出して読み上げるように教示する。また，Aさんには，ワークシートの末尾の「Aさんの気持ち」の欄も読むように伝える。交互に読み合わせることによって，文章で書かれた発言にまつわる感情を理解しやすくなるとともに，担当者がそれぞれのペアによって生み出された「対話のパターン」の一部を聞き取ることができるので，後のコメントや振り返りの際の手がかりとして活用することもできる。

⑫　「対話のズレ」の点検

　Aさんの発言をA1から順に点検し，「ても・でも・だって・けど・しかし」「そうかなぁ」など，B先生の発言に対して異論や反論，言い訳，疑念等を端的に表現している言葉はないかどうかをチェックする。そのような言葉が見つかれば，赤ペンやラインマーカーで印をつけたり，囲んだりするよう教示する。

　その一方で，B先生の発言にも，「ても・でも・だって・けど・しかし」などの言葉が含まれていないかどうかを検討するよう促す。

153

⑬ 「Aさんの気持ち」の確認

「ても・でも・だって・けど・しかし」や「そうかなぁ」が随所に見られたペアの対話はかみ合っておらず，ズレが生じている可能性があることを指摘する。その証拠としては，「Aさんの気持ち」の欄が「安心した」「がんばろうという気持ちになった」という肯定的な感情ではなく，「心配な気持ちのまま」「ますます不安になった」とか，「B先生に話したことを後悔し始めている」など否定的な心の動きが生じているのではないかと示唆する。もし，対話がかみ合わず，ズレが生じているにもかかわらず，「Aさんの気持ち」の欄に「安心した」「がんばろうという気持ちになった」などと記されている場合には，あらためてありのままの気持ちに触れてみるように促す。

⑭ 「対話のパターン」の全体を点検する

「受け止める」ことを妨げる言葉として，「安易な保証」「気休め」「気持ちの否定」「心配の先取り・先送り」「泣き面に蜂」「的外れ」「追い込み」「正しすぎる意見」の8つを解説し，そのような発言がB先生からなされていないかを点検し，そのような発言によってAさんの言葉がどのように影響されているかを検討する。

⑮ 振り返り

お互いに，気づいたこと，感じたこと，考えたことを分かち合う。

2　適切なコミュニケーションを妨げる態度
——「聴く」ことの点検

「聴く」ことを妨げる態度として，「無視」「無理解」「無関心」「聞き流し」「先送り」「時期はずれ」「あきらめ」の7つを説明する。

相手の話を「聴く」ことを妨げる態度として，最も注意しなければならないのが，話しかけられても振り向きさえしない「無視」である。故意に「無視」するというのは論外であるが，話しかけられても気づかなかったり，他のことに気をとられて，すぐには振り向けないこともある。こちらに「無視」したつもりはなくても，相手は「話しかけたのに，振り向いてくれさえしなかった」と感じているかもしれない。

また，相手の発言の意図を理解しないまま，一方的に言葉を発することが「無理解」である。例えば，ワークショップの冒頭の「志望校に合格できるでしょうか」という言葉に表現された相手の不安や心配にはまったく理解を示さず，「合格できるかどうかは，受験してみないことにはわからない！」「それはあなたの実力次第でしょう？」などと言い放つのがその例である。

さらに，相手の発言の背景にある不安や心配に気づいていても，「それがどうしたの？」などと，まるで他人事のように「無関心」な態度をとることもある。カウンセリングの基本的態度の一つには相手の気持ちや感情を自分のことであるかのように感じとりながら理解を図ろうとする共感的理解があるが，「無関心」はそれとはまったく反対の態度である。

「聞き流し」とは，相手の話を聞いているだけで，積極的な関心や肯定的な配慮を向けて注意深く「聴く」というかかわり方ではない。「聴く」というかかわり方は積極的な働きかけであり，こちらが「聴く」ことによって相手の発言や自由な自己表現が促されるが，相手の話を単に聞いているだけでは，その

ような効果は望めない。

「先送り」とは，相手の話しかけにすぐに応じることができないため，「ちょっと待って！」「その話は，あとで！」と要求する場合である。相手がその要求に応じて待ってくれていれば，後にその話を聴くこともできるであろうが，相手が「では，もう結構です！」と話をしなかったり，相手を待たせたこと自体が忘れられるという事態が起こりうる。

また，「先送り」の後に，相手の話をあらためて聴こうと向き合っても，相手の「いま・ここで」の感情や思考が，時間の経過とともに変化していたり，苦痛な経験や不快な感情ほど意識化したり，言語化することが難しくなることがあるが，これが「時期はずれ」である。

「あきらめ」とは，相手の話を積極的に傾聴し，その内容や背景にある感情が理解できたとしても，「それはあなた自身の問題だから，私にはどうすることもできない」「私は経験したことがないことだから，何も言えない」など，相手の表明した問題や課題に関与することを回避しようとする態度のことである。相手の問題を解決する方法が思いつかず，適切な助言が困難だと感じると，「もう，どうすることもできない！」と早々にあきらめる態度をとってしまうことである。

③ 適切なコミュニケーションを妨げる言葉 ──「受け止める」ことの点検

相手の発言に対する応答によっては，対話の進行が妨げられる場面がよくみられる。会話の進行が妨げられていることを端的に示す言葉とは，異論を唱えたり反論する際に用いられる「ても」「でも」「けど」「しかし」，言い訳の前に表現される「だって」，疑いの念をもったままの「そうかなぁ」の6つをあげることができるが，返す言葉がなくなり，相手が黙り込んでしまうことも，コミュニケーションの断絶のサインである。

次に，「受け止める」ことを妨げる言葉として，「安易な保証」「気休め」「気持ちの否定」「心配の先取り・先送り」「泣き面に蜂」「的外れ」「追い込み」「正しすぎる意見」の8つを取り上げ，「対話のパターン」でよくみられるコミュニケーションのズレを表11-2のように3つのパターンに分けて紹介する。

「安易な保証」は，「大丈夫！」という言葉に代表される。日常的な会話のなかでは，この言葉がよく使われるが，相手の不安や心配の背景にある状況をまったく理解しないまま「安易な保証」を繰り返すことは避けなければならない。「気休め」は「何とかなる」「どうにかなる」「なるようになる」などというあいまいな言葉によって表現される。この類の言葉も，不安や心配を表明する人に対して，「何がどうなるのか」についての見通しがないままに繰り返される

表11-2 「対話のパターン」でよくみられるコミュニケーションのズレ

（パターン1：「安易な保証」の連発）

Ａさん　試験に合格できるでしょうか…。

　Ｂ1　大丈夫！

　Ａ1　でも，やっぱり，心配です。

　Ｂ2　あなたなら，大丈夫！

　Ａ2　そんなこと言われても…。

　Ｂ3　絶対に，大丈夫だって！

　Ａ3　そうかなぁ…。

（パターン2：「気休め」「的外れ」「気持ちの否定」「心配の先取り・先送り」の連鎖）

Ａさん　試験に合格できるでしょうか…。

　Ｂ1　何とかなるよ！

　Ａ1　でも，やっぱり，心配です。

　Ｂ2　あなただけじゃない。みんな不安なんだよ。あのＣさんだって心配してるよ。

　Ａ2　けど，Ｃさんは勉強がよくできるから…。

　Ｂ3　とにかく，そんな心配しない方がいい。

　Ａ3　そうかなぁ…。

　Ｂ4　そうだよ。もしも落ちたら落ちたときのこと，そうなってから心配すればいい！

　Ａ4　そんなこと言われても…。

（パターン3：「泣き面に蜂」「追い込み」「正しすぎる意見」の連打）

Ａさん　試験に合格できるでしょうか…。

　Ｂ1　あと1週間しかないのに，今頃になってそんなこと言っても遅いでしょう！

　Ａ1　だって，勉強する時間がとれなかったから…。

　Ｂ2　とにかく，今は全力を尽くすしかない！

　Ａ2　……　（返答なし）

　Ｂ3　もし，不合格になったとしても，それはすべて自分の責任でしょう！

　Ａ3　……　（返答なし）

ことが多い。

　「気持ちの否定」は心配や不安を打ち消すために「心配するな」「不安にならなくていい」という表現である。うれしいとか，楽しいという肯定的感情には「うれしかったね」「楽しかったんだね」と受容的で共感的な応答を返すが，不安や心配などの否定的感情はもたない方がよいという発想により，「気持ちの否定」をするのであろう。否定的感情もかけがえのない体験であり，その感情に気づくことによって問題解決や意思決定につながる可能性をもっている。

　「心配の先取り・先送り」は，「落ちたら落ちたときのこと」というように，これから先に起こりうる否定的な結果を現時点において指摘する一方で，「今，心配してもはじまらない」「実際にそうなったら，また考えればよい」などと，「今ここで」の感情や考えに触れずに「先送り」してしまう表現のことである。

　「泣き面に蜂」とは，「いまさら心配したところでどうにもならない」「今頃気がついても，もう手遅れだ」などと，本人の不安や心配に対して，さらに危

第11章　一人一人のキャリア発達を支援するキャリア教育実践の在り方

機感を募らせるような発言である。

「的外れ」とは,「心配しているのはあなただけではない。みんなそうだ」「あなたの友人も同じように不安だ。私もそうだった」など,対話の相手の感情や思考には注意が向かず,話題がまったく別の人に移ってしまうことである。なお,この言葉によって,ふと安心感に似た感情が生じることがあるが,それは「あなただけではない。みんなそうだ」という言葉によって,一人だけ取り残されているのではないかという孤立感が多少なりとも緩和されるためであり,不安や心配を生み出した状況を理解する方向には進んでいない。

「追い込み」は,「がんばれ」とか「もっと努力をせよ」とさらに追い打ちをかける言葉をさしている。「がんばれ」という単純な言葉かけでさらに努力するようになれる人は,そもそも弱音など吐かないであろう。

「正しすぎる意見」とは反論する余地がないほどの厳しい正論のことである。例えば,「あなたはこれまで自分なりにがんばってきたというけれど,本当にがんばってきたのなら,心配な気持ちにはならないはず。心配や不安が起きるのは,やり残したり,手つかずになっているところがあるからではないか。あと1週間,とにかくやるしかない。その結果が不合格だったとしても,それはすべてあなたの責任だ」など,返す言葉もないほどの厳しい意見は,相手を追い詰め,悲観的な気持ちにさせる。筆者は「正しい意見は悲しい意見。正しすぎるほど,悲しすぎる」と表現して理解を求めてきた。

このような気をつけたい言葉を不用意に発しないようになれば,適切なコミュニケーションがとれるようになる。あるいは,思わず口をついて出てしまったという場合でも,それに気づけば,その言葉を撤回して,ずれかけたコミュニケーションの流れを修正することができる。

4　効果的なコミュニケーションを図るための技法

「聴く」「受け止める」を積極的に行う適切なコミュニケーションを活用して応答すれば,どのような対話が展開されるであろうか。例えば,Aさんの「これまでも自分なりにがんばってきたんだけど…試験に合格できるかなぁ…」に対して,「自分なりにがんばってきたのに,入試が近づいてきて,それで心配な気持ちになったのですね」と応答してみるとどうであろうか。

このような応答の仕方は,相手の言葉をそのまま無条件で受け取り,繰り返して伝える「繰り返し(restatement)」あるいは「言い換え(paraphrasing)」,相手が「今・ここで」表出している感情を,そのまま無条件で受け取り,その感情をあたかも鏡のように映し出して伝え返す「感情の反映(reflection of feeling)」,相手がまだうまく言語化できないでいる内容や感情を,カウンセラーが適切な言葉や表現で言い表してみる「明確化(clarification)」を意識したもの

である。また，このような「繰り返し」や「言い換え」は，相手の話す内容をこちらが理解していることを伝えることであり，「感情の反射」または「感情の反映」や「明確化」は，相手の感情や気持ちにこちらが共感していることを伝えることにもなる。

　このような応答を受けて，Ａさんが「そうなんです。自分なりにがんばってきたので，直前になって心配することになるとは思ってもみませんでした。どうして，こんな気持ちになったのでしょうか」という発言が返ってきたなら，Ａさんが自分を振り返り，自己理解を図りながら，Ｂ先生に疑問を投げかけ，コミュニケーションをとろうとしていることがわかる。あるいは，ＡさんとＢ先生とのやりとりのなかで，Ａさんが「これから，どうすればよいでしょうか」とか，「これからの１週間，どのように取り組めばよいでしょうか」などとＢ先生に問いかけたとすれば，そこには情報探索や情報活用に向けた心の動きが読み取れるであろう。また，Ａさんから「あと１週間もあれば，あれもこれもできそうなことがある」という主旨の発言がなされれば，将来設計やキャリア・プランニングに向けて考えはじめている証拠であると言える。さらに，Ａさんから「とにかく，今日は自宅に帰ってすぐに，自分が最も得意な課題に取り組みたい」という発言があれば，選択肢の検討から意思決定が図られたことになる。

　つまり，「聴く」「受け止める」を基本にした適切なコミュニケーションによって，相手の自己理解やコミュニケーション，情報探索や情報活用，将来設計やキャリア・プランニング，選択肢の検討や意思決定に向かう心の動きを生み出すことができる。このような対話の積み重ねが，キャリア形成に必要な能力や態度を育成することにつながっていく。

　一方，このような「聴く」「受け止める」という応答の仕方には批判的で，「話を聴いているだけでは問題は解決しない」「考えや思いを受け止めていても事態は変化しない」などといわれることがある。しかしながら，そういう人に限って，相手の話がほとんど聴けていなかったり，本当に「ただ聞いているだけ」だということが少なくない。カウンセリングやコミュニケーションのスキルが十分に備わっていないと，堂々巡りの苦戦や予期しない中断を余儀なくされたり，対話や相談を継続することすらできないことがある。

　児童生徒の個別支援のために，カウンセリングやその基礎となるコミュニケーション・スキルを身につけることは，それほど難しいものではないが，決して容易なことではない。基礎・基本をていねいに学び，その実践を積み重ねていくことの重要性を強調しておきたい。

第11章　一人一人のキャリア発達を支援するキャリア教育実践の在り方

4　キャリア教育におけるキャリア・カウンセリングの活用

1　ガイダンスとカウンセリングの関係

　これまでの学習指導要領のなかでも，「ガイダンスの機能の充実を図る」「ガイダンスの機能を充実する」という表現がみられた。例えば，旧中学校学習指導要領では，「第1章　総則　第4　指導計画の作成等に当たって配慮すべき事項」において，「2-(5)生徒が学校や学級での生活によりよく適応するとともに，現在及び将来の生き方を考え行動する態度や能力を育成することができるよう，学校の教育活動全体を通じ，ガイダンスの機能の充実を図ること」，「第5章　特別活動　第3　指導計画の作成と内容の取扱い」のなかに「1-(3)学校生活への適応や人間関係の形成，進路の選択などの指導に当たっては，ガイダンスの機能を充実するよう〔学級活動〕等の指導を工夫すること」と，1998（平成10）年の学習指導要領の改訂にあたって盛り込まれた「ガイダンスの機能」は，その後の学習指導要領にも引き継がれていた。

　しかしながら，生徒指導には教育相談が付随し，従来の進路指導には進路相談が含まれており，キャリア教育にもキャリア・カウンセリングが重要であることからすれば，「ガイダンスの機能」だけでは不十分であり，これに「カウンセリングの機能」を加えなければ十分な指導とはなりえないことが指摘されてきた。ガイダンスとカウンセリングは，まさに「車の両輪」であり，生徒指導や進路指導，キャリア教育を推進するためには，どちらかの機能だけでは十分な援助にはならないと思われる。

2　学習指導要領におけるカウンセリングの位置づけ

　2017（平成29）年3月に公示された現在の学習指導要領には，カウンセリングという語句が初めて取り入れられ，ガイダンスの説明も具体的になった。例えば，中学校学習指導要領では，「第1章　総則　第4　生徒の発達の支援」として，「1　生徒の発達を支える指導の充実」のなかで，教育課程の編成および実施に当たって配慮する事項として，「(1)学習や生活の基盤として，教師と生徒との信頼関係及び生徒相互のよりよい人間関係を育てるため，日頃から学級経営の充実を図ること。また，主に集団の場面で必要な指導や援助を行うガイダンスと，個々の生徒の多様な実態を踏まえ，一人一人が抱える課題に個別に対応した指導を行うカウンセリングの双方により，生徒の発達を支援すること」と記されている。生徒の発達を支援するために，集団の場面における「ガイダンス」に加えて，一人一人が抱える課題に個別に対応した「カウンセ

159

リング」の双方が必要であるという観点があらためて強調されることになった。

③ キャリア教育における体験を意識化・言語化するための キャリア・カウンセリング

　児童生徒一人一人のキャリア発達を支援するために，個別対応としてのキャリア・カウンセリングを活用するという視点は，国立教育政策研究所生徒指導・進路指導研究センター（2016）の「『語る』『語らせる』『語り合わせる』で変える！　キャリア教育——個々のキャリア発達を踏まえた"教師"の働きかけ」というパンフレットで強調されていた。

　例えば，「日々の学校生活や教科等の授業，体験活動，行事を経験する中で，その子なりに学んだことや考えたこと等の積み重なりに着目することが大切」「一人一人異なる積み重なりを意識しつつ，まだ言葉や文章になっていない子供たちの気付きを言語化できるように支援することが，個々の発達を踏まえたキャリア教育を行っていく上でのポイント」であると指摘する。この点は，自らの体験を意識化し，その内容を言語化して表現することを図るカウンセリングの機能を重視することであると言える。また，同パンフレットでは，カウンセリングという言葉をあえて用いることなく，「語る・語らせる・語り合わせる」というキーワードを活用して，次のように表現する。

　まず，教師の声かけや言葉かけの重要性について，「先生方が『語る』ことは，子供たちにとって自分の生き方を考える上で，重要です。だからこそ，伝える内容と伝え方の双方に気を付ける必要があります。『あなたはどうしてそう思うのかな？』というように，子供たちの思いや考えを引き出すよう，意図して働きかけることが大切です」と述べている。

　次に，カウンセリングで重視される傾聴や受容について，「子供に『語らせる』ことは，まだ言葉や文章にしていない自分の思いや考えに気付くきっかけになります。ですから，子供に『語らせる』ときは，耳を傾けて受け止めるよう心掛けることが大切です」と提案する。

　さらに，子どもたち同士の「語り合い」や「聴き合い」など，体験の「分かち合い（シェアリング）」の重要性にも言及して，「子供たちに『語り合わせる』ことは，他者の思いや考え方を知るとともに，自分自身の思いや考え方を明確にしたり，整理・再構築したりすることにつながります。意図的に，自他の違いに気付き，それを受け入れるよう促していくことが大切です」と示唆する。

　その一方で，「語る・語らせる・語り合わせる」ことが困難になっている実態について指摘し，「大切なのは，子供たちが自ら気付くことを促し，主体的に考えさせ，それを成長・発達へとつなげていくことです」と指摘している。

第11章　一人一人のキャリア発達を支援するキャリア教育実践の在り方

4 　キャリア教育と学校教育相談との協働を図ること

　キャリア教育は学校教育相談[6]との共通性が多く，キャリア・カウンセリングは，学校教育相談とも密接にかかわり，重複する部分がかなり大きい。キャリア教育は学校教育活動の一環であり，子どもの発達段階と発達課題を踏まえた開発的・予防的な援助が強調されるほか，キャリア発達を促進するための学習プログラムの実施とそれを補完するキャリア・カウンセリングは教師が担う。また，キャリア・カウンセリングには，進路選択等の場面では外部の専門人材の活用も考えられるが，キャリア教育の目標に沿ったさまざまな教育活動のなかに組み込まれ，子どもと教師の日常的な人間関係を基礎にした適切なコミュニケーションとして展開される。相違点としては，キャリア教育（キャリア・カウンセリングを含む）には，いわゆる危機介入の視点はなく，特別な援助ニーズがある子どもの問題状況の解決に向けた関係者へのコンサルテーションや，専門機関等へのリファーなどは考えにくい。

　これからのキャリア教育も学校教育相談も，教師の担う学校教育活動の一環として，教師と子どもたちとの日常的な人間関係を基礎としている。そのうえで，子どもたち一人一人の発達（キャリア発達を含む）を支援するために，必要な能力や態度を育成するカリキュラムやプログラムを学級などの集団の場面で実施するガイダンスの機能と，子どもたち一人一人の発達や課題に応じた個別対応を図るカウンセリングの機能を充実させながら展開されることが期待されているのである。

▷6　学校教育相談
児童生徒の学習面，進路面，生活面の課題や問題に対して，情緒的のみならず情報的・評価的・道具的にもサポートをするため，「軽快なフットワーク，綿密なネットワーク，そして少々のヘッドワーク」を活動のモットーに，「反省的実践家（reflective practitioner）としての教師」というアイデンティティの下で，すべての子どもにかかわり，一部の子どもとしのぎ，特定の子どもをつなげ，そして，すべての子どもがもっと逞しく成長・発達し，社会に向かって巣立っていけるように，学校という時空間をたがやすところのチームによる実践的な指導・援助活動である（大野，1998）。

Exercise

① 　キャリア発達とは何かについて説明してみよう。そのうえで，キャリア発達を促すために必要な能力や態度について述べてみよう。

② 　キャリア発達を促すキャリア・カウンセリングの妨げとなる「不適切なコミュニケーション」について，具体的な例をあげて説明してみよう。

③ 　ワークショップ「対話のパターン」に取り組んでみよう。できれば2人1組で実施できることが望ましいが，1人で生徒（Aさん）と教師（Bさん）の2つの役割を演じてもよい。その体験を通して，気づいたことや感じたことをまとめ，自分自身のコミュニケーションの問題点や解決すべき課題について具体的に述べてみよう。

📖次への一冊

文部科学省 国立教育政策研究所生徒指導・進路指導研究センター編『変わる！　キャリア教育――小・中・高等学校までの一貫した推進のために』ミネルヴァ書房，2016年。

　　これまでに刊行された３種類のパンフレットがまとめられており，キャリア・カウンセリングの視点（語る・語らせる・語り合わせる）を理解するために，小学校から高等学校までのすべての教員必携の一冊である。

渡辺三枝子『新版 カウンセリング心理学――カウンセラーの専門性と責任性』ナカニシヤ出版，2002年。

　　アメリカにおけるカウンセリング心理学の歴史と発展を基礎に，特定の理論やアプローチ，技法の紹介ではなく，カウンセリング心理学の独自性およびカウンセラーの専門性を解説する。

メイヤー，スコット・T.，クスマノ・J.，森平直子訳『サクセスフル・カウンセリング――成功するカウンセリングのための40のポイント』ブレーン出版，1993年。

　　カウンセラーとクライエントの具体的な対話を例示しながら，カウンセリングにおける望ましい応答，不適切な反応などを40のポイントで簡潔に解説している。

米田薫『厳選！　教員が使える５つのカウンセリング』ほんの森出版，2007年。

　　「すべての指導・援助に通じる基礎基本」「自己理解とふれあいのある人間関係を育てる」「原因を探らず解決をめざす」「日常生活での人間関係のコツを教える」「内発的な動機づけを高めて自主性を育てる」ためのポイントが解説されている。

引用・参考文献

大野精一「学校教育相談の定義について」『教育心理学年報』37，1998年，153～155ページ。

国立教育政策研究所生徒指導・進路指導研究センター「キャリア教育・進路指導に関する総合的実態調査　第一次報告書（概要版）」2013（平成25）年３月。

国立教育政策研究所生徒指導・進路指導研究センター「データが示す　キャリア教育が促す『学習意欲』」（パンフレット）2014（平成26）年３月。

国立教育政策研究所生徒指導・進路指導研究センター「『語る』『語らせる』『語り合わせる』で変える！　キャリア教育――個々のキャリア発達を踏まえた“教師”の働きかけ」（パンフレット）2016（平成28）年３月。

中央教育審議会「今後の学校におけるキャリア教育・職業教育の在り方について（答申）」2011（平成23）年１月31日。

文部科学省「キャリア教育の推進に関する総合的調査研究協力者会議報告書」2004（平成16）年１月28日。

American Psychological Association, "Committee on Standards for Providers of Psychological Services Guidelines for the Delivery of Services by Counseling Psychologists", *American Psychologist*, 36(6), 1981, pp. 652–663.

Super, D. E., "A life-span, life-space approach to career development", *Journal of Vocational Behavior*, 16, 1980, pp. 282–298.

第12章
キャリア教育のさらなる充実に向けた
諸課題と今後の展望

〈この章のポイント〉
　本章では，(1)知識基盤社会の一層の進展にともなって各種の技術革新が急速に進むなかでとくに求められる「学びに向かう力」をめぐる課題，(2) OECD による「Education 2030」が提示した今後とくに求められる資質・能力をめぐる課題を整理したうえで，(3)今後求められるキャリア教育の実践の在り方を「教育活動全体を通した実践」「『要』としての学級活動・ホームルーム活動」の２つの観点からまとめた。最後に，「社会に開かれた教育課程」におけるキャリア教育の方向性について，キャリア教育推進のための法令改正の可能性を含めて指摘している。

1　「学びに向かう力」をめぐる課題

1　平成20年版・29年版学習指導要領が共通して期待すること

　平成20年版学習指導要領の基本方針を示した中央教育審議会答申（2008）は，21世紀が「新しい知識・情報・技術が政治・経済・文化をはじめ社会のあらゆる領域での活動の基盤として飛躍的に重要性を増す，いわゆる『知識基盤社会』（knowledge-based society）の時代である」とみなしたうえで，このような社会に参画し，それを支えることになる子どもたちが「将来に不安を感じたり，学校での学習に自分の将来との関係で意義が見出せずに，学習意欲が低下し，学習習慣が確立しないといった状況」にあることを問題視し，「学校の教育活動全体を通した組織的・系統的なキャリア教育の充実に取り組む必要がある」と提言した。この提言は，その前年に改正された学校教育法が規定した第30条第２項が示す「学力の３要素」のうち，「主体的に学習に取り組む態度」を念頭に置いてなされたもの言えよう。

　一方，平成29年版学習指導要領の基本的な方向性を示した中央教育審議会答申（2016）が，「新しい教育課程に共通する重要な骨組み」として，次のような「資質・能力の三つの柱」を提示したことは極めて重要である。

① 「何を理解しているか，何ができるか（生きて働く『知識・技能』の習得）」
② 「理解していること・できることをどう使うか（未知の状況にも対応できる『思考力・判断力・表現力等』の育成）」

▷1　平成20年版学習指導要領
2008（平成20）年の中央教育審議会「幼稚園，小学校，中学校，高等学校及び特別支援学校の学習指導要領等の改善について（答申）」に基づいて改訂・告示された一連の学習指導要領をさす。小学校および中学校の学習指導要領は2008（平成20）年に告示され，高等学校学習指導要領は2009（平成21）年に告示されている。これまでの慣例に従い，同一の答申に基づく一連の学習指導要領を，小学校学習指導要領が告示された年（元号法に基づく年号）を用いて示した。

▷2　学力の３要素
①基礎的な知識及び技能
②これらを活用して課題を解決するために必要な思考力，判断力，表現力
③主体的に学習に取り組む態度

> ③「どのように社会・世界と関わり，よりよい人生を送るか（学びを人生や社会に生かそうとする『学びに向かう力・人間性等』の涵養）」

　とりわけ「③」として掲げられる資質・能力の向上を図るうえで，キャリア教育の視点が不可欠であることは言うまでもないだろう。この点について同答申は，「子供たちに必要な資質・能力を育んでいくためには，各教科等での学びが，一人一人のキャリア形成やよりよい社会づくりにどのようにつながっているのかを見据えながら，各教科等をなぜ学ぶのか，それを通じてどういった力が身に付くのかという，教科等を学ぶ本質的な意義を明確にすることが必要になる」と指摘している。この点はまさに，平成20年版学習指導要領改訂時にも求められていたキャリア教育の主眼である。以下，このような「主体的に学習に取り組む態度」「学びに向かう力」をめぐる課題を整理する。

2　TIMSS2015・PISA2015が示すもの

　本書第5章ではTIMSS2007，PISA2006の結果を紹介しているが，本章ではTIMSS2015（中学2年生）およびPISA2015（高校1年生）の結果に目を向けてみよう。

① 　TIMSS2015

　図12-1が明示するとおり，日本を含めた東アジアの国・地域の8年生（中学2年生）の数学の成績は，突出して優れている。

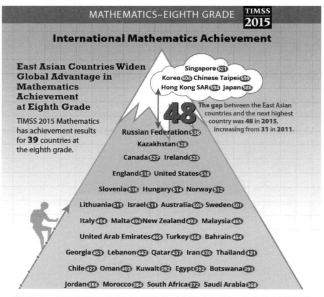

図12-1　TIMSS2015における数学（中学2年生）の成績の概観図
出所：IEA, 2016, Math 8th grade, Infographic.

第12章　キャリア教育のさらなる充実に向けた諸課題と今後の展望

　図中，「東アジアの国々は，中学2年生の数学の成績において国際的優位性をさらに高めている（左上）」「東アジアの国々と，それに次ぐ国との点数差は，2011年に31点であったが，2015年には48点に拡大している（右上）」と記されているように，東アジアの国々の数学の成績の高さは羨望のまなざしで捉えられているとさえ言えるだろう。また，理科の成績についても，日本はシンガポールに次いで参加国・地域中第2位という好結果であった。

　一方，数学や理科での学びが自らのキャリア形成に結びついていると捉える日本の生徒の割合は他の国々に比べて少ない。例えば，「数学を勉強すると，日常生活に役立つ」「他教科を勉強するために数学が必要だ」「数学を使うことが含まれる職業につきたい」などの6つの設問に対して，「強くそう思う」「そう思う」「そう思わない」「まったくそう思わない」の4件法での回答を求めた

▷3　原文は，「East Asian Countries Widen Global Advantage in Mathematics Achievement at Eighth Grade」。

▷4　原文は，「The gap between the East Asian countries and the next highest country was 48 in 2015, increasing from 31 in 2011」。

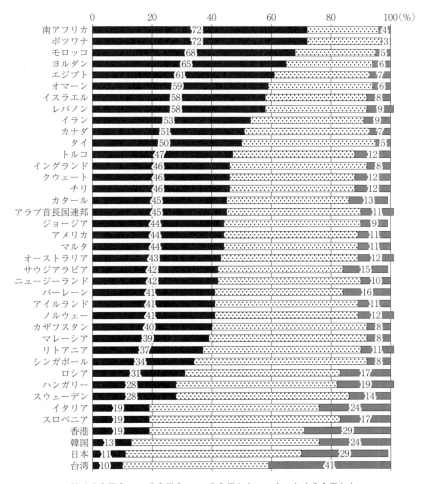

図12-2　現在の生活や将来との関係で数学を重要だと捉えている中学2年生の割合
出所：IEA, 2016, Math 8th grade, Exhibit 10.7.

結果を,「強くそう思う」と回答した生徒の割合順に捉えてみると, 日本は参加した39の国・地域のうち38番目となる（図12-2）。

　また, 理科について同様の設問に回答した結果をみると, 日本の中学2年生は39の国・地域のうち39番目, すなわち最下位となっている（IEA, 2016, Science 8th grade, Exhibit 10.7）。

② PISA2015

　次に, 日本からは高校1年生が参加したPISA2015の結果を整理する。

　日本の成績が, 読解力, 数学的リテラシー, 科学的リテラシーの3領域合計で, 2012年・2015年ともに, 経済協力開発機構（OECD）加盟諸国中第1位[45]という好結果であった。2006年・2009年のPISAにおいてフィンランドの総合成績がOECD加盟諸国中第1位であったことを理由として, 日本では「学力世界一の国・フィンランド」等と表現され同国の教育への関心が高まったが, 当時と同じ論理に基づく場合, 現時点において「学力世界一」は日本であると言ってよい。

　しかし,「将来自分の就きたい仕事で役に立つから, 努力して理科の科目を勉強することは大切だ」「理科の科目を勉強することは, 将来の仕事の可能性を広げてくれるので, 私にとってはやりがいがある」などの4項目の設問に対する肯定的な回答の割合をみてみると, 比較可能な70の国・地域のうち日本は63位となっている（OECD, 2016, Table I.3.3a）。理科について同様の意識調査がなされたPISA2006との比較のうえでは, 肯定的な回答をする生徒の割合が増加しているものの, 国際的にみれば現在でもなお大きな課題があると言わざるをえない。

　TIMSSやPISAの結果を総合的に捉えれば, 日本の中学生・高校生の成績は全般的に極めて良好であるものの,「各教科等での学びが, 一人一人のキャリア形成やよりよい社会づくりにどのようにつながっているのかを見据えながら, 各教科等をなぜ学ぶのか, それを通じてどういった力が身に付くのか」という観点から, 自らの現在の学びを捉えることができていない現実が浮かび上がる。

　あくまでも推測の域を出ないが, 上級学校の入試を突破するための手段としてやむをえず, 砂を嚙む思いで学校での学びに耐えている日本の中学生・高校生は少なくないと言えるのではなかろうか。仮にそうであるとするなら, 受験終了後に, それまでの学校での学びを通して得た「知」は剝落する可能性が高い。さらに, その後, 学びに背を向ける危険性にも直面することになろう。

　第3期教育振興基本計画の原案を示した中央教育審議会答申（2018）は,「変化の激しい社会を生き抜いていくためには, 国民一人一人が, 生涯にわたって質の高い学びを重ね, それぞれの立場や分野で成長し, 新たな価値を生み出

▷5　日本の成績の詳細
読解力：516点（OECD加盟諸国中6位）。数学的リテラシー：532点（同1位）。科学的リテラシー：538点（同1位）。
日本国内では, 日本の読解力の順位がPISA2012での1位から後退したことに強い社会的関心が向けられた。しかしOECDは, PISA2000からPISA2015までの6回にわたって参加国・地域の読解力の変容を分析した結果をもとに, 日本の高校1年生の読解力は「順調に向上している（steadily changing）」と評価している。（OECD, *PISA 2015 Results（Volume 1）: Excellence and Equity in Education*, PISA, OECD Publishing, 2016, Figure I.4.6）

し，輝き続ける力を育成することが不可欠となる」と指摘している。そのための重要な基盤ともなる「学びに向かう力」を増し強めることは，今後のキャリア教育にとっての最重要課題の一つと言えよう。

2 OECD による「Education 2030」が示す課題

1 Education 2030 が求めるもの

2015年，OECD は，2030年に照準を合わせて，新たな時代に求められるコンピテンシーを検討し，時代の変化に対応した新たな教育モデルの開発を目指す「Education 2030」事業を立ち上げた。この事業には日本からも文部科学省の幹部職員などが参画しており，今後，OECD 加盟諸国を中心として世界的な影響力を発揮することが予測される。

ここでは，2018年に第一次報告書（position paper）として取りまとめられた小冊子「The Future of Education and Skills: Education 2030」に注目し，当該冊子が示す「今後求められる資質能力」のエッセンスを整理したうえで，そこから導かれる課題をあげる。

① 世界各国が直面する変容を捉える 3 つの視点

Education 2030は，各国が直面する急速な変容を次の 3 つの視点から捉え，国連が策定した「持続可能な開発のための2030アジェンダ」に貢献するとともに，これらの変容が生じさせた課題の解決を目指すものである。

> ▷6 持続可能な開発のための2030アジェンダ
> 2015年 9 月に国連本部において開催された「国連持続可能な開発サミット」の成果文書。人間，地球および繁栄のための行動計画として，宣言および17の目標と169のターゲットからなる「持続可能な開発目標（Sustainable Development Goals：SDGs）」を掲げた。

```
(1)環境＝●気候変動と天然資源の枯渇など
(2)経済＝●バイオテクノロジーや人工知能などの前例のない技術革新がもたらす人間
         の存在そのものへの問いに対応しうる新たな経済モデルの欠落（未創出）
       ●地方・国家・より広域な地域レベルでの財政的相互依存による共有経済と
         それにともなう新たな経済的リスクの発生
(3)社会＝●世界的な人口増加
       ●生活の水準や機会の不平等およびそれによって生じうる紛争やテロ
```

② 今後すべての学習者に求められる資質・能力

このような変容のなかで，人は，複雑かつ見通しのききにくい世界において道筋を見定めて進みゆく（navigate）ための資質・能力（agency）を獲得する必要がある。そのような資質・能力は，さまざまな他者と相互作用的で相互支援的な関係を築くことができる「共同的な力（co-agency）」でなくてはならず，これが今後の学習の在り方を枠づけるものとなる。今後求められる資質・能力を身につけるための前提としては，一人一人に適した学習環境の確保と，読み書き計算に代表される基礎的な力の習得の二者が不可欠である。前者は，自分

自身の情熱を育み，さまざまな学習経験や機会をつなぎ，他者と協力しつつ自らの学習プロジェクトを設計するために必要であるし，後者には識字，計算力，心身の健康はもちろんのこと，デジタルリテラシーやデータリテラシーなどが含まれる。

　無論，今後も，各教科や学問領域ごとに蓄積された知識やスキルの習得は，新たな知を創造するための「原材料（raw material）」として必要であるし，それらの知識やスキルを未知の状況においても活用・応用しうる力や，物事に対処したり学んだりするために必要な手順や方策について熟知することが重要であることは言うまでもない。しかし，今後，社会をよりよいものにして，その「良好な状態（well-being）」を保持するうえでは，次の3つの資質・能力がとくに求められる。

●新たな価値を創造する力（Creating new value）
　　急速に変化する社会においては，新しい製品・サービスのみならず，新たな仕事や社会モデルを他者と協力して生み出す力が必要である。例えば，適応性，創造性，好奇心，新たな環境・人・物事などに自分を開きそれらを受け入れる心（open-mindedness）などが含まれる。
●緊張やジレンマの調整力（Reconciling tensions and dilemmas）
　　多様な立場や社会的背景をもつ人々がともに生き，同時に，格差や不平等が広がる社会においては，短絡的な思考を避け，競合・相反する考えが相互に影響を与え合っているという現実に即した調整力が必要である。例えば，平等と自由，個としての自律と地域社会の共通利益，変革と継続性，効率性の追求と民主的な手続きの尊重などのバランスをとる力などが含まれる。
●責任をとる力（Taking responsibility）
　　上記の2つの資質・能力の基盤となる力である。自己をコントロールしつつ，自らの行動によって生じる結果を予測し，その結果について責任をもって説明し，評価・検証できる力を意味する。例えば，自己管理能力，自己効力感，責任感，問題解決能力，適応能力などが含まれる。

2　Education 2030が浮き彫りにする課題

　Education 2030が求める資質・能力を視野に収めれば，今日，キャリア教育を通して育成することが期待されている「基礎的・汎用的能力（人間関係形成・社会形成能力，自己理解・自己管理能力，課題対応能力，キャリアプランニング能力）」の重要性が一層鮮明となることは言うまでもない。

　しかしここで，日本の子どもたちは，社会に参画しそれをよりよいものに変えていこうとする意識・意欲そのものに課題を抱えていることを確認しておく必要がある。本節では，その一例として，日本の中学生の意識の実態に目を向けてみよう。今回引用するのは，2008年に実施された日本・米国・中国・韓国の中学生を対象とした調査である。

まず，生徒にとって身近な社会ともいうべき学校をよりよくするために不可欠な生徒会活動等の自治的な活動について，「学校の生徒自治活動に参加したい」と思う日本の中学生は他の国より少ないことが明らかとされた（図12-3）。また，「社会のことはとても複雑で，私は関与したくない」と考える中学生は他の国より多いことも同時に示されている（図12-4）。

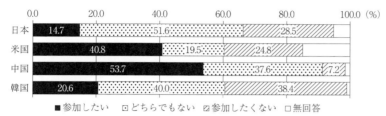

図12-3　「あなたは学校の生徒自治活動に参加したいですか」への回答結果
出所：一ツ橋文芸教育振興協会，日本青少年研究所（2009）。図12-4，12-5についても同じ。

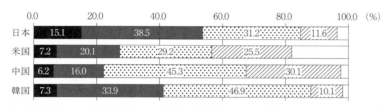

図12-4　「社会のことはとても複雑で，私は関与したくない」への回答結果

さらに，「私は将来に不安を感じている」という項目に対して，「とてもそう思う」と回答した中学生は，他の国の中学生に比べて多いことも示されている（図12-5）。

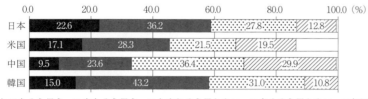

図12-5　「私は将来に不安を感じている」への回答結果

しかも，このような未来への悲観的な意識は，中学生に特有のものではない。ここでは，韓国の若者文化等を中心に調査研究活動を行っている民間機関「대학내일20대연구소（20代研究所）」が取りまとめた報告書「글로벌 7 개국대학생가치관비교2016（世界 7 か国の大学生の価値観比較2016）」の結果をあげる。韓国・中国・日本・インド・米国・ドイツ・ブラジルの大学生に対して「現在の人生についての満足度」「未来への期待度」を尋ねた結果，日本の大学生は

169

▷ 7　実質 GDP 成長率
1960-73　　　　　(%)

暦年	実質 GDP の対前年増減率
1960	13.1
1961	11.9
1962	8.6
1963	8.8
1964	11.2
1965	5.7
1966	10.2
1967	11.1
1968	11.9
1969	12.0
1970	10.3
1971	4.4
1972	8.4
1973	8.0
平均	9.7

出所：内閣府，2017年（長
期経済統計・国民経
済計算より抜粋）。

▷ 8　労働力人口増加率
1960-73　　　　　(%)

暦年	労働力人口の対前年増減率
1960	1.76
1961	1.13
1962	1.14
1963	0.82
1964	1.25
1965	1.63
1966	2.17
1967	1.88
1968	1.57
1969	0.73
1970	1.08
1971	0.64
1972	0.25
1973	1.73
平均	1.27

出所：同上（掲載される各
年の労働力人口から
増加率を算出した）。

▷ 9　世界の人口推移予測
国連の経済社会局は，2017
年現在，75億5000万人とさ
れる世界総人口は，2030年
に85億5000万人，2050年に
は97億7000万人となるとの
予測を公表している。とり
わけアフリカ地域での人口

当該２項目のいずれについても，肯定的な回答が最も低かった。さらに，日本を除く６か国では「現在の満足度」よりも「未来への期待度」の肯定的回答率が高い値を示す（６か国平均＋23.6ポイント）一方，日本だけが「未来への期待度」への肯定的回答率が「現在の満足度」のそれよりも低い結果（−5.7ポイント）となった。日本の大学生の描く未来像は，他の国に比べて悲観的な傾向が極めて強いことが示されたと言えよう。

　ここで問題とすべきは，日本社会を覆うように蔓延する将来への不安感に囚われ，自己効力感をもてないまま将来を悲観している中学生・高校生の姿ではなかろうか。そして，大学生になってもその悲観的将来展望から抜け出せずにいると言えそうである。

3　悲観的な将来展望を捉え直す

　では，日本の将来を暗いとみなす言説はどれほど正しいのだろうか。本節では，近年多くみられる悲観的な将来展望のうち，少子高齢化と総体的な人口減少によって日本経済が低迷するのではないかという指摘，および，人工知能（AI）技術の高度化が多様な作業の自動化を加速し，人間から職を奪うのではないかという指摘を取り上げ，それらを異なる角度から捉え直してみよう。

①　日本の人口減少と経済成長

　一般に，人口の増加は労働力と消費の増加を意味し，経済成長の一つの基盤となるといわれている。しかし，人口の増減と経済の成長とが単純な相関関係や因果関係にあるわけではないという事実を確認しておくことは重要だろう。例えば，高度経済成長期にあたる1960年から1973年までの日本の実質 GDP の成長率（対前年増減率）の平均は9.7％であった。その一方，当該期間の労働力人口の増加率（対前年増減率）の平均は約1.3％にとどまっている。当時の高い経済成長率は，その多くの部分について，労働生産性の上昇がもたらしたものというべきである。現在の人口の減少傾向が，そのまま経済の停滞あるいは低迷に直結するという予測はいささか短絡的にすぎるのではなかろうか。

　さらに，上に引用した「Education 2030」の第一次報告書も指摘するとおり，世界の人口は今後も増加すると予測されている。日本の高度な技術，それを基盤として生産される製品，きめ細やかなサービスなどを提供すべき「顧客」は今後もほぼ確実に増える。このような側面に目を転ずれば，今後の日本経済は，成長の可能性を大きく秘めているとさえ言えるように思われる。

②　技術革新と私たちの働き方

　この点については，まず，2016（平成28）年に厚生労働省内に設置された「『働き方の未来2035――一人ひとりが輝くために』懇談会」による報告書における次の指摘に注目したい。

> 　AIを中心とした技術革新は，今後の経済の構造を，急速かつ大きく変える。これは働くすべての人々に大きな恩恵を生み出し得る。それは，働く場所に関する物理的な制約がなくなり，多くの仕事が，いつでもどこでもできるようになるからだ。また，ITやロボット等をうまく活用することで，障害などにより今まで働くことに制約があった人々が，より自由度をもって働くことができるようになる。すべての人が，自由で自律的であるとともに，より充実感のある働き方ができるようにするチャンスだ。
> 　また，この技術革新は，日本経済にとって大きなチャンスにもなる。少子化，高齢化による人口減少，労働力人口の減少，過疎化という日本が直面している課題の解決に大きく寄与し得るからだ。

　本報告書は，この抜粋部分に限らず，技術革新の社会的インパクトをめぐって主潮の位置にある悲観的な言説──その典型としての「AIが人から職を奪う」という論調──とは対照的な指摘に満ちている。AI関連技術が今後いかに進展しようとも，AIがなしえるのは所与の目的達成のためのアルゴリズム◁10に従った処理であり，AIの動作を決定する目的やアルゴリズムを示すのは私たち人間である。AIに代表される高度な技術を使いこなすことによって，よりよい未来の構築に役立てることは十分可能ではなかろうか。

　無論，このような捉え方を楽観論であるとはね除け，等閑視することも容易にできよう。しかし，今，子どもたちにとって必要なのは，多様な立場からなされる将来展望をその背景や論拠を検証しつつ読み解き，妥当性を判断し，自らのキャリア形成に生かすとともに，新たな社会の構築に参画する力である。そのような力を向上させることもまた，キャリア教育の重要な使命であることは論を俟たない。

3　今後の実践の在り方

1 　教育活動全体を通した実践

　本書第2章で解説されているように，進路指導は，昭和43年版学習指導要領から今日に至るまで教育活動全体を通して実践されるものと位置づけられてきた。キャリア教育もまた，2011年に中央教育審議会が取りまとめた「今後の学校におけるキャリア教育・職業教育の在り方について（答申）」が示すとおり，教育活動全体を通して実践されるものである。

　この点について，新学習指導要領が，小学校から高等学校までのすべての学校におけるキャリア教育の実践を次のように定めていることは重要である（小学校・中学校：第1章　総則　第4の1(3)，高等学校：第1章　総則　第5款の1(3)◁11）。

増加が著しいことが予測され，現在12億6000万人とされる当該地域人口は，2030年には17億人を超え，2050年には25億3000万人に達すると推定されている。（出所：United Nations, Department of Economic and Social Affairs, Population Division. *World Population Prospects: The* 2017 *Revision, Key Findings and Advance Tables*. Working Paper No. ESA/P/WP/248, 2017, Table 1）

▷10　アルゴリズム（algorithm）
ある特定の問題を解いたり，課題を解決したりするための計算手順や処理手順のこと。これを図式化したものがフローチャートであり，コンピュータで処理するための具体的な手順を記述したものがプログラムである。（デジタル大辞泉）

▷11　中学校・高等学校の規定
中学校，高等学校の総則規定においては，次ページの引用部分に続いて，「その中で，生徒が自らの生き方（中）／生徒が自己の在り方生き方（高）を考え主体的に進路を選択することができるよう，学校の教育活動全体を通じ，組織的かつ計画的な進路指導を行うこと」と定めている。

> 　児童（小）／生徒（中・高）が，学ぶことと自己の将来とのつながりを見通しなが
> ら，社会的・職業的自立に向けて必要な基盤となる資質・能力を身に付けていくこと
> ができるよう，特別活動を要としつつ各教科等（小・中）／各教科・科目等（高）の
> 特質に応じて，キャリア教育の充実を図ること。

　この総則規定は，(1)児童生徒が「学ぶことと自己の将来とのつながりを見通
しながら，社会的・職業的自立に向けて必要な基盤となる資質・能力を身に付
け」ることをキャリア教育の目的に位置づけ，その実践は，(2)特別活動を要と
しつつ，(3)各教科等の特質に応じてなされるものであることを示している。

　本章第1節で整理したとおり，日本の中学生・高校生は，他の国々の生徒に
比べて，学ぶことと自分の人生や社会とのつながりを実感できない傾向が著し
く強く，受験終了後の知の剝落などが懸念される状況にある。これまでも，
キャリア教育の充実によってこの問題の克服が目指されてきたが，上述「(1)」
のとおり，今回改訂された学習指導要領は「学ぶことと自己の将来とのつなが
りを見通」すためのキャリア教育の実践を総則において定め，小学校からの系
統的な取組みを明示的に求めている。この意義については，改訂の基本方針を
示した中央教育審議会答申（2016）が，次のように指摘する「教科等を学ぶ本
質的な意義」を再確認することによって一層鮮明となろう。

> 　子供たちに必要な資質・能力を育んでいくためには，各教科等での学びが，一人一
> 人のキャリア形成やよりよい社会づくりにどのようにつながっているのかを見据えな
> がら，各教科等をなぜ学ぶのか，それを通じてどういった力が身に付くのかという，
> 教科等を学ぶ本質的な意義を明確にすることが必要になる。

　キャリア教育は，「教科等を学ぶ本質的な意義」を子どもたちが認識できる
ようにするためにも不可欠な教育活動である。

　それゆえ，上述「(3)」として整理したとおり，キャリア教育は「各教科等の
特質に応じて」，すなわち，すべての教育活動を通して実践されることが当然
に求められる。児童生徒が，各教科等において「学ぶことに興味や関心を持
ち，自己のキャリア形成の方向性と関連付けながら，見通しを持って粘り強く
取り組み，自己の学習活動を振り返って次につなげる『主体的な学び』」（中央
教育審議会，2016）を実現するためには，それぞれの教科等の指導を担当する教
師がキャリア教育の本質を正しく理解し，当該教科等の特質に応じたキャリア
教育を実践することが前提となろう。

　無論，ここで指摘される「教科等」は，教科や科目に限定されるものではな
い。とりわけ，「新たな価値を創造する力（Creating new value）」「緊張やジレ
ンマの調整力（Reconciling tensions and dilemmas）」「責任をとる力（Taking re-
sponsibility）」の重要性が指摘される今日，児童会・生徒会活動，学校行事など

はもちろん，日常的な係活動や部活動などもキャリア教育の実践の機会として捉え，児童生徒がそれらの教育活動を通した学びと「自己の将来とのつながり」を意識できるような指導・支援が強く求められる。子どもたちが，自ら所属する集団の形成者としての自覚と責任感に基づき，そこで生起するさまざまな問題の解決に向けた話し合いや活動に参画し，課題達成に貢献できたという実感を得る経験をすることは，一人一人の自己効力感を高める重要な契機となる。またそれは，望ましい社会の構築に参画し，自分の役割を果たしながら自分らしい生き方を実現していくための力を形成することにもつながるものである。

2 「要」としての学級活動・ホームルーム活動

このように，今後も，教育活動全体を通したキャリア教育の実践を確実に推進していくことはとくに重要である。その一方，新学習指導要領に基づくキャリア教育においては，前述「(2)」のとおり，「特別活動を要としつつ」実践することが求められている。

この点については本書第5章で解説がなされているが，本章では以下の2点を再確認しておきたい。

● 「特別活動を要とする」という規定を，「特別活動を中心とする」あるいは「特別活動による」などと誤解してはならないこと，および

● キャリア教育の「要」となるのは，特別活動の全体ではなく，学級活動・ホームルーム活動の「(3)一人一人のキャリア形成と自己実現」であること。

前者については，「要」の語義を踏まえる必要があろう。「要」は，そもそも「扇の骨を留めるのに用いる釘。また，扇の骨を留める場所」（大辞林），「扇の骨をとじ合わせるために，その末端に近い部分に穴をあけてはめ込む釘」（デジタル大辞泉）を意味する言葉である。扇には「扇面と骨」が不可欠であり，それがバラバラにならないようにつなぎ止めるのが「要」の役割である。「要」だけの扇は存在しないし，無理にそういった特異な扇を作ったところで使い道を探すのは困難と言える。すべての教育活動を通したキャリア教育の実践（＝扇面と骨）があってこそ，「要」が必要となりその意義も生まれるのである。

また後者については，例えば，『中学校学習指導要領（平成29年告示）解説 総則編』が次のように述べている。

> キャリア教育を効果的に展開していくためには，<u>特別活動の学級活動を要としながら</u>，総合的な学習の時間や学校行事，道徳科や各教科における学習，個別指導としての教育相談等の機会を生かしつつ，学校の教育活動全体を通じて必要な資質・能力の育成を図っていく取組が重要になる。（中略）

> さらに，本改訂では特別活動の学級活動の内容に(3)一人一人のキャリア形成と自己実現を設けている。その実施に際しては次の2点に留意することが重要である。
> 一つ目は，総則において，特別活動が学校教育全体で行うキャリア教育の要としての役割を担うことを位置付けた趣旨を踏まえることである。（中略）
> 二つ目は，学級活動の(3)の内容は，キャリア教育の視点からの小・中・高等学校のつながりが明確になるよう整理したということである。
>
> （下線は引用者）

それゆえ，小学校・中学校・高等学校の新学習指導要領が共通して，学級活動・ホームルーム活動の「内容の取扱い」において，次のように定めている。

> (3)の指導に当たっては，学校，家庭及び地域における学習や生活の見通しを立て，学んだことを振り返りながら，新たな学習や生活への意欲につなげたり，将来の生き方（小・中）／在り方生き方（高）を考えたりする活動を行うこと。その際，児童（小）／生徒（中・高）が活動を記録し蓄積する教材等を活用すること。

学級活動・ホームルーム活動(3)においては，学校でのさまざまな学びや生活にとどまらず，家庭や地域における学びや生活を含めて，「見通しを立て，学んだことを振り返りながら，新たな学習や生活への意欲につなげたり，将来の生き方を考えたりする活動を行う」ことが求められる。まさに，キャリア教育の「要」であることがここに示されていると言えるだろう。また，学級活動・ホームルーム活動(3)では，このような一人一人のキャリア形成にかかわる重要な学びの経験を「記録し蓄積する教材」，すなわち「キャリア・パスポート[12]」の活用が期待されている。この意味からも，学級活動・ホームルーム活動(3)はキャリア教育の「要」となるのである。

4 今後の展望

子どもたちが，変化の激しい社会を生きるために必要な資質・能力を身につけ，未来を切り拓いていくためには，自らの人生や社会をよりよく変えていくことができるという実感をもつことが重要である。そのためには，身近な地域を含めた社会とのつながりのなかで学び，社会の現実にふれ，ロールモデルとなりうる人々と出会うことが強く望まれる。新学習指導要領が，これからの時代を生きていくために必要な力とは何かを教育課程において明確化し，それらを学校と社会とが共有しながら，連携してともに育む「社会に開かれた教育課程」の実現を目指している理由は，まさにここにあると言ってよいだろう。

とりわけキャリア教育は，児童生徒に，将来の生活や社会，職業などとの関連を意識させ，一人一人のキャリア発達を促すものであることから，その実施

▷12 キャリア・パスポート
児童生徒が，小学校から高等学校までのキャリア教育に関わる諸活動について，特別活動の学級活動及びホームルーム活動を中心として，各教科等と往還し，自らの学習状況やキャリア形成を見通したり振り返ったりしながら，自身の変容や成長を自己評価できるよう工夫されたポートフォリオのこと。2020年4月より全国すべての小学校，中学校，高等学校において実施することとされた。

にあたっては，職場見学・職場体験活動・インターンシップ・社会人講話など
の機会の確保が不可欠となる。家庭や保護者はもとより，幅広い地域住民等
（個々の地域住民にとどまらず，PTA，青少年団体，企業，NPO，キャリア教育や学校
との連携をコーディネートする専門人材等を含む）と目標やビジョンを共有し，連
携・協働して児童生徒を育てていく必要がある。

　このようななかで，自由民主党内に「キャリア教育推進特命委員会」が設け
られ，「キャリア教育推進法（仮称）」の制定に向けた準備を進めていることは
特筆に値する。例えば，2014年頃から，複数の国会議員がインターネット上の
個人的な発信を通じて同法成立に向けた作業の進展に言及してきたが，2015年
2月6日付けの『毎日新聞』が，当該法案の「全容が明らかになった」とした
うえで，「文部科学省や厚生労働省，経済産業省などによる『キャリア教育推
進会議』を設置」する条文が含まれていることなどを報じたことは注目されて
よいだろう。さらに，自由民主党政務調査会が2016年6月20日に公表した「総
合政策集2016：J−ファイル」では，「産業構造の変化や社会経済情勢の変化に
伴い，国民が自ら主体的に生きることができる能力及び態度を養うことができ
るようにキャリア教育を推進します。そのため，キャリア教育推進の理念や基
本事項などを定める『キャリア教育推進法』を議員立法で制定します」と記さ
れ，『毎日新聞』が報じた国レベルの「キャリア教育推進会議」に並行して，
都道府県に「キャリア教育推進協議会」を設置することなどに言及している。

　近い将来，「キャリア教育推進法（仮称）」が成立して施行されれば，キャリ
ア教育は，新たな仕組みのなかで一層の推進の契機を得ることとなる。今後の
動向に注目すべきだろう。

▷12　国会議員による発信
の例
2014年3月18日付けの馳浩
文部科学副大臣（当時）に
よる Facebook，2014年5
月29日付けの大串まさき衆
議院議員による Twitter な
どがある。

Exercise

① 　AI 関連技術の高度化を典型する技術革新が私たちの社会にもたらす影響に
　ついて，その長短両側面を具体的にあげながらディスカッションしてみよう。
② 　自らが取得する免許教科における特定の単元を想定し，その単元での学び
　が一人一人のキャリア形成やよりよい社会づくりにどのようにつながっている
　のかを説明する場面を含んだ指導案を作成して，模擬授業を実践してみよう。

📖次への一冊

加谷珪一『ポスト新産業革命──「人口減少」×「AI」が変える経済と仕事の教科書』
　CCC メディアハウス，2018年。

日本の人口減少とAIを中心とした新しいテクノロジーが，日本社会に与える影響
について概観し，平易な表現で解説している。具体事例の紹介も豊富である。紹介
されるデータや事例をどのように再解釈し評価するかを自らに問いつつ読むことに
よって，多くの発見が得られるだろう。

二神枝保・村木厚子編著『キャリア・マネジメントの未来図──ダイバーシティとイン
クルージョンの視点からの展望』八千代出版，2017年。

今後の社会における女性や障害者のキャリア形成の在り方を中心に，「人はなぜ働
くのか」「キャリアとは何か」「キャリアをどのようにマネジメントするのか」など
の問いを立てながら論じている。性別や障害の有無を問わず，今後の働き方を考え
るうえで示唆に富む事例も多く紹介されている。

引用・参考文献

自由民主党政務調査会「総合政策集2016：J-ファイル」2016年6月20日。(https://jimin.
ncss.nifty.com/pdf/pamphlet/sen_san24_j-file_0620.pdf（2018年9月25日閲覧))

中央教育審議会「幼稚園，小学校，中学校，高等学校及び特別支援学校の学習指導要領
等の改善について（答申)」2008（平成20）年1月17日。

中央教育審議会「幼稚園，小学校，中学校，高等学校及び特別支援学校の学習指導要領
等の改善及び必要な方策等について（答申)」2016（平成28）年12月21日。

中央教育審議会「今後の学校におけるキャリア教育・職業教育の在り方について（答
申)」2011（平成23）年1月31日。

内閣府『平成29年度　年次経済財政報告』2017年。

「働き方の未来2035──一人ひとりが輝くために」懇談会，「『働き方の未来2035～一人
ひとりが輝くために～報告書」2016年。

一ツ橋文芸教育振興協会，日本青少年研究所『中学生・高校生の生活と意識調査報告書
──日本・米国・中国・韓国の比較』日本青少年研究所，2009年。

IEA, TIMSS 2015 lnternational Results Report Download Center, 2016. (http://timssan
dpirls.bc.edu/timss2015/international-results/download-center/（2018年9月25日閲
覧))

OECD, *PISA 2015 Results (Volume I): Excellence and Equity in Education*, PISA,
OECD Publishing, 2016.

OECD, "The Future of Education and Skills: Education 2030", 2018. (http://www.oecd.
org/education/2030/E2030%20Position%20Paper%20（05.04.2018).pdf（2018年9月25日閲
覧))

United Nations, "Department of Economic and Social Affairs, Population Division",
World Population Prospects: The 2017 Revision, Key Findings and Advance Tables,
Working Paper No. ESA/P/WP/248, 2017.

대학내일20대연구소，글로벌7개국대학생가치관비교2016，2016。

付　録

教育基本法 ［抄］ ……………………………………… 178

学校教育法 ［抄］ ……………………………………… 179

学校教育法施行規則 ［抄］ …………………………… 180

第１期教育振興基本計画 ［抄］ ……………………… 181

第２期教育振興基本計画 ［抄］ ……………………… 181

第３期教育振興基本計画 ［抄］ ……………………… 182

小学校学習指導要領 ［抄］ …………………………… 183

中学校学習指導要領 ［抄］ …………………………… 185

高等学校学習指導要領 ［抄］ ………………………… 186

中央教育審議会「今後の学校における
　　キャリア教育・職業教育の在り方について
　　（答申）」［抄］ …………………………………… 188

「キャリア・パスポート」の様式例と
　　指導上の留意事項 ［抄］ ………………………… 192

教育基本法〔抄〕

平成18年法律第120号

我々日本国民は，たゆまぬ努力によって築いてきた民主的で文化的な国家を更に発展させるとともに，世界の平和と人類の福祉の向上に貢献することを願うものである。

我々は，この理想を実現するため，個人の尊厳を重んじ，真理と正義を希求し，公共の精神を尊び，豊かな人間性と創造性を備えた人間の育成を期するとともに，伝統を継承し，新しい文化の創造を目指す教育を推進する。

ここに，我々は，日本国憲法の精神にのっとり，我が国の未来を切り拓く教育の基本を確立し，その振興を図るため，この法律を制定する。

（教育の目的）

第1条　教育は，人格の完成を目指し，平和で民主的な国家及び社会の形成者として必要な資質を備えた心身ともに健康な国民の育成を期して行われなければならない。

（教育の目標）

第2条　教育は，その目的を実現するため，学問の自由を尊重しつつ，次に掲げる目標を達成するよう行われるものとする。

　一　幅広い知識と教養を身に付け，真理を求める態度を養い，豊かな情操と道徳心を培うとともに，健やかな身体を養うこと。

　二　個人の価値を尊重して，その能力を伸ばし，創造性を培い，自主及び自律の精神を養うとともに，職業及び生活との関連を重視し，勤労を重んずる態度を養うこと。

　三　正義と責任，男女の平等，自他の敬愛と協力を重んずるとともに，公共の精神に基づき，主体的に社会の形成に参画し，その発展に寄与する態度を養うこと。

　四　生命を尊び，自然を大切にし，環境の保全に寄与する態度を養うこと。

　五　伝統と文化を尊重し，それらをはぐくんできた我が国と郷土を愛するとともに，他国を尊重し，国際社会の平和と発展に寄与する態度を養うこと。

（生涯学習の理念）

第3条　国民一人一人が，自己の人格を磨き，豊かな人生を送ることができるよう，その生涯にわたって，あらゆる機会に，あらゆる場所において学習することができ，その成果を適切に生かすことのできる社会の実現が図られなければならない。

（教育の機会均等）

第4条　すべて国民は，ひとしく，その能力に応じた教育を受ける機会を与えられなければならず，人種，信条，性別，社会的身分，経済的地位又は門地によって，教育上差別されない。

2　国及び地方公共団体は，障害のある者が，その障害の状態に応じ，十分な教育を受けられるよう，教育上必要な支援を講じなければならない。

3　国及び地方公共団体は，能力があるにもかかわらず，経済的理由によって修学が困難な者に対して，奨学の措置を講じなければならない。

（義務教育）

第5条　国民は，その保護する子に，別に法律で定めるところにより，普通教育を受けさせる義務を負う。

2　義務教育として行われる普通教育は，各個人の有する能力を伸ばしつつ社会において自立的に生きる基礎を培い，また，国家及び社会の形成者として必要とされる基本的な資質を養うことを目的として行われるものとする。

3　国及び地方公共団体は，義務教育の機会を保障し，その水準を確保するため，適切な役割分担及び相互の協力の下，その実施に責任を負う。

4　国又は地方公共団体の設置する学校における義務教育については，授業料を徴収しない。

（学校教育）

第6条　法律に定める学校は，公の性質を有するものであって，国，地方公共団体及び法律に定める法人のみが，これを設置することができる。

2　前項の学校においては，教育の目標が達成されるよう，教育を受ける者の心身の発達に応じて，体系的な教育が組織的に行われなければならない。この場合において，教育を受ける者が，学校生活を営む上で必要な規律を重んずるとともに，自ら進んで学

習に取り組む意欲を高めることを重視して行われなければならない。

（家庭教育）

第10条　父母その他の保護者は，子の教育について第一義的責任を有するものであって，生活のために必要な習慣を身に付けさせるとともに，自立心を育成し，心身の調和のとれた発達を図るよう努めるものとする。

2　国及び地方公共団体は，家庭教育の自主性を尊重しつつ，保護者に対する学習の機会及び情報の提供その他の家庭教育を支援するために必要な施策を講ずるよう努めなければならない。

（幼児期の教育）

第11条　幼児期の教育は，生涯にわたる人格形成の基礎を培う重要なものであることにかんがみ，国及び

地方公共団体は，幼児の健やかな成長に資する良好な環境の整備その他適当な方法によって，その振興に努めなければならない。

（教育振興基本計画）

第17条　政府は，教育の振興に関する施策の総合的かつ計画的な推進を図るため，教育の振興に関する施策についての基本的な方針及び講ずべき施策その他必要な事項について，基本的な計画を定め，これを国会に報告するとともに，公表しなければならない。

2　地方公共団体は，前項の計画を参酌し，その地域の実情に応じ，当該地方公共団体における教育の振興のための施策に関する基本的な計画を定めるよう努めなければならない。

学校教育法〔抄〕

昭和22年法律第26号（平成29年5月31日公布（平成29年法律第41号）改正）

第2章　義務教育

第21条　義務教育として行われる普通教育は，教育基本法（平成18年法律第120号）第5条第2項に規定する目的を実現するため，次に掲げる目標を達成するよう行われるものとする。

一　学校内外における社会的活動を促進し，自主，自律及び協同の精神，規範意識，公正な判断力並びに公共の精神に基づき主体的に社会の形成に参画し，その発展に寄与する態度を養うこと。

二　学校内外における自然体験活動を促進し，生命及び自然を尊重する精神並びに環境の保全に寄与する態度を養うこと。

三　我が国と郷土の現状と歴史について，正しい理解に導き，伝統と文化を尊重し，それらをはぐくんできた我が国と郷土を愛する態度を養うとともに，進んで外国の文化の理解を通じて，他国を尊重し，国際社会の平和と発展に寄与する態度を養うこと。

四　家族と家庭の役割，生活に必要な衣，食，住，情報，産業その他の事項について基礎的な理解と技能を養うこと。

五　読書に親しませ，生活に必要な国語を正しく理解し，使用する基礎的な能力を養うこと。

六　生活に必要な数量的な関係を正しく理解し，処理する基礎的な能力を養うこと。

七　生活にかかわる自然現象について，観察及び実験を通じて，科学的に理解し，処理する基礎的な能力を養うこと。

八　健康，安全で幸福な生活のために必要な習慣を養うとともに，運動を通じて体力を養い，心身の調和的発達を図ること。

九　生活を明るく豊かにする音楽，美術，文芸その他の芸術について基礎的な理解と技能を養うこと。

十　職業についての基礎的な知識と技能，勤労を重んずる態度及び個性に応じて将来の進路を選択する能力を養うこと。

第4章　小学校

第29条　小学校は，心身の発達に応じて，義務教育として行われる普通教育のうち基礎的なものを施すことを目的とする。

第30条　小学校における教育は，前条に規定する目的

を実現するために必要な程度において第21条各号に掲げる目標を達成するよう行われるものとする。

② 前項の場合においては，生涯にわたり学習する基盤が培われるよう，基礎的な知識及び技能を習得させるとともに，これらを活用して課題を解決するために必要な思考力，判断力，表現力その他の能力をはぐくみ，主体的に学習に取り組む態度を養うことに，特に意を用いなければならない。

第31条 小学校においては，前条第1項の規定による目標の達成に資するよう，教育指導を行うに当たり，児童の体験的な学習活動，特にボランティア活動など社会奉仕体験活動，自然体験活動その他の体験活動の充実に努めるものとする。この場合において，社会教育関係団体その他の関係団体及び関係機関との連携に十分配慮しなければならない。

第5章 中学校

第45条 中学校は，小学校における教育の基礎の上に，心身の発達に応じて，義務教育として行われる普通教育を施すことを目的とする。

第46条 中学校における教育は，前条に規定する目的を実現するため，第21条各号に掲げる目標を達成するよう行われるものとする。

第49条 第30条第2項，第31条，（中略）の規定は，中学校に準用する。この場合において，第30条第2項中「前項」とあるのは「第46条」と，第31条中「前条第1項」とあるのは「第46条」と読み替えるものとする。

第6章 高等学校

第50条 高等学校は，中学校における教育の基礎の上に，心身の発達及び進路に応じて，高度な普通教育及び専門教育を施すことを目的とする。

第51条 高等学校における教育は，前条に規定する目的を実現するため，次に掲げる目標を達成するよう行われるものとする。

一 義務教育として行われる普通教育の成果を更に発展拡充させて，豊かな人間性，創造性及び健やかな身体を養い，国家及び社会の形成者として必要な資質を養うこと。

二 社会において果たさなければならない使命の自覚に基づき，個性に応じて将来の進路を決定させ，一般的な教養を高め，専門的な知識，技術及び技能を習得させること。

三 個性の確立に努めるとともに，社会について，広く深い理解と健全な批判力を養い，社会の発展に寄与する態度を養うこと。

第62条 第30条第2項，第31条，（中略）の規定は，高等学校に準用する。この場合において，第30条第2項中「前項」とあるのは「第51条」と，第31条中「前条第1項」とあるのは「第51条」と読み替えるものとする。

学校教育法施行規則 ［抄］

昭和22年文部省令第11号（平成29年3月31日文部科学省令第24号：この省令は，平成29年4月1日から施行する。）

第71条 中学校には，進路指導主事を置くものとする。

2 前項の規定にかかわらず，第3項に規定する進路指導主事の担当する校務を整理する主幹教諭を置くときは，進路指導主事を置かないことができる。

3 進路指導主事は，指導教諭又は教諭をもつて，これに充てる。校長の監督を受け，生徒の職業選択の指導その他の進路の指導に関する事項をつかさどり，当該事項について連絡調整及び指導，助言に当たる。

第104条 （中略）第71（中略）の規定は，高等学校に準用する。

付　録

第1期教育振興基本計画［抄］

2008（平成20）年7月1日閣議決定

第3章　今後5年間に総合的かつ計画的に取り組むべき施策
基本的方向2　個性を尊重しつつ能力を伸ばし，個人として，社会の一員として生きる基盤を育てる
②規範意識を養い，豊かな心と健やかな体をつくる
　◇勤労観・職業観や知識・技能をはぐくむ教育（キャリア教育・職業教育）の推進
　　　子どもたちの勤労観や社会性を養い，将来の職業や生き方についての自覚に資するよう，経済団体，PTA，NPOなどの協力を得て，関係府省の連携により，小学校段階からのキャリア教育を推進する。特に，中学校を中心とした職場体験活動や，普通科高等学校におけるキャリア教育を推進する。
　　　また，専門高校等が地域社会等と連携して行う特色ある職業教育の取組を促すとともに，高校生等に専修学校の機能を活用した多様な職業体験の機会を提供するための取組を促す。さらに，ものづくりに関する児童生徒の興味・関心を高めるとともに知識・技術を習得させるため，例えば小・中学校段階でのものづくり体験や，専門高校等における地域産業や経済界と連携したものづくり教育をはじめ，産業，職業への理解を図る。

第2期教育振興基本計画［抄］

2013（平成25）年6月14日閣議決定

第2部　今後5年間に実施すべき教育上の方策
成果目標4　（社会的・職業的自立に向けた能力・態度の育成等）
　基本施策13　キャリア教育の充実，職業教育の充実，社会への接続支援，産学官連携による中核的専門人材，高度職業人の育成の充実・強化
【基本的考え方】
　○　「社会を生き抜く力」の一態様として，社会的・職業的自立に向けて必要な基盤となる能力や態度を身に付けさせるとともに，職業を通じて社会の一員として役割を果たすことの意義についての理解をはじめとした，勤労観・職業観等の価値観を自ら形成・確立できる子ども・若者の育成を目指す。
　○　実践的な職業教育の体系を明確にしつつ，職業生活への移行後も含め，必要な知識・技能を身に付けられるような取組を行い，個々人が，多様な職業生活に必要な知識・技能を生涯のどの時点においても身に付けられるようにする。
　○　また，我が国の成長分野における産業振興や地域活性化の中核を担う専門人材等の養成に向けて，産学官の連携により実践的な職業教育を充実し，社会人学生・生徒が学びやすい新しい学習システムを構築する。また，専修学校の質保証・向上のための仕組みを整備する。同時に，職業生活の中で修得した知識や技能等が適切に評価され，次の段階のキャリア形成等に結び付くような学校と職業をつなぐ新たな学習・評価システムの構築や，雇用のミスマッチ解消に向けた学校とハローワーク等との連携強化等を図る。
【主な取組】
13-1　社会的・職業的自立に向け必要な能力を育成するキャリア教育の推進
・幼児期の教育から高等教育まで各学校段階を通じた体系的・系統的なキャリア教育を充実し，特に，高等学校普通科におけるキャリア教育を推進する。
　　その際，子ども・若者の発達の段階に応じて学

校の教育活動全体を通じた指導を進めるとともに，地域におけるキャリア教育支援のための協議会の設置促進等を通じ，職場体験活動・インターンシップ等の体験活動や外部人材の活用など地域・社会や産業界等と連携・協働した取組を推進する。特に大学においては，産業界の協力を得て，国内外でのインターンシップの機会を大幅に増やす。

第3期教育振興基本計画［抄］

2018（平成30）年6月15日閣議決定

第1部　我が国における今後の教育政策の方向性

Ⅳ．今後の教育政策に関する基本的な方針

1．夢と志を持ち，可能性に挑戦するために必要となる力を育成する

（社会的・職業的自立に向けた能力・態度の育成）

○　変化が激しく将来が展望しにくい状況において，社会的・職業的自立を実現するためには，一人一人が自己の生き方や働き方について考えを深め，職業生活や日常生活に必要な知識や技能，技術を主体的に身に付けることが一層重要となる。

○　このため，幼児教育から高等教育までの各学校段階において体系的・系統的なキャリア教育を推進するとともに，高等学校段階以降においては，地域や産業界との連携の下，職業において求められる知識や技能，技術に関する教育の充実を図り，今後の社会的・職業的自立の基盤となる基礎的・汎用的能力や，生涯にわたり必要な学習を通じて新たな知識や技能，技術を身に付け，自らの職業人生を切り拓いていく原動力を育成することが重要である。

○　その際，特に高等教育段階においては，今後の成長分野で必要とされる人材の育成や，多様な課題に対応し，解決を図るための実践的・創造的な職業能力の育成についても重視する必要がある。とりわけ，新たに創設された専門職大学・専門職短期大学の制度の活用により，高等教育における専門的な職業教育体系の充実を図ることが求められる。同時に，今後実現を目指す超スマート社会（Society 5.0）においては，人文科学，社会科学，自然科学の分野の枠を超えた協働の中からこそ新たな価値が創出され，人々に豊かさをもたらす源泉となり，職業の在り方にも大きな影響を与えると考えられるところであり，職業教育においても今後こうした分野横断的な視点をより重視することが重要である。

第2部　今後5年間の教育政策の目標と施策群

1．夢と志を持ち，可能性に挑戦するために必要となる力を育成する

目標(5)　社会的・職業的自立に向けた能力・態度の育成

自主及び自律の精神を養うとともに，職業及び生活との関連を重視し，勤労を重んずる態度を養い，社会的・職業的自立の基盤となる基礎的・汎用的能力を育成する。

（参考指標）
・進路について将来の仕事に関することを意識する高校生の割合

○　各学校段階における産業界とも連携したキャリア教育・職業教育の推進
・幼児期の教育から高等教育まで各学校段階を通じた体系的・系統的なキャリア教育を推進する。初等中等教育段階においては，地域を担う人材育成に資するためにも，地元企業等と連携した起業体験，職場体験，インターンシップの普及促進を図るとともに，特色ある教育内容を展開する専門高校への支援と成果の普及に取り組む。また，高校生らが働くことを意識しながらビジネスの手法等を学び，地域の大人とともに地域課題を解決する取組を促進する。高等教育段階においては，産業

付　録

界と連携し，適正なインターンシップの更な
る推進を図るとともに，ボランティア等の学
外で行う活動の授業の一環としての位置付
け，単位化を促進する。専修学校において
は，企業等と密接に連携した「職業実践専門
課程」を中心に，専修学校全体の質保証・向
上を推進するとともに，組織的・自立的な教
育活動展開のための産学官連携の体制づくり
のための取組を進める。
○　高等教育機関における実践的な職業教育の推
進（略）
○　関係府省が連携した学校から社会への接続支
援
・関係府省が連携し，高等学校・大学等と新卒

応援ハローワーク等との連携促進などの体制
整備を進め，就職を希望する生徒・学生等の
就職支援の一層の充実を図るなど，高等学
校・大学等や経済界と一体となった就職・採
用活動の円滑な実施に必要な取組を進める。
・発達段階に応じて，労働法制に関する理解醸
成を図る取組を促進する。
○　学びを通じた地方への新たな人の流れの構築
・地方にある豊かな自然，固有の歴史や伝統，
文化等の魅力について子供の頃から学び，触
れさせる取組を促進するとともに，学生の地
方への還流や定着の促進に向けた取組を促進
する。

小学校学習指導要領 ［抄］

2017（平成29）年 3 月告示

前文

　教育は，教育基本法第 1 条に定めるとおり，人格の
完成を目指し，平和で民主的な国家及び社会の形成者
として必要な資質を備えた心身ともに健康な国民の育
成を期すという目的のもと，同法第 2 条に掲げる次の
目標を達成するよう行われなければならない。

1　幅広い知識と教養を身に付け，真理を求める態度
を養い，豊かな情操と道徳心を培うとともに，健や
かな身体を養うこと。
2　個人の価値を尊重して，その能力を伸ばし，創造
性を培い，自主及び自律の精神を養うとともに，職
業及び生活との関連を重視し，勤労を重んずる態度
を養うこと。
3　正義と責任，男女の平等，自他の敬愛と協力を重
んずるとともに，公共の精神に基づき，主体的に社
会の形成に参画し，その発展に寄与する態度を養う
こと。
4　生命を尊び，自然を大切にし，環境の保全に寄与
する態度を養うこと。
5　伝統と文化を尊重し，それらをはぐくんできた我
が国と郷土を愛するとともに，他国を尊重し，国際
社会の平和と発展に寄与する態度を養うこと。
　これからの学校には，こうした教育の目的及び目

標の達成を目指しつつ，一人一人の児童が，自分の
よさや可能性を認識するとともに，あらゆる他者を
価値のある存在として尊重し，多様な人々と協働し
ながら様々な社会的変化を乗り越え，豊かな人生を
切り拓き，持続可能な社会の創り手となることがで
きるようにすることが求められる。このために必要
な教育の在り方を具体化するのが，各学校において
教育の内容等を組織的かつ計画的に組み立てた教育
課程である。

　教育課程を通して，これからの時代に求められる
教育を実現していくためには，よりよい学校教育を
通してよりよい社会を創るという理念を学校と社会
とが共有し，それぞれの学校において，必要な学習
内容をどのように学び，どのような資質・能力を身
に付けられるようにするのかを教育課程において明
確にしながら，社会との連携及び協働によりその実
現を図っていくという，社会に開かれた教育課程の
実現が重要となる。

　学習指導要領とは，こうした理念の実現に向けて
必要となる教育課程の基準を大綱的に定めるもので
ある。学習指導要領が果たす役割の一つは，公の性
質を有する学校における教育水準を全国的に確保す
ることである。また，各学校がその特色を生かして

183

創意工夫を重ね，長年にわたり積み重ねられてきた
教育実践や学術研究の蓄積を生かしながら，児童や
地域の現状や課題を捉え，家庭や地域社会と協力し
て，学習指導要領を踏まえた教育活動の更なる充実
を図っていくことも重要である。

　　児童が学ぶことの意義を実感できる環境を整え，
一人一人の資質・能力を伸ばせるようにしていくこ
とは，教職員をはじめとする学校関係者はもとよ
り，家庭や地域の人々も含め，様々な立場から児童
や学校に関わる全ての大人に期待される役割であ
る。幼児期の教育の基礎の上に，中学校以降の教育
や生涯にわたる学習とのつながりを見通しながら，
児童の学習の在り方を展望していくために広く活用
されるものとなることを期待して，ここに小学校学
習指導要領を定める。

第1章　総　則
第4　児童の発達の支援
1　児童の発達を支える指導の充実
(1)　学習や生活の基盤として，教師と児童との信頼関
　係及び児童相互のよりよい人間関係を育てるため，
　日頃から学級経営の充実を図ること。また，主に集
　団の場面で必要な指導や援助を行うガイダンスと，
　個々の児童の多様な実態を踏まえ，一人一人が抱え
　る課題に個別に対応した指導を行うカウンセリング
　の双方により，児童の発達を支援すること。
　　　あわせて，小学校の低学年，中学年，高学年の学
　年の時期の特長を生かした指導の工夫を行うこと。
(3)　児童が，学ぶことと自己の将来とのつながりを見
　通しながら，社会的・職業的自立に向けて必要な基
　盤となる資質・能力を身に付けていくことができる
　よう，特別活動を要としつつ各教科等の特質に応じ
　て，キャリア教育の充実を図ること。

第6章　特別活動
第1　目　標
　集団や社会の形成者としての見方・考え方を働か
せ，様々な集団活動に自主的，実践的に取り組み，互
いのよさや可能性を発揮しながら集団や自己の生活上
の課題を解決することを通して，次のとおり資質・能
力を育成することを目指す。
(1)　多様な他者と協働する様々な集団活動の意義や活
　動を行う上で必要となることについて理解し，行動
　の仕方を身に付けるようにする。

(2)　集団や自己の生活，人間関係の課題を見いだし，
　解決するために話し合い，合意形成を図ったり，意
　思決定したりすることができるようにする。
(3)　自主的，実践的な集団活動を通して身に付けたこ
　とを生かして，集団や社会における生活及び人間関
　係をよりよく形成するとともに，自己の生き方につ
　いての考えを深め，自己実現を図ろうとする態度を
　養う。
第2　各活動・学校行事の目標及び内容
〔学級活動〕
1　目　標
　学級や学校での生活をよりよくするための課題を
見いだし，解決するために話し合い，合意形成し，
役割を分担して協力して実践したり，学級での話合
いを生かして自己の課題の解決及び将来の生き方を
描くために意思決定して実践したりすることに，自
主的，実践的に取り組むことを通して，第1の目標
に掲げる資質・能力を育成することを目指す。
2　内　容
(1)　学級や学校における生活づくりへの参画（略）
(2)　日常の生活や学習への適応と自己の成長及び健康
　安全（略）
(3)　一人一人のキャリア形成と自己実現
　ア　現在や将来に希望や目標をもって生きる意欲や
　　態度の形成
　　　学級や学校での生活づくりに主体的に関わ
　　り，自己を生かそうとするとともに，希望や目
　　標をもち，その実現に向けて日常の生活をより
　　よくしようとすること。
　イ　社会参画意識の醸成や働くことの意義の理解
　　　清掃などの当番活動や係活動等の自己の役割
　　を自覚して協働することの意義を理解し，社会
　　の一員として役割を果たすために必要となるこ
　　とについて主体的に考えて行動すること。
　ウ　主体的な学習態度の形成と学校図書館等の活用
　　　学ぶことの意義や現在及び将来の学習と自己
　　実現とのつながりを考えたり，自主的に学習す
　　る場としての学校図書館等を活用したりしなが
　　ら，学習の見通しを立て，振り返ること。
3　内容の取扱い
(2)　2の(3)の指導に当たっては，学校，家庭及び地域
　における学習や生活の見通しを立て，学んだことを
　振り返りながら，新たな学習や生活への意欲につな
　げたり，将来の生き方を考えたりする活動を行うこ

付　録

と。その際，児童が活動を記録し蓄積する教材等を

活用すること。

中学校学習指導要領〔抄〕

2017（平成29）年3月告示

第1章　総　則
第4　生徒の発達の支援
1　生徒の発達を支える指導の充実
(1)　学習や生活の基盤として，教師と生徒との信頼関係及び生徒相互のよりよい人間関係を育てるため，日頃から学級経営の充実を図ること。また，主に集団の場面で必要な指導や援助を行うガイダンスと，個々の生徒の多様な実態を踏まえ，一人一人が抱える課題に個別に対応した指導を行うカウンセリングの双方により，生徒の発達を支援すること。
(3)　生徒が，学ぶことと自己の将来とのつながりを見通しながら，社会的・職業的自立に向けて必要な基盤となる資質・能力を身に付けていくことができるよう，特別活動を要としつつ各教科等の特質に応じて，キャリア教育の充実を図ること。その中で，生徒が自らの生き方を考え主体的に進路を選択することができるよう，学校の教育活動全体を通じ，組織的かつ計画的な進路指導を行うこと。

第5章　特別活動
第1　目　標
　集団や社会の形成者としての見方・考え方を働かせ，様々な集団活動に自主的，実践的に取り組み，互いのよさや可能性を発揮しながら集団や自己の生活上の課題を解決することを通して，次のとおり資質・能力を育成することを目指す。
(1)　多様な他者と協働する様々な集団活動の意義や活動を行う上で必要となることについて理解し，行動の仕方を身に付けるようにする。
(2)　集団や自己の生活，人間関係の課題を見いだし，解決するために話し合い，合意形成を図ったり，意思決定したりすることができるようにする。
(3)　自主的，実践的な集団活動を通して身に付けたことを生かして，集団や社会における生活及び人間関係をよりよく形成するとともに，人間としての生き方についての考えを深め，自己実現を図ろうとする

態度を養う。
第2　各活動・学校行事の目標及び内容
〔学級活動〕
1　目　標
　学級や学校での生活をよりよくするための課題を見いだし，解決するために話し合い，合意形成し，役割を分担して協力して実践したり，学級での話合いを生かして自己の課題の解決及び将来の生き方を描くために意思決定して実践したりすることに，自主的，実践的に取り組むことを通して，第1の目標に掲げる資質・能力を育成することを目指す。
2　内　容
(1)　学級や学校における生活づくりへの参画（略）
(2)　日常の生活や学習への適応と自己の成長及び健康安全（略）
(3)　一人一人のキャリア形成と自己実現
　ア　社会生活，職業生活との接続を踏まえた主体的な学習態度の形成と学校図書館等の活用
　　　現在及び将来の学習と自己実現とのつながりを考えたり，自主的に学習する場としての学校図書館等を活用したりしながら，学ぶことと働くことの意義を意識して学習の見通しを立て，振り返ること。
　イ　社会参画意識の醸成や勤労観・職業観の形成
　　　社会の一員としての自覚や責任を持ち，社会生活を営む上で必要なマナーやルール，働くことや社会に貢献することについて考えて行動すること。
　ウ　主体的な進路の選択と将来設計
　　　目標をもって，生き方や進路に関する適切な情報を収集・整理し，自己の個性や興味・関心と照らして考えること。
3　内容の取扱い
(2)　2の(3)の指導に当たっては，学校，家庭及び地域における学習や生活の見通しを立て，学んだことを振り返りながら，新たな学習や生活への意欲につな

185

げたり，将来の生き方を考えたりする活動を行うこと。その際，生徒が活動を記録し蓄積する教材等を

活用すること。

高等学校学習指導要領［抄］
2018（平成30）年3月告示

第1章　総　則
第2款　教育課程の編成
3　教育課程の編成における共通的事項
(7)　キャリア教育及び職業教育に関して配慮すべき事項
　　ア　学校においては，第5款の1に示すキャリア教育及び職業教育を推進するために，生徒の特性や進路，学校や地域の実態等を考慮し，地域や産業界等との連携を図り，産業現場等における長期間の実習を取り入れるなどの就業体験活動の機会を積極的に設けるとともに，地域や産業界等の人々の協力を積極的に得るよう配慮するものとする。
　　イ　普通科においては，生徒の特性や進路，学校や地域の実態等を考慮し，必要に応じて，適切な職業に関する各教科・科目の履修の機会の確保について配慮するものとする。
　　ウ　職業教育を主とする専門学科においては，次の事項に配慮するものとする。（以下略）
第5款　生徒の発達の支援
1　生徒の発達を支える指導の充実
(1)　学習や生活の基盤として，教師と生徒との信頼関係及び生徒相互のよりよい人間関係を育てるため，日頃からホームルーム経営の充実を図ること。また，主に集団の場面で必要な指導や援助を行うガイダンスと，個々の生徒の多様な実態を踏まえ，一人一人が抱える課題に個別に対応した指導を行うカウンセリングの双方により，生徒の発達を支援すること。
(3)　生徒が，学ぶことと自己の将来とのつながりを見通しながら，社会的・職業的自立に向けて必要な基盤となる資質・能力を身に付けていくことができるよう，特別活動を要としつつ各教科・科目等の特質に応じて，キャリア教育の充実を図ること。その中で，生徒が自己の在り方生き方を考え主体的に進路

を選択することができるよう，学校の教育活動全体を通じ，組織的かつ計画的な進路指導を行うこと。
(4)　学校の教育活動全体を通じて，個々の生徒の特性等の的確な把握に努め，その伸長を図ること。また，生徒が適切な各教科・科目や類型を選択し学校やホームルームでの生活によりよく適応するとともに，現在及び将来の生き方を考え行動する態度や能力を育成することができるようにすること。

第2章　各学科に共通する各教科
第3節　公　民
第2款　各科目
第1　公　共
1　目　標
　人間と社会の在り方についての見方・考え方を働かせ，現代の諸課題を追究したり解決したりする活動を通して，広い視野に立ち，グローバル化する国際社会に主体的に生きる平和で民主的な国家及び社会の有為な形成者に必要な公民としての資質・能力を次のとおり育成することを目指す。
(1)　現代の諸課題を捉え考察し，選択・判断するための手掛かりとなる概念や理論について理解するとともに，諸資料から，倫理的主体などとして活動するために必要となる情報を適切かつ効果的に調べまとめる技能を身に付けるようにする。
(2)　現実社会の諸課題の解決に向けて，選択・判断の手掛かりとなる考え方や公共的な空間における基本的原理を活用して，事実を基に多面的・多角的に考察し公正に判断する力や，合意形成や社会参画を視野に入れながら構想したことを議論する力を養う。
(3)　よりよい社会の実現を視野に，現代の諸課題を主体的に解決しようとする態度を養うとともに，多面的・多角的な考察や深い理解を通して涵養される，現代社会に生きる人間としての在り方生き方についての自覚や，公共的な空間に生き国民主権を担う公

民として，自国を愛し，その平和と繁栄を図ること
や，各国が相互に主権を尊重し，各国民が協力し合
うことの大切さについての自覚などを深める。

2　内　容

A　公共の扉

(1)　公共的な空間を作る私たち

　　公共的な空間と人間との関わり，個人の尊厳と自
主・自律，人間と社会の多様性と共通性などに着目
して，社会に参画する自立した主体とは何かを問
い，現代社会に生きる人間としての在り方生き方を
探求する活動を通して，次の事項を身に付けること
ができるよう指導する。

　ア　次のような知識を身に付けること。

　　(ア)　自らの体験などを振り返ることを通して，自
　　　らを成長させる人間としての在り方生き方につ
　　　いて理解すること。

　　(イ)　人間は，個人として相互に尊重されるべき存
　　　在であるとともに，対話を通して互いの様々な
　　　立場を理解し高め合うことのできる社会的な存
　　　在であること，伝統や文化，先人の取組や知恵
　　　に触れたりすることなどを通して，自らの価値
　　　観を形成するとともに他者の価値観を尊重する
　　　ことができるようになる存在であることについ
　　　て理解すること。

　　(ウ)　自分自身が，自主的によりよい公共的な空間
　　　を作り出していこうとする自立した主体になる
　　　ことが，自らのキャリア形成とともによりよい
　　　社会の形成に結び付くことについて理解するこ
　　　と。

3　内容の取扱い

(3)　内容の取扱いに当たっては，次の事項に配慮する
　ものとする。

　イ　この科目においては，教科目標の実現を見通し
　　た上で，キャリア教育の充実の観点から，特別
　　活動などと連携し，自立した主体として社会に
　　参画する力を育む中核的機能を担うことが求め
　　られることに留意すること。

第5章　特別活動

第1　目　標

　　集団や社会の形成者としての見方・考え方を働か
せ，様々な集団活動に自主的，実践的に取り組み，互
いのよさや可能性を発揮しながら集団や自己の生活上
の課題を解決することを通して，次のとおり資質・能

力を育成することを目指す。

(1)　多様な他者と協働する様々な集団活動の意義や活
　動を行う上で必要となることについて理解し，行動
　の仕方を身に付けるようにする。

(2)　集団や自己の生活，人間関係の課題を見いだし，
　解決するために話し合い，合意形成を図ったり，意
　思決定したりすることができるようにする。

(3)　自主的，実践的な集団活動を通して身に付けたこ
　とを生かして，主体的に集団や社会に参画し，生活
　及び人間関係をよりよく形成するとともに，人間と
　しての在り方生き方についての自覚を深め，自己実
　現を図ろうとする態度を養う。

第2　各活動・学校行事の目標及び内容

〔ホームルーム活動〕

1　目　標

　　ホームルームや学校での生活をよりよくするための
課題を見いだし，解決するために話し合い，合意形成
し，役割を分担して協力して実践したり，ホームルー
ムでの話合いを生かして自己の課題の解決及び将来の
生き方を描くために意思決定して実践したりすること
に，自主的，実践的に取り組むことを通して，第1の
目標に掲げる資質・能力を育成することを目指す。

2　内　容

(1)　ホームルームや学校における生活づくりへの参画
　（略）

(2)　日常の生活や学習への適応と自己の成長及び健康
　安全（略）

(3)　一人一人のキャリア形成と自己実現

　ア　学校生活と社会的・職業的自立の意義の理解
　　　現在及び将来の生活や学習と自己実現とのつな
　　がりを考えたり，社会的・職業的自立の意義を意
　　識したりしながら，学習の見通しを立て，振り返
　　ること。

　イ　主体的な学習態度の確立と学校図書館等の活用
　　　自主的に学習する場としての学校図書館等を活
　　用し，自分にふさわしい学習方法や学習習慣を身
　　に付けること。

　ウ　社会参画意識の醸成や勤労観・職業観の形成
　　　社会の一員としての自覚や責任をもち，社会生
　　活を営む上で必要なマナーやルール，働くことや
　　社会に貢献することについて考えて行動するこ
　　と。

　エ　主体的な進路の選択決定と将来設計
　　　適性やキャリア形成などを踏まえた教科・科目

187

を選択することなどについて，目標をもって，在り方生き方や進路に関する適切な情報を収集・整理し，自己の個性や興味・関心と照らして考えること。
3　内容の取扱い
(2)　内容の(3)の指導に当たっては，学校，家庭及び地域における学習や生活の見通しを立て，学んだことを振り返りながら，新たな学習や生活への意欲につなげたり，将来の在り方生き方を考えたりする活動を行うこと。その際，生徒が活動を記録し蓄積する教材等を活用すること。

中央教育審議会「今後の学校におけるキャリア教育・職業教育の在り方について（答申）」[抄]

2011（平成23）年1月31日

第1章　キャリア教育・職業教育の課題と基本的方向性
1．キャリア教育・職業教育の内容と課題
(1)　「キャリア教育」の内容と課題
○　人は，他者や社会とのかかわりの中で，職業人，家庭人，地域社会の一員等，様々な役割を担いながら生きている。これらの役割は，生涯という時間的な流れの中で変化しつつ積み重なり，つながっていくものである。また，このような役割の中には，所属する集団や組織から与えられたものや日常生活の中で特に意識せず習慣的に行っているものもあるが，人はこれらを含めた様々な役割の関係や価値を自ら判断し，取捨選択や創造を重ねながら取り組んでいる。
○　人は，このような自分の役割を果たして活動すること，つまり「働くこと」を通して，人や社会にかかわることになり，そのかかわり方の違いが「自分らしい生き方」となっていくものである。
○　このように，人が，生涯の中で様々な役割を果たす過程で，自らの役割の価値や自分と役割との関係を見いだしていく連なりや積み重ねが，「キャリア」の意味するところである。このキャリアは，ある年齢に達すると自然に獲得されるものではなく，子ども・若者の発達の段階や発達課題の達成と深くかかわりながら段階を追って発達していくものである*。また，その発達を促すには，外部からの組織的・体系的な働きかけが不可欠であ

り，学校教育では，社会人・職業人として自立していくために必要な基盤となる能力や態度を育成することを通じて，一人一人の発達を促していくことが必要である。（*このような，社会の中で自分の役割を果たしながら，自分らしい生き方を実現していく過程を「キャリア発達」という。）
○　このような，一人一人の社会的・職業的自立に向け，必要な基盤となる能力や態度を育てることを通して，キャリア発達を促す教育が「キャリア教育」である。それは，特定の活動や指導方法に限定されるものではなく，様々な教育活動を通して実践される。キャリア教育は，一人一人の発達や社会人・職業人としての自立を促す視点から，変化する社会と学校教育との関係性を特に意識しつつ，学校教育を構成していくための理念と方向性を示すものである。
　　また，キャリア教育の実施に当たっては，社会や職業にかかわる様々な現場における体験的な学習活動の機会を設け，それらの体験を通して，子ども・若者に自己と社会の双方についての多様な気付きや発見を得させることが重要である。
○　キャリア教育の必要性や意義の理解は，学校教育の中で高まってきており，実践の成果も徐々に上がっている。
　　しかしながら，「新しい教育活動を指すものではない」としてきたことにより，従来の教育活動のままでよいと誤解されたり，「体

験活動が重要」という側面のみをとらえて，職場体験活動の実施をもってキャリア教育を行ったものとみなしたりする傾向が指摘されるなど，一人一人の教員の受け止め方や実践の内容・水準に，ばらつきがあることも課題としてうかがえる。

○ このような状況の背景には，キャリア教育のとらえ方が変化してきた経緯が十分に整理されてこなかったことも一因となっていると考えられる*。このため，今後，上述のようなキャリア教育の本来の理念に立ち返った理解を共有していくことが重要である。(*中央教育審議会「初等中等教育と高等教育との接続の改善について（答申）」（平成11年）では，キャリア教育を「望ましい職業観・勤労観及び職業に関する知識や技能を身に付けさせるとともに，自己の個性を理解し，主体的に進路を選択する能力・態度を育てる教育」であるとし，進路を選択することにより重点が置かれていると解釈された。また，キャリア教育の推進に関する総合的調査研究協力者会議報告書（平成16年）では，キャリア教育を「『キャリア』概念に基づき『児童生徒一人一人のキャリア発達を支援し，それぞれにふさわしいキャリアを形成していくために必要な意欲・態度や能力を育てる教育』」ととらえ，「端的には」という限定付きながら「勤労観，職業観を育てる教育」としたこともあり，勤労観・職業観の育成のみに焦点が絞られてしまい，現時点においては社会的・職業的自立のために必要な能力の育成がやや軽視されてしまっていることが課題として生じている。)

○ さらに，第5章に述べるように，生涯学習の観点に立ったキャリア形成支援の充実を図っていくことについても留意が必要である。

(2)「職業教育」の内容と課題

○ 人は，専門性を身に付け，仕事を持つことによって，社会とかかわり，社会的な責任を果たし，生計を維持するとともに，自らの個性を発揮し，誇りを持ち，自己を実現することができる。仕事に就くためには，社会的・職業的自立に向けて必要な基盤となる能力や態度だけではなく，それぞれに必要な専門性や

専門的な知識・技能を身に付けることが不可欠である。

このような，一定又は特定の職業に従事するために必要な知識，技能，能力や態度を育てる教育が「職業教育」である。(以下略)

(3) キャリア教育と職業教育の関係

○ キャリア教育と職業教育の内容を踏まえ，両者の関係を，育成する力と教育活動の観点から改めて整理すると，次のとおりである。

(ア) 育成する力

◆キャリア教育

一人一人の社会的・職業的自立に向け，必要な基盤となる能力や態度

◆職業教育

一定又は特定の職業に従事するために必要な知識，技能，能力や態度

(イ) 教育活動

◆キャリア教育

普通教育，専門教育を問わず様々な教育活動の中で実施される。職業教育も含まれる。

◆職業教育

具体の職業に関する教育を通して行われる。この教育は，社会的・職業的自立に向けて必要な基盤となる能力や態度を育成する上でも，極めて有効である。

2. キャリア教育・職業教育の基本的方向性

(1) 幼児期の教育から高等教育に至るまでの体系的なキャリア教育の推進

○ キャリア教育は，キャリアが子ども・若者の発達の段階やその発達課題の達成と深くかかわりながら段階を追って発達していくことを踏まえ，幼児期の教育から高等教育に至るまで体系的に進めることが必要である。その中心として，後述する「基礎的・汎用的能力」を，子どもたちに確実に育成していくことが求められる。また，社会・職業との関連を重視し，実践的・体験的な活動を充実していくことが必要である。

○ このようなキャリア教育の意義・効果として，次の3つが挙げられる。

• 第一に，キャリア教育は，一人一人のキャリア発達や個人としての自立を促す視点から，学校教育を構成していくための理念と方向性

を示すものである。各学校がこの視点に立って教育の在り方を幅広く見直すことにより，教職員に教育の理念と進むべき方向が共有されるとともに，教育課程の改善が促進される。

- 第二に，キャリア教育は，将来，社会人・職業人として自立していくために発達させるべき能力や態度があるという前提に立って，各学校段階で取り組むべき発達課題を明らかにし，日々の教育活動を通して達成させることを目指すものである。このような視点に立って教育活動を展開することにより，学校教育が目指す全人的成長・発達を促すことができる。
- 第三に，キャリア教育を実践し，学校生活と社会生活や職業生活を結び，関連付け，将来の夢と学業を結び付けることにより，生徒・学生等の学習意欲を喚起することの大切さが確認できる。このような取組を進めることを通じて，学校教育が抱える様々な課題への対処に活路を開くことにもつながるものと考えられる。

3. キャリア教育・職業教育の方向性を考える上での視点
(1) 仕事をすることの意義と幅広い視点から職業の範囲を考えさせる指導
　　○ 「働くこと」とは，広くとらえれば，人が果たす多様な役割の中で，「自分の力を発揮して社会（あるいはそれを構成する個人や集団）に貢献すること」と考えることができる。それは，家庭生活の中での役割や，地域の中で市民として社会参加する役割等も含まれている。その中で，本審議会では，学校から社会・職業への移行の課題を踏まえ，特に職業生活において「仕事をすること」に焦点を当てた。
　　○ 日本国憲法では，すべて国民は勤労の権利を有し，義務を負うとされている。仕事をすることの意義は，例えば，やりがい，収入を得ること，社会での帰属感，自己の成長，社会貢献等様々なものが考えられ，個人によってどの部分を強調して考えるかは異なる。そこで重要なことは，個人と社会のバランスの上

に成り立つものであるということである。
　　○ 仕事に就く場面を考える上では，どんなに計画を立てても必ずしもそのとおりに進むものでもないと考えることが必要である。また，仕事を選ぶ際，社会にある職業のすべてを知って選択することは不可能であるから，身近な仕事との出会いも重要になる。そのため，自らが行動して仕事と出会う機会を得ること，行動して思うように進まないときに修正・改善できることが重要である。このような行動を支えるため，生涯にわたり自ら進んで学ぶことも極めて大切である。
　　○ 勤労観・職業観は，仕事をする上で様々な意思決定をする選択基準となるものである。この基準を持つことが重要であるが，それは固定化された価値観ではなく，自己の役割や生活空間，年齢等によって変化するものである。そのため，社会・職業に移行する前に，その価値観を形成する過程を経た上で，自ら進路を選択する経験をしておくことが望ましい。特に現在，仕事をすることは一つの企業等の中で単線的に進むものだけではなくなりつつあり，社会に出た後，生涯の中で必ず訪れる幾つかの転機に対処するためにも，また自ら積極的に選択して進むべき道を変更するためにも，このような価値観を形成する過程を経験しておくことが必要である。
　　○ 職業は，個人の目的は様々であるが，社会から見れば社会にある仕事を分業することである。これまではその多くが企業，官公庁等の場を中心とした職業や自営業主として働くことを想定していた。しかし，現在では，非営利活動等も出てきており，このような活動が社会の中で重要な役割を担っている。学校から社会・職業への移行に課題がある状況を踏まえれば，職業の範囲は，幅広い視点から考えさせるような指導が必要である。その際には，後に述べるような，キャリア教育に関する学習活動の過程・成果に関する情報を収集した学習ポートフォリオの活用が効果的であると考えられる。

(2) 社会的・職業的自立，学校から社会・職業への円滑な移行に必要な力の明確化
③ 基礎的・汎用的能力の内容

○ 基礎的・汎用的能力の具体的内容*については，「仕事に就くこと」に焦点を当て，実際の行動として表れるという観点から，「人間関係形成・社会形成能力」「自己理解・自己管理能力」「課題対応能力」「キャリアプランニング能力」の４つの能力に整理した。（*基礎的・汎用的能力の具体的内容である４つの能力は，前述①のとおり，各界から提示されている様々な力を参考としつつ，特に国立教育政策研究所による「キャリア発達にかかわる諸能力（例）」を基に，「仕事に就くこと」に焦点をあて整理を行ったものである。）

○ これらの能力は，包括的な能力概念であり，必要な要素をできる限り分かりやすく提示するという観点でまとめたものである。この４つの能力は，それぞれが独立したものではなく，相互に関連・依存した関係にある。このため，特に順序があるものではなく，また，これらの能力をすべての者が同じ程度あるいは均一に身に付けることを求めるものではない。

○ これらの能力をどのようなまとまりで，どの程度身に付けさせるかは，学校や地域の特色，専攻分野の特性や子ども・若者の発達の段階によって異なると考えられる。各学校においては，この４つの能力を参考にしつつ，それぞれの課題を踏まえて具体の能力を設定し，工夫された教育を通じて達成することが望まれる。その際，初等中等教育の学校では，新しい学習指導要領を踏まえて育成されるべきである。

(ア) 人間関係形成・社会形成能力

○ 「人間関係形成・社会形成能力」は，多様な他者の考えや立場を理解し，相手の意見を聴いて自分の考えを正確に伝えることができるとともに，自分の置かれている状況を受け止め，役割を果たしつつ他者と協力・協働して社会に参画し，今後の社会を積極的に形成することができる力である。

○ この能力は，社会とのかかわりの中で生活し仕事をしていく上で，基礎となる能力である。特に，価値の多様化が進む現代社会においては，性別，年齢，個性，価値観等の多様な人材が活躍しており，様々な他者を認めつつ協働していく力が必要である。また，変化の激しい今日においては，既存の社会に参画し，適応しつつ，必要であれば自ら新たな社会を創造・構築していくことが必要である。さらに，人や社会とのかかわりは，自分に必要な知識や技能，能力，態度を気付かせてくれるものでもあり，自らを育成する上でも影響を与えるものである。具体的な要素としては，例えば，他者の個性を理解する力，他者に働きかける力，コミュニケーション・スキル，チームワーク，リーダーシップ等が挙げられる。

(イ) 自己理解・自己管理能力

○ 「自己理解・自己管理能力」は，自分が「できること」「意義を感じること」「したいこと」について，社会との相互関係を保ちつつ，今後の自分自身の可能性を含めた肯定的な理解に基づき主体的に行動すると同時に，自らの思考や感情を律し，かつ，今後の成長のために進んで学ぼうとする力である。

○ この能力は，子どもや若者の自信や自己肯定観の低さが指摘される中，「やればできる」と考えて行動できる力である。また，変化の激しい社会にあって多様な他者との協力や協働が求められている中では，自らの思考や感情を律する力や自らを研さんする力がますます重要である。これらは，キャリア形成や人間関係形成における基盤となるものであり，とりわけ自己理解能力は，生涯にわたり多様なキャリアを形成する過程で常に深めていく必要がある。具体的な要素としては，例えば，自己の役割の理解，前向きに考える力，自己の動機付け，忍耐力，ストレスマネジメント，主体的行動等が挙げられる。

(ウ) 課題対応能力

○ 「課題対応能力」は，仕事をする上での様々な課題を発見・分析し，適切な計画を立ててその課題を処理し，解決することができる力である。

○ この能力は，自らが行うべきことに意欲的に取り組む上で必要なものである。また，

知識基盤社会の到来やグローバル化等を踏まえ，従来の考え方や方法にとらわれずに物事を前に進めていくために必要な力である。さらに，社会の情報化に伴い，情報及び情報手段を主体的に選択し活用する力*を身に付けることも重要である。具体的な要素としては，情報の理解・選択・処理等，本質の理解，原因の追究，課題発見，計画立案，実行力，評価・改善等が挙げられる。(*地域格差や教育格差を生じさせることなく身に付けさせるためには，教材の充実や教職員の量・質の向上，このための研修が必要である。)

（エ）キャリアプランニング能力
○ 「キャリアプランニング能力」*は，「働くこと」の意義を理解し，自らが果たすべき様々な立場や役割との関連を踏まえて「働くこと」を位置付け，多様な生き方に関する様々な情報を適切に取捨選択・活用しながら，自ら主体的に判断してキャリアを形成していく力である。(*「プランニング」は単なる計画の立案や設計だけでなく，それを実行し，場合によっては修正しながら実現していくことを含むものである。)

○ この能力は，社会人・職業人として生活していくために生涯にわたって必要となる能力である。具体的な要素としては，例えば，学ぶこと・働くことの意義や役割の理解，多様性の理解，将来設計，選択，行動と改善等が挙げられる。

「キャリア・パスポート」の様式例と指導上の留意事項〔抄〕

文部科学省初等中等教育局児童生徒課

事務連絡「『キャリア・パスポート』例示資料等について」（平成31年3月29日）別添

1 「キャリア・パスポート」の必要性と背景(本文略)

2 名称

1に示した「キャリア・パスポート」並びに小・中・高等学校及び特別支援学校における学習指導要領特別活動第2〔学級活動・ホームルーム活動〕の3内容の取扱い（2）にある「（前略）児童（生徒）が活動を記録し蓄積する教材等（後略）」を「キャリア・パスポート」と呼ぶ。ただし，都道府県や設置者，各校において独自の名称で呼ぶことは可能とする。なお，特別支援学校における特別活動については，小・中学校及び高等学校に準ずることとしていることに留意する必要がある。

3 目的（本文略）

4 定義

学習指導要領及び学習指導要領解説特別活動編から「キャリア・パスポート」の定義を次のように整理する。

「キャリア・パスポート」とは，児童生徒が，小学校から高等学校までのキャリア教育に関わる諸活動について，特別活動の学級活動及びホームルーム活動を中心として，各教科等と往還し，自らの学習状況やキャリア形成を見通したり振り返ったりしながら，自身の変容や成長を自己評価できるよう工夫されたポートフォリオのことである。
なお，その記述や自己評価の指導にあたっては，教師が対話的に関わり，児童生徒一人一人の目標修正などの改善を支援し，個性を伸ばす指導へとつなげながら，学校，家庭及び地域における

学びを自己のキャリア形成に生かそうとする態度を養うよう努めなければならない。

なお，「キャリア・パスポート」は，学習指導要領特別活動第2〔学級活動・ホームルーム活動〕3内容の取扱い「（2）2の（3）の指導に当たっては，学校，家庭及び地域における学習や生活の見通しを立て，学んだことを振り返りながら，新たな学習や生活への意欲につなげたり，将来の生き方を考えたりする活動を行うこと。その際，児童（生徒）が活動を記録し蓄積する教材等を活用すること。」の意義を3点明記しているので必ず確認すること。

5 内容（本文略）

6 指導上の留意点と管理（本文略）

7 実施時期

本資料を参考に，都道府県教育委員会等，各地域・各学校で柔軟にカスタマイズし，2020年4月より，すべての小学校，中学校，高等学校において実施することとする。ただし，準備が整っていたり，既存の取組で代替できたりする場合は平成31年4月より先行実施できるものとする。なお，先行実施に当たっては都道府県等や設置者一律でなくとも各学校の判断で行うことができることとする。

索 引

あ行

アウトカム　88, 138
アウトプット　138
アカデミック・インターンシップ　66
アクティブ・ラーニング　66
アセスメントツール　74
生きる力　65
石川県白山市立美川中学校　127
いまとみらい科　90
入澤宗壽　15
岩手県立前沢高等学校　141
インターンシップ　49, 52, 64, 135, 142, 144
「受け止める」　155, 157
大阪府門真市立はすはな中学校　126
大阪府高槻市立第四中学校区　90
オズボーン，M. A.（Osborne, M. A.）　9

か行

ガイダンス　43, 82, 159
カウンセリング　43, 82, 148, 159
学習指導要領　25, 61, 65, 96, 159, 163, 171
学士力　58
学力の３要素　163
学校教育相談　161
学校教育法　12, 22, 101, 131
神奈川県立大磯高等学校　139
カリキュラム・マネジメント　60, 66, 97, 106, 121, 133
苅谷剛彦　20
「聴く」　154, 157
技術・家庭科　25
基礎的・汎用的能力　10, 53, 58, 168
木村周　73
キャリア　46
キャリア・アダプタビリティ　80
キャリア・カウンセリング　124, 148-150, 159, 160
「キャリア教育・進路指導に関する総合的実態調査」　134
キャリア教育推進法　175
キャリア教育の要　65, 173
「キャリア教育の推進に関する総合的調査研究協力者会議報告書」　46
キャリア形成　1
キャリア・スタート・ウィーク　50, 52
キャリアストーリー　81
キャリア・パスポート　68, 82, 119, 174
キャリア発達　7, 8, 46, 57, 89, 102, 118, 125, 131, 147
教育基本法　11, 101, 115
教育振興基本計画　10, 12, 62, 63, 88, 123, 166
教科等を学ぶ本質的な意義　172
共感的理解　149
業者テスト　30-32, 34
ギンズバーグ，E.（Ginzberg, E.）　71
勤労観・職業観　2, 41-43, 51, 57, 60, 62, 143
公共職業安定所　19
「高等学校入学者選抜について（文部事務次官通知）」　35
高度経済成長　29, 170
国民学校令　17
コクラン，L.（Cochran, L.）　81
児美川孝一郎　53
コミュニティ・スクール　123
「今後の学校におけるキャリア教育・職業教育の在り方について（中央教育審議会答申）」　2, 57, 133, 135, 147

さ行

サビカス，M. L.（Savickas, M. L.）　80
資質・能力の３つの柱　65, 66
持続可能な開発のための2030アジェンダ　167
シティズンシップ教育　66
「児童生徒ノ個性尊重及ビ職業指導ニ関スル件（文部省訓令）」　16, 72
「児童生徒の職業観・勤労観を育む教育の推進について（調査研究報告書）」　43
社会人基礎力　58
社会的・職業的自立　2, 7, 58, 64, 125, 147
社会に開かれた教育課程　6, 65, 124
若年無業者　3
就職基礎能力　58
主体的・対話的で深い学び　65
受容的態度　149
「小学校卒業者の職業指導に関する件（厚生省・文部省連名訓令）」　17
「少年職業紹介に関する件依命通牒」　16
職業安定法　19, 21
職業科　22
職業科及び家庭科　23
職業・家庭科　23
職業キャリア（ワークキャリア）　57, 78
職業指導　5, 15, 18, 21, 22, 24, 26, 72
職業指導主事　21, 26
職業紹介　26
職業紹介法　16
職業選択の自由　18
職場体験　49, 52, 64, 121
「初等中等教育と高等教育との接続の改善について（中央教育審議会答申）」　2, 41, 101
進路指導　4-7, 24, 47, 62, 72, 119, 120, 125
スーパー，D. E.（Super, D. E.）　71, 78
スクールカウンセラー　148
鈴木勲　22
生徒指導提要　125
積極的傾聴　149

た行

第４次産業革命　10
第６群　23
知識基盤社会　61
中央教育審議会　2, 10, 37, 50, 88, 101, 133, 135, 147, 163
中間アウトカム　95
適格者主義　29
適切なコミュニケーション　151, 154, 155
出口指導　6, 26, 47
デビッドソン，C. N.（Davidson,

C. N.） 9
徳島県鳴門市立撫養小学校 111
特性・因子理論 73
特別活動 66, 67, 102, 122, 173
特別の教科道徳 122

な行

新潟県胎内市立中条小学校 110
ニート 51
日本型雇用 29, 83
日本国憲法 18
日本版デュアルシステム 48
入試地獄・受験地獄 37
人間力 58

は行

パーソンズ，F.（Parsons, F.） 71,
73
ビッグデータ 9
評価 93, 137
兵庫県姫路市立四郷小学校 107

広島県世羅町立甲山小学校 106
フォード，H.（Ford, H.） 74
フリーター 3, 41, 51
偏差値輪切り 31, 33
ポートフォリオ 68
ホームルーム活動 24
ホランド，J. L.（Holland, J. L.）
75

ま行

学びに向かう力 163
宮内博 73
モラトリアム傾向 42

や・ら・わ行

4領域8能力 44, 58
ライフキャリア 57, 78
ライフキャリア・レインボー 78
ラポール 151
レジリエンス 63
ワーク・ライフ・バランス 122

若者自立・挑戦プラン 48
若者の自立・挑戦のためのアク
ションプラン 49
若者の自立・挑戦のためのアク
ションプラン（改訂版） 50

欧文

AI（Artificial Intelligence：人工
知能） 9, 171
career education 1, 2
Education 2030 167
GHQ／SCAP 18, 19, 21
IoT 9
PBL 64
PDCA サイクル 60, 87-89, 96, 133
PISA 61, 164
Society 5.0 10
TIMSS 61, 164
vocational guidance 15
VPI 職業興味検査 77

《監修者紹介》

吉田武男（筑波大学名誉教授，貞静学園短期大学学長）

《執筆者紹介》（所属，分担，執筆順，＊は編著者）

＊藤田晃之（編著者紹介参照：はじめに・第1章・第12章）

柴沼俊輔（東京都立科学技術高等学校科学技術科教諭：第2章）

岡安翔平（淑徳巣鴨中学高等学校教諭：第3章）

石嶺ちづる（愛知教育大学教育学部准教授：第4章）

京免徹雄（筑波大学人間系助教：第5章）

川﨑友嗣（元 関西大学社会学部教授：第6章）

立石慎治（筑波大学教学マネジメント室助教：第7章）

松井賢二（新潟大学人文社会科学系（教育学部）教授：第8章）

白木みどり（金沢工業大学基礎教育部教職課程教授：第9章）

望月由起（日本大学文理学部教育学科教授：第10章）

三川俊樹（追手門学院大学心理学部教授：第11章）

《編著者紹介》

藤田晃之（ふじた・てるゆき／1963年生まれ）

筑波大学人間系教授

『キャリア教育——歴史と未来』（共訳，雇用問題研究会，2005年）

『新しいスタイルの学校——制度改革の現状と課題』（単著，数研出版，2006年）

『キャリア教育の系譜と展開』（共著，雇用問題研究会，2008年）

『キャリア教育文献資料集——学校から職業への移行（全20巻）』（監修，日本図書
　センター，2009-2010年）

『キャリア教育基礎論——正しい理解と実践のために』（単著，実業之日本社，2014年）

『ゼロからはじめる小中一貫キャリア教育』（監修，実業之日本社，2015年）

『キャリア教育の底力』（監修，公文書院，2015年）

『平成29年版　中学校新学習指導要領の展開　特別活動編』（編著，明治図書出版，
　2017年）

『ポプラディア　プラス　仕事・職業（全3巻）』（監修，ポプラ社，2018年）

『好きなモノから　見つけるお仕事（全4巻）』（監修，学研プラス，2018年）

MINERVA はじめて学ぶ教職⑲
キャリア教育

| 2018年11月30日　初版第1刷発行 | 〈検印省略〉 |
| 2023年3月20日　初版第3刷発行 | |

定価はカバーに
表示しています

編著者	藤　田　晃　之
発行者	杉　田　啓　三
印刷者	藤　森　英　夫

発行所　株式会社　ミネルヴァ書房

607-8494　京都市山科区日ノ岡堤谷町1
電話代表　（075）581-5191
振替口座　01020-0-8076

©藤田晃之ほか，2018　　　　亜細亜印刷

ISBN978-4-623-08435-7
Printed in Japan

MINERVA はじめて学ぶ教職

監修　吉田武男

「教職課程コアカリキュラム」に準拠　　全20巻＋別巻 1

◆　B5 判／美装カバー／各巻180〜230頁／各巻予価2200円（税別）　◆

① 教育学原論
滝沢和彦 編著

② 教職論
吉田武男 編著

③ 西洋教育史
尾上雅信 編著

④ 日本教育史
平田諭治 編著

⑤ 教育心理学
濱口佳和 編著

⑥ 教育社会学
飯田浩之・岡本智周 編著

⑦ 社会教育・生涯学習
手打明敏・上田孝典 編著

⑧ 教育の法と制度
藤井穂高 編著

⑨ 学校経営
浜田博文 編著

⑩ 教育課程
根津朋実 編著

⑪ 教育の方法と技術
樋口直宏 編著

⑫ 道徳教育
田中マリア 編著

⑬ 総合的な学習の時間
佐藤　真・安藤福光・緩利　誠 編著

⑭ 特別活動
吉田武男・京免徹雄 編著

⑮ 生徒指導
花屋哲郎・吉田武男 編著

⑯ 教育相談
高柳真人・前田基成・服部　環・吉田武男 編著

⑰ 教育実習
三田部勇・吉田武男 編著

⑱ 特別支援教育
小林秀之・米田宏樹・安藤隆男 編著

⑲ キャリア教育
藤田晃之 編著

⑳ 幼児教育
小玉亮子 編著

＊＊＊

別 現代の教育改革
吉田武男 企画／德永　保 編著

【姉妹編】

MINERVA はじめて学ぶ教科教育　全10巻＋別巻 1

監修　吉田武男　　B5判美装カバー／各巻予価2200円（税別）〜

① 初等国語科教育
塚田泰彦・甲斐雄一郎・長田友紀 編著

② 初等算数科教育　清水美憲 編著

③ 初等社会科教育　井田仁康・唐木清志 編著

④ 初等理科教育　大髙　泉 編著

⑤ 初等外国語教育　卯城祐司 編著

⑥ 初等図画工作科教育　石﨑和宏・直江俊雄 編著

⑦ 初等音楽科教育　笹野恵理子 編著

⑧ 初等家庭科教育　河村美穂 編著

⑨ 初等体育科教育　岡出美則 編著

⑩ 初等生活科教育　片平克弘・唐木清志 編著

別 現代の学力観と評価
樋口直宏・根津朋実・吉田武男 編著

ミネルヴァ書房